EDITORIAL

Liebe Leserin, lieber Leser

Einer der angesehensten Bürger der Stadt ist ermordet worden. Tatverdächtig sind drei Männer – und die Frau, die das Trio angestiftet haben soll: die Witwe des Getöteten, die angeblich ihren Gatten aus dem Weg räumen wollte. Der zuständige Ermittler verhört Zeugen, sammelt Beweise. Und dann stehen die vier Angeklagten vor einem Gericht, das entscheiden muss: schuldig oder unschuldig?

Es ist ein Fall, der klingt, als hätte er sich genau so in der Welt der Gegenwart zutragen können. Tatsächlich aber liegt er fast vier Jahrtausende zurück. Im Zweistromland zwischen Euphrat und Tigris existierte früh eine Art Urform des Rechtsstaats. Dort, in der Tempelstadt Nippur im heutigen Irak, mündete die besagte Bluttat um 1900 v. Chr. in den ersten überlieferten Mordprozess der Geschichte (siehe Seite 20).

Das Verbrechen scheint der Menschheit von Beginn an ein steter Begleiter gewesen zu sein. Von der Steinzeit bis zum 20. Jahrhundert reichen daher auch die historischen Reportagen über Morde, Diebstähle und Betrügereien, die diese Ausgabe versammelt. Sie erzählen von weitaus mehr als bloß den jeweiligen Tätern und Opfern. Denn an Kriminalfällen lassen sich so klar wie sonst selten vergangene Lebenswelten sezieren – was eine Gesellschaft ausmachte, welche Werte, Normen und Machtverhältnisse sie prägten, wie Menschen lebten und dachten, das Böse zu deuten versuchten.

Eine der Erkenntnisse aus dem vorliegenden Heft: Die Vorstellung von Gerechtigkeit hat sich stark gewandelt im Lauf der Geschichte, und die Gleichheit aller vor dem Gesetz ist eine recht junge Idee. Bei Ehebruch etwa wurden im Zweistromland Männer überhaupt nicht bestraft – Frauen hingegen mit dem Tod. Und der Serienmörder Gilles de Rais hätte im mittelalterlichen Frankreich wohl kaum jahrelang ungestört Kinder foltern und umbringen können, wäre er nicht ein hochgeborener Ritter gewesen, seine Opfer aber meist arme Bauernjungen (Seite 48).

„Ein Verbrechen ist wie ein Mikroskop", hat Cay Rademacher einmal resümiert, Autor nicht nur der Geschichte über den mörderischen Ritter, sondern auch etlicher Krimi-Bestseller. „Es zeigt zwar bloß einen winzigen Ausschnitt, den aber in Erkenntnis schenkender Detailschärfe."

Historische Kriminalfälle von GEO*EPOCHE* gibt es seit 2019 auch zum Anhören – in unserem Erfolgspodcast „Verbrechen der Vergangenheit", dessen achte Staffel im Februar 2022 startet. Sie erzählt etwa von dem schottischen Outlaw Rob Roy, berichtet vom Massenmord der Roten Khmer in Kambodscha und taucht ein in das Mafia-Paradies Kuba in den 1950er Jahren. Abonnenten unserer digitalen Bibliothek GEO EPOCHE *plus* haben auf die Folgen wie immer bereits vier Tage im Voraus Zugriff.

Viel Spaß und Spannung beim Lesen und Hören wünscht Ihnen

Joachim Telgenbüscher

JOACHIM TELGENBÜSCHER
Redaktionsleiter von GEOEPOCHE

DER TOD DES GLETSCHERMANNS

Der »Ötzi« genannte Steinzeitmensch will sich über die Alpen retten. Doch seine Verfolger holen ihn ein. *Seite 6*

FRÜHER RECHTSSTAAT

Im Zweistromland zwischen Euphrat und Tigris kommt es vor fast 4000 Jahren zum ersten überlieferten Mordprozess der Geschichte. *Seite 20*

RITTER UND MÖRDER

Jahrelang quält der französische Kriegsheld Gilles de Rais in seinen Burgen unbehelligt Kinder. *Seite 48*

GIFTAFFÄRE

Ihr sanftes Äußeres täuscht: Hass und Gier lassen die französische Adelige Marie-Madeleine de Brinvilliers zur Verbrecherin werden. *Seite 92*

DER GROSSE BLUFF

1920 setzt Charles Ponzi in Boston ein betrügerisches Anlagesystem in Gang. Es macht ihn reich – und viele andere arm. *Seite 126*

INHALT

N°26

MÖRDER, DIEBE UND BETRÜGER

KILLER UND WOHLTÄTER

Der Drogenbaron Pablo Escobar lässt Rivalen niederschießen – inszeniert sich aber als Volksheld und Helfer der Armen. *Seite 138*

ATTENTAT

Auf offener Straße treffen Schwedens Regierungschef zwei tödliche Kugeln. Die Ermittler begehen von Beginn an Fehler. *Seite 152*

ORGANISIERTE KRIMINALITÄT

Zivilfahnder und Elitetruppen jagen Banden, die nach dem Ende der UdSSR enormen Einfluss in Russland gewinnen. Doch die Polizei ist zu schlecht finanziert und korrupt, um die »Mafija« zu zügeln. *Seite 164*

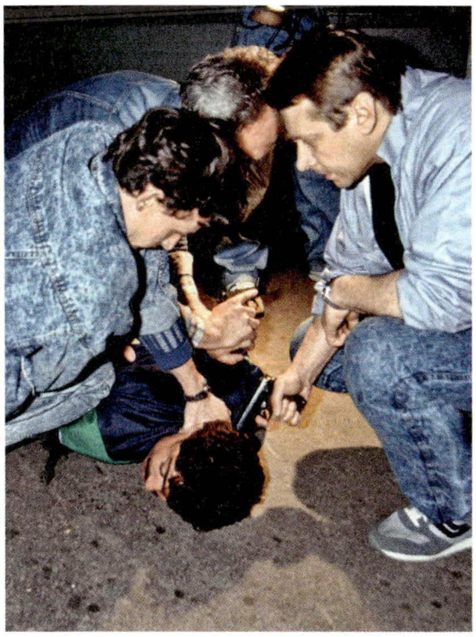

• Die mit diesem Symbol versehenen Beiträge finden Sie auch links bebildert.

Titelbild: Ein Mitglied einer Washingtoner Polizei-Spezialeinheit macht 1940 Schießübungen mit der Maschinenpistole

Alle **Fakten, Daten und Karten** in dieser Ausgabe sind vom Verifikations- und Rechercheteam im Quality Board auf ihre Richtigkeit überprüft worden.
Redaktionsschluss: 14. Januar 2022

Sie erreichen die **GEO*EPOCHE***-Redaktion online auf **Facebook, Twitter und Instagram** oder unter *www.geo.de/epoche*

Besuchen Sie auch gern unser Digital-Angebot **GEO EPOCHE *plus*** unter *www.geo-epoche.de*

ENDE EINER FLUCHT

An einem Frühsommertag vor 5300 Jahren macht sich ein Mann auf, einen Pass der Alpen zu überqueren. Es ist ein riskantes Vorhaben, und der Wanderer nimmt es nicht freiwillig auf sich. In seinem Dorf wird er bedroht, er muss es verlassen. Doch seine Feinde lassen ihn nicht einfach gehen – sie folgen ihm

— TEXT: **KATHARINA VON RUSCHKOWSKI** ILLUSTRATIONEN: **SAMSON J. GOETZE FÜR GEO*EPOCHE***

Das Käppi zeigt die besondere Stellung, die der Mann wohl einst innehatte, denn es ist aus dem Fell eines Bären gefertigt – eines besonders großen, wehrhaften Tieres. Vermutlich war der fast 50-Jährige in früherer Zeit ein Clanchef. Doch den Rang hat er mittlerweile verloren – und muss nun sogar um sein Leben bangen

Der Mann aus dem Trentino war wohl einmal der Herr eines ganzen Dorfes. Gut denkbar, dass er auch als Händler auf weiten Wegen in den Alpen unterwegs war, um etwa an Kupfer zu gelangen: Das Metall, aus dem er sich ein Beil hat anfertigen lassen, das er am Gürtel trägt, ist ein äußerst begehrter Rohstoff in der Jungsteinzeit

Das Felsplateau in 3200 Meter Höhe, knapp unterhalb der hoch aufragenden Fineilspitze in den Ötztaler Alpen, ist eigentlich kein Ort zum Verweilen. Überall schrundige, dunkle Bergrücken, schneebedeckte Gesteinsplatten und Geröll, über die noch jetzt, im Frühsommer, eisige Winde hinwegwehen. Zwischen den Steinen spärlicher Bewuchs aus Flechten und Moosen. Weiter oben sträubt sich die Welt ganz und gar gegen das Leben.

Doch wohl genau deshalb will der Mann, der an einem Tag im Mai oder Juni vor etwa 5300 Jahren im Hochgebirge unterwegs ist, hier rasten. Niemand, so glaubt der Wanderer, den die Welt einmal den „Gletschermann" nennen wird, wird ihn wohl an diesem kargen, entlegenen Ort vermuten.

Seit Tagen, vielleicht einer knappen Woche schon, ist er in den südlichen Alpen unterwegs, Tausende Höhenmeter hinauf und dann wieder hinab. Nun lässt ihn der erneute rasche Aufstieg aus dem Schnalstal noch immer um Atem ringen.

Das sonnengegerbte Gesicht mit den braunen Augen ist verzerrt von Schmerz und Erschöpfung. Der Mann, ein erfahrener Wanderer, ist sehnig, kräftig; deutlich zeichnen sich die Muskelbündel an seinen Waden ab. Doch solch eine Tour hinterlässt auch an ihm ihre Spuren: Allein der letzte Anstieg vom Schnalstal hinauf führte 1800 Meter bergan.

Zudem hat er wohl schon fast 50 Winter überlebt und damit ein sehr hohes Alter erreicht in diesen Zeiten. Längst haben sich graue Strähnen in seinen struppigen Bart gemischt; die zehrenden Ereignisse der vergangenen Zeit haben sicher noch manche hinzugefügt.

Einst war er ein angesehener Clanchef, doch nun ist er seit Tagen auf der Flucht vor Widersachern. Hat sich verkrochen in den Wäldern, wie ein gejagtes Tier, hat mit Verfolgern gekämpft. Ein Teil seiner Ausrüstung ist inzwischen kaum mehr einsatzbereit: der Dolch beschädigt, der Bogen noch nicht wiederhergestellt. Aber es ist ihm trotz allem gelungen, in die Berge zu entkommen.

Der Mann legt den Pfeilköcher auf den Felsen ab, einen länglichen Sack aus Rehhaut, lehnt seinen Bogen, an dem die Sehne fehlt, an eine der Steinplatten, die ein wenig Schutz vor dem Wind bieten. Dann gleitet die Rucksacktrage von seinen müden Schultern. Auch sein matt glänzendes Kupferbeil löst er aus dem Gürtel – den Ausweis seines einst hohen Ranges.

Von seinem Rastplatz aus sind es nur noch gut 70 Höhenmeter hinauf bis zum Tisenjoch. Eine kurze Kletterpartie steht ihm bevor, um es zu erreichen. Womöglich haben ihm Händler davon erzählt, die diese Region in den Alpen häufiger passieren.

Über dieses Joch vermag er auf die nördliche Seite des Alpenkammes zu wechseln, in ein anderes Tal, in dem er womöglich unerkannt weiterleben kann. Doch zieht dort hinten in der Ferne nicht ein Schneesturm auf, den er besser nicht ganz oben, auf dem Grat, erleben sollte?

Eine aus Gräsern geflochtene Matte, die ihm auch als Umhang dient, liegt ausgebreitet auf dem Geröll. Aus seiner Rucksacktrage kramt er zwei runde Behälter aus Birkenrinde hervor. In einem verwahrt er ein paar Stücke Glut seines letzten Feuers, um schnell und mühelos ein neues entfachen zu können. Gern würde er damit die Kälte vertreiben!

In der Höhe aber hat der Gletschermann kein Feuerholz zur Hand. Vielleicht umklammert er das Gefäß, um wenigstens die Finger aufzuwärmen. Dann greift er zum zweiten Behältnis, in dem er seinen Proviant verwahrt. Er fischt ein wenig Steinbockspeck heraus. Das Fleisch ist durch Salz und Trocknung haltbar, frisches wäre ihm auf seiner langen Wanderung längst verdorben. Ungelenk schneidet der Rechtshänder mit seiner Linken dicke Streifen von dem nahrhaften Fleisch ab.

Seine rechte Hand ist seit wenigen Tagen unbrauchbar, zwischen Daumen und Zeigefinger klafft eine Wunde bis auf die Knochen: die Folge einer Attacke durch seine Verfolger. Pfeil und Bogen kann er damit nicht reparieren. Doch er hat die Männer ja offenbar abgehängt.

Er schiebt sich das Fleisch in den Mund. Dazu ein paar Happen groben Einkornbrotes, auf dem seine geschundenen Zähne lange herumkauen – der Abrieb der Mahlsteine, mit denen das Getreide zerkleinert wird, hat seine Zähne stark abgeschliffen. In etliche hat sich zudem die Karies hineingefressen.

Zwischendurch greift er immer wieder zu den fingrigen Blättern des Adlerfarns, die er weiter unten am Berg gepflückt hat, knabbert an einzelnen herum. Er muss achtgeben: Die großen Blätter, so hat man beobachtet, sind giftig. Nur die jungen Triebe können seine Bauchschmerzen lindern, die ihn seit Wochen quälen.

Rasch ist der Proviant verspeist, sein Magen gefüllt. Ein paar Minuten Rast will er sich noch gönnen. Er hört den Wind, das ferne Rauschen wilder Gebirgsbäche, die Gletschermilch zu Tale führen. Vielleicht ertönt der Schrei eines Steinadlers, der die felsige Ödnis überfliegt.

Er wähnt sich allein und in Sicherheit. Ein trügerisches Gefühl – das ihn schon bald das Leben kosten wird.

FAST EIN HALBES Jahrhundert zuvor ist der Mann im unteren Eisacktal geboren worden, zwei Tagesmärsche in südöstliche Richtung von seiner späteren Heimat entfernt: dem Nonstal in der heutigen Region Trentino, wo er sich, wie man heute weiß, als Erwachsener niederlässt.

Forscher werden später keine Spuren jenes Dorfes mehr finden, in dem es der Gletschermann wohl als Clanchef zu Ansehen bringt. Wahrscheinlich aber unterscheidet sich der Ort im Nonstal kaum von den anderen Siedlungen seiner Zeit, die an den Rändern der Alpentäler liegen oder sich auf kleinen Hügelkuppen drängen. An den Ufern der Alpenseen haben die Menschen ihre Häuser sogar auf Pfähle gepflockt, um sich so vor Hochwasser zu schützen.

Die meisten Dörfer bestehen aus knapp drei Dutzend kleinen, jeweils etwa 30 Quadratmeter messenden Holzhütten, deren Dächer bedeckt sind mit regendichten Grassoden. Oft wohnen drei Generationen auf engstem Raum beisammen. Rundherum liegen die Felder, die die Bauern mühselig dem wild wuchernden Wald abgetrotzt haben. Auf den Äckern reifen Getreide, Erbsen, ölhaltiger Lein. Und spätestens im Juli schimmern rötliche Schlafmohnfelder im Grün.

Trotz Ackerbau und Sesshaftigkeit sind die Menschen auch Jäger und Sammler geblieben. Sommers sammeln sie Beeren, pflücken Pflaumen und Äpfel, die sie trocknen und für den Winter verwahren. Und immer wieder gehen sie – meist gemeinsam – auf die Jagd. Die einen treiben die Hirsche, Gämsen, Steinböcke, sogar Bären aus den Wäldern, die anderen erwarten die Tiere mit ihren Pfeilen und Bögen. Wochen verbringen die Dorfbewohner dann damit, das erbeutete Fleisch zu verarbeiten, die Tierfelle zu spannen, zu schaben und zu enthaaren und das Leder später zu Kleidern zu vernähen. Der Gletschermann aber gehört nicht zu jenen, die solch harte Arbeiten verrichten müssen. Seine Hände sind grazil, fast frei von Schwielen. Allerdings plagen ihn Schmerzen an Hüfte und Knien. Hohe Berge fassen das Nonstal ein. Oft ist er daher im Hochgebirge unterwegs und der Verschleiß an seinen Gelenken wohl eine Folge davon.

Als Clanchef mag es seine Aufgabe sein, die umgebenden Felder zu kontrollieren – und vor Konkurrenten zu verteidigen. Denn vorbei sind die Zeiten, als die umherziehenden Menschen die Natur als Allgemeingut sahen. Seit sie in Siedlungen sesshaft geworden sind, begreifen sie sich als exklusive Besitzer ihres Gebiets. Und so haben sicher auch die Leute des Gletschermanns Menhire in ihrem Bereich aufgestellt. Diese aufwendig behauenen Steine markieren die Kultplätze einer Großfamilie. Und sind wohl auch steinerne Mahnung an Fremde, sich von diesem Ort gefälligst fernzuhalten. Sich hier nichts zu nehmen.

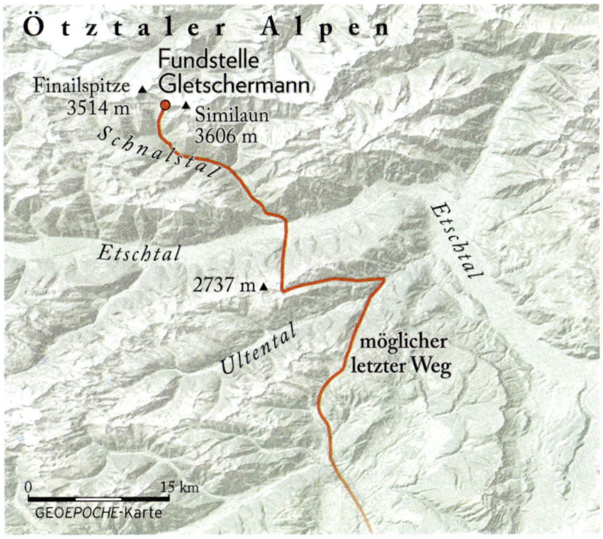

Der letzte Weg des Wanderers: Viel deutet darauf hin, dass er durch das Schnalstal zum Tisenjoch gelangte

Auf seinem Weg bergauf rastet der Flüchtende auf einer aus Gräsern geflochtenen Matte und stärkt sich mit Speck vom Steinbock. Einige Stunden zuvor hat ihn ein Verfolger gestellt und seine rechte Hand aufgeschlitzt. Der Angegriffene konnte zwar entkommen – doch mit der Verletzung vermag er nun weder sein Beil richtig zu führen noch einen neuen Bogen fertigzustellen: Den vorherigen hat er unterwegs verloren

Gut möglich auch, dass der Clanchef zumindest vor seinem Aufstieg zum Anführer einer Sippe eine Zeit lang als Händler unterwegs war und sein Tal mit wertvollen Gütern aus anderen Alpenregionen versorgt hat. Vielleicht sogar mit jenem Stoff, den die Menschen seiner Zeit begehren wie keinen anderen: Kupfer.

Das Gestein der Alpen birgt bläuliche und türkisgrüne Kupfererze, aus denen sich das Metall gewinnen lässt. Denkbar, dass der Gletschermann die oft weit entlegenen Förderstätten in den Bergen kennt – und die vielen, unsichtbaren Gebirgspfade, die sie mit den Tälern verbinden. Ist er dort oben auch in die Geheimnisse der Kupferverarbeitung eingeweiht worden?

Weiß er etwa um die hohen Temperaturen, die es braucht, um die unscheinbaren Erze in glänzendes Metall zu verwandeln? Wer einen solch magisch anmutenden Vorgang durchschaut und lenken kann, der ist – in den Augen der anderen – ein besonderer, ja besserer Mensch als die einfachen Bauern! Manches spricht dafür, dass der Gletschermann dank besonderer Kenntnisse rund um die Kupferverarbeitung innerhalb seines Clans aufgestiegen ist. Er ist, das werden Forscher später aus Arsenspuren in seinen Haaren herauslesen, an der Gewinnung und Verhüttung von Kupfererz beteiligt, wenn auch nur am Rande (Arsen ist im Kupfer enthalten und wird während der Schmelze freigesetzt).

Auf jeden Fall hat es der Mann mit der Zeit auch zu respektablem Reichtum gebracht, den er offenbar gern zur Schau stellt. So streift er vor jeder seiner Wanderungen den knielangen Mantel über, der aufwendig aus den Streifen helleren Schaf- und dunkleren Gamsfells vernäht ist. Sein Käppi, das er mit einem Lederriemchen unter dem Kinn verschnürt, besteht aus dem tiefbraunen Fell eines Bären – eines besonders großen, wehrhaften Tieres.

Und vorn, im breiten Gürtel, wippt sein wertvollster Besitz: ein Beil aus Kupfer, dessen 60 Zentimeter langer Holm aus hartem Eibenholz geschnitzt ist. Kaum jemandem, dem er begegnet, wird so entgehen, dass es sich bei ihm um eine bedeutende Persönlichkeit handelt.

Bloß: Menschen wie er leben gefährlich. Wer über solche Dinge verfügt, der weckt die Begehrlichkeiten anderer.

Ohnehin machen die Menschen in dieser Zeit von ihren Waffen immer häufiger Gebrauch. Mit Pfeil und Bogen tragen sie Kämpfe um Besitz und Einfluss aus, und manche kriegerischen Auseinandersetzungen enden in grausamen Massakern, wie Archäologen aus den Überresten etlicher jungsteinzeitlicher Dörfer herauslesen werden. Viele Siedlungen sind daher mittlerweile auf gut gesicherten Felskuppen errichtet – oder liegen verschanzt hinter Palisaden.

RÜCKEN, HÜFTE, KNIE: ALLES SCHMERZT

Und auch der Gletschermann hat offenbar bereits mehrmals sein Hab und Gut, seine Position, sein Leben in bitteren Kämpfen verteidigen müssen. Denn er erleidet als Erwachsener Rippenbrüche, die zu seinem Glück gut verheilt sind. Seine Nase allerdings ist schief angewachsen. Ein Schneidezahn ist – vermutlich durch einen Schlag – abgestorben und hat sich verfärbt.

Doch vor allem die letzten Wochen haben ihm zugesetzt. Auf seinen Fingernägeln zeichnen sich quer verlaufende Rillen ab, aus denen Forscher später Anzeichen andauernder Anspannung ableiten werden. Was ist dem einstigen Anführer widerfahren, was macht ihn zu einem Gejagten? Möglicherweise trachtet ein anderer Clan nach seinem Dorf. Haben die Fremden nun seine Siedlung besetzt, die Bewohner davongetrieben, viele gar getötet?

Vielleicht stammen seine Widersacher aber auch aus der eigenen Sippe. Steht er Jüngeren im Wege, die aufsteigen wollen? Haben sie ihm gedroht, ihn umzubringen? In jedem Fall macht sich der Gletschermann wohl Sorgen um sein Leben. Und so verlässt er an einem Tag im Frühsommer vor 5300 Jahren sein Dorf, in dem er nicht mehr sicher ist.

Der Mann trägt bei seinem Aufbruch genug bei sich, um eine Zeit lang im Wald und in den Bergen überleben zu können. Rechts an der Hüfte steckt das Kupferbeil. Links, am Gürtel angeknotet, ein kleiner Dolch, stets griffbereit in einer aus Gras geflochtenen Scheide.

Auf den langen, breiten Gürtel, den er gleich zweifach um seinen Mantel geschlungen hat, ist ein Täschchen aufgesetzt, in dem seine Wertsachen stecken, darunter ein Steinbohrer, ein Kratzer, eine scharfe Klinge aus Feuerstein – und eine Knochenahle, geschnitten aus dem Fußknochen eines Tieres. Mit dem spitzen Werkzeug sticht er die Löcher vor, wenn er seine Kleider flicken muss, etwa den Lendenschurz aus weichem Schafsleder, oder die mit Fellbändern daran befestigten Beinlinge aus Ziegenfell, oder den gestreiften, knielangen Mantel, der ihn gegen Wind und Wetter schützt. Regnet es, legt er seine Grasmatte um die Schultern, sodass die darunter liegende Fellkleidung nicht durchnässt.

Die Gürteltasche enthält überdies ein Stück Zunderschwamm, vermutlich in Urin getränkt, damit es sich beim Feuerschlagen besser entzündet (doch weil das umständlich ist und schon bei feuchter Witterung oft misslingt, bewahrt er zudem ein Stück Glut auf, um sich die Arbeit zu erleichtern).

Von seinem Dorf aus flieht der Gletschermann zunächst vermutlich in die umliegenden Wälder. Er geht zügig und doch vorsichtig, achtet wohl darauf, nicht an den dicken Baumwurzeln oder in den Löchern der Tierbauten hängen zu bleiben – denn schon ein verstauchter Fuß könnte nun den sicheren Tod bedeuten.

Seine Schuhe, innen mit einer Lage Heu gepolstert, halten die Füße warm und geben Halt, obwohl die Sohlen aus glattem Rindsleder gefertigt sind; über Kreuz aufgenähte Lederriemen verleihen ihnen Profil.

Trotz der guten Ausrüstung schmerzt jeder Schritt. Selbst wenn der Wanderer anhält, sich gegen einen Baum stützt und kurz verschnauft, lässt die brennende Pein in Hüft- und Kniegelenken nicht nach. Und der Rücken! Immer wieder muss er seine mit Proviant gefüllte, hölzerne Trage justieren, um die Wirbelsäule zu entlasten.

Die Schmerzen sind mit den Jahren schlimmer geworden. Daher hat er irgendwann die Hilfe eines Heilkundigen gesucht, denn sein Körper ist voller dunkler Tätowierungen, die ihm wohl Linderung verschaffen sollten: winzige Kreuze und kurze Striche, entstanden durch feine Schnitte mit einer scharfen Klinge. Zerstäubte Holzkohle, die der Tätowierer in die Wunden gerieben hat, machen die Zeichen halt- und sichtbar.

Einige der 61 Male finden sich auf seinen gepeinigten Gelenken, an Hüfte und Knie, ein weiteres unterhalb seines rechten Rippenbogens. Gut möglich, dass die Tätowierungen quälende Krämpfe in der Bauchregion lösen sollen. Denn später werden Mediziner Darmparasiten, Gallenblasensteine und den Magenkeim *Helicobacter pylori* in der Mumie nachweisen. (Die meisten Körpermale des Gletschermannes befinden sich exakt auf oder in unmittelbarer Nähe von Akupunkturpunkten, wie man sie aus der traditionellen chinesischen Heilkunde kennt; die Stimulation dieser Körperstellen regt, so die altchinesische Auffassung, bestimmte Heilungsprozesse an.)

Vielleicht auch hat ihm ein Heiler nahegelegt, stets etwas Birkenporling bei sich zu haben, weil dieser bräunliche Baumpilz antibiotisch und blutstillend wirkt. Jedenfalls trägt der Wanderer zwei kugelig geschnittene und auf Lederriemen gefädelte Stücke davon während der Wanderung am linken Handgelenk.

Sein Weg hat zunächst nur ein Ziel: fort von dort, wo man wohl nach seinem Leben trachtet. Er marschiert in Richtung Norden. Es ist ein beständiges Auf und Ab in den ersten Tagen seines Marsches. Denkbar, dass er sich in dieser Zeit eine Schlehe in den Mund steckt, die er in einer seiner Gürteltaschen noch gefunden hat. Der herb-säuerliche Geschmack der blauen Früchte regt den Speichelfluss an und stillt wenigstens etwas seinen Durst, wenn ein Bach oder eine Quelle weit entfernt ist.

Immer wieder durchquert er dichten Wald, der die tieferen Lagen bedeckt. Ausladendes Astwerk versperrt ihm dann den Blick in den Himmel. Um ihn herum sind Sträucher, umgestürzte Bäume. Und doch bietet ihm dieses Dickicht kein sicheres Versteck.

Denn plötzlich schwirren Pfeile durch die Luft. Verfolger!

Reflexartig greift er in seinen ledernen Köcher, zieht einen der feuersteinbewehrten Pfeile heraus, spannt damit die Sehne und schießt. Wieder und wieder versucht er die Angriffe eines oder mehrerer unsichtbarer Kämpfer zu parieren; dann ist sein Köcher fast leer. Er muss fliehen, vielleicht kennt er einen Ort in der Nähe, an dem er sicherer ist.

IN EISKÄLTE EIN LETZTES MAHL

Eilig steckt er noch einen fremden Pfeil ein, der knapp neben ihm gelandet ist – wer weiß, wann er sich neue Munition fertigen kann! Dann hastet er davon, über Wurzeln und Sträucher hinweg. Bei der Hatz durchs dichte Unterholz, möglicherweise auch schon beim vorangegangenen Kampf, verliert er seinen Bogen.

Auf gut 3200 Meter Höhe, kurz vor dem geplanten Abstieg ins Ötztal, rastet der Verfolgte noch einmal, beobachtet die Umgebung. Da trifft ihn wie aus dem Nichts ein Pfeil ins linke Schulterblatt und zerfetzt eine Arterie. Rasch bricht das Opfer zusammen

Er macht sich schon bald auf die Suche nach Ersatz. Denn er braucht eine schussbereite Fernwaffe. Wie soll er sonst an Wild gelangen, wie sich einem Feind entgegenstellen? Das Kupferbeil und der Dolch sind ihm allenfalls im Nahkampf eine Hilfe – und wie die meisten seiner Werkzeuge und Waffen in keinem guten Zustand.

Die kleine Feuersteinklinge seines Dolches ist bereits seit Längerem an der Spitze geborsten, das Feuersteinmesser fast völlig abgenutzt, der Kratzer stumpf. Zudem müsste er dringend neue Pfeilspitzen anfertigen.

Doch wollte er zu jenen Orten wandern, an denen es Material für seine Ausrüstung gibt, hätte er weite Wege vor sich. Das Erz für seine kupferne Klinge etwa kommt aus der südlichen Toskana, rund 400 Kilometer von seiner Heimat im Nonstal entfernt, wie Experten später herausfinden werden. Denn es gibt nur sehr wenige Stellen in den Alpen, an denen sich Kupfererze schürfen lassen. Wahrscheinlich ist die Klinge noch vor Ort von kundigen Handwerkern gegossen, durch Hammerschläge in die richtige Form gebracht und geschliffen worden.

Die Schneide seines Flintdolches stammt aus einer Region, vielleicht 80 Kilometer von seinem Dorf entfernt. Und die steinernen Pfeilspitzen hat er sich unter anderem aus Minen im nördlichen Trentino beschafft; mindestens ein Tagesmarsch ist es bis dorthin.

Ob sich der geübte Wanderer einst selbst auf den Weg gemacht hat, um sich seine Waffen und Werkzeuge zu besorgen?

Das ist durchaus denkbar, doch auch schon zu seiner Zeit überspannt ein weitreichendes, eng geknüpftes Handelsnetz den Alpenraum. Händler vertreiben begehrte Rohstoffe wie Kupfer oder Feuerstein – oft im Tausch gegen Getreide oder Salz, mit denen die Menschen ihre Vorräte haltbar machen. Vielleicht haben sie ihn mit Waren versorgt. Nun aber muss er sich irgendwie selbst behelfen. Er ist zwar kein Spezialist für Steinbearbeitung. Aber der Gletschermann ist geübt darin, kleinere Reparaturen an seiner Ausrüstung selbst auszuführen und seine Waffen auch immer wieder pfleglich nachzuarbeiten, damit er sie möglichst lange nutzen kann.

UND SO LÄSST ER sich irgendwann nieder und versucht es noch einmal. Er zieht seinen Retuscheur aus der Gürteltasche: einen Holzstab mit einer eingelassenen Nadel aus Hirschgeweih, mit der er seine Waffen schärfen kann. Er drückt die Nadel fest auf die stumpfe Schneide seines Kratzers, bis kleine, muschelförmige Stücke des Feuersteins abspringen und eine scharfe Kante zurücklassen.

Bald darauf, möglicherweise nach einer schlaflosen Nacht im Wald, gebettet auf seine Grasmatte, treibt es ihn weiter. Sucht er vielleicht nach einem geschmeidigen, stabilen Ast für einen neuen Bogen?

Tatsächlich gelingt es ihm, den mehr als mannshohen, geraden Ast einer Eibe abzubrechen, der sich als Bogenstab eignet. Er beginnt, ihn mit der Feuersteinklinge zurechtzuschnitzen. Bald fehlen nur noch der Griff und Kerben, um darin die Sehne zu befestigen. Eine hat er sogar noch im Köcher. Die an dem Bogen zu befestigen wäre eigentlich schnell erledigt.

Doch dann steht wieder ein Angreifer vor ihm – und diesmal ist er ganz nah. Ob der Flüchtende ihn kennt? Ist dies der Mann, der ihn vor einigen Tagen bereits attackiert hat? Hat er ihm nachgestellt, um nun, im direkten Duell, zuzuschlagen?

Jedenfalls greift der andere sofort zum Dolch. Um den Hieb abzuwehren, streckt der Gletschermann seine rechte Hand nach vorn – und spürt sofort einen beißenden Schmerz zwischen Daumen und Zeigefinger. Blut quillt aus dem tiefen Schnitt.

Vielleicht gelingt dem Attackierten irgendwie noch ein Gegenschlag, der den Angreifer zu Fall bringt und ihm selbst die Zeit verschafft zu fliehen. Er ist nun bergauf unterwegs, bewegt sich eine ganze Weile nahe der Baumgrenze in 2500 Meter Höhe, wie Forscher aus Pollenresten in seinem Verdauungstrakt rekonstruieren. Hier oben hat sich der Wald längst gelichtet.

Nur noch einzelne Nadelbäume recken sich empor, dazwischen spannt sich ein grüner Flickenteppich aus Moosen, Sträuchern und Gräsern. In der Ferne ragen die zackigen, eisverplombten Dreitausender der Ötztaler Alpen auf, darunter der Similaun und die Fineilspitze, beide über 3500 Meter hoch.

Der Gletschermann weiß gewiss, dass es dort in der Nähe einen Pass gibt, der sich in der schneearmen Jahreszeit überwinden lässt und nach Norden führt, zu den fetten Almen des Ötztals.

Er will, er muss dorthin. Doch der Weg führt durch ein Tal – und so steigt er schon bald ein weiteres Mal ab. Angst und Verzweiflung werden ihn auf dem langen Weg treiben. Denn die Wunde an seiner rechten Hand macht es ihm unmöglich, sein Beil zu nutzen oder den Bogen fertigzustellen. Damit ist er jedem Angreifer wehrlos ausgeliefert.

Er bleibt nicht lange unten im Tal, nimmt nur ein Mahl zu sich, dann geht er weiter, wieder hinauf, in Richtung des Bergpasses. Gleich nach seinem Start hat er erneut steile Anstiege zu überwinden. Der Schweiß rinnt ihm über Stirn und Schläfen. Nach mindestens vier Stunden strammen Marsches hat er die Baumgrenze wieder erreicht.

Und er muss noch höher hinauf. Je weiter er aufsteigt, desto karger wird der Bewuchs. Bald ist alles Grün verschwunden. Wohin sein Auge nun blickt – Steine: große, kleine, kantige, flache, schwarze, graue. Eine farb- und leblose Landschaft. Weiter oben der zackige Bergrücken.

Es ist nicht mehr weit bis zum Tisenjoch, über das er auf die nördliche Seite des Alpenkammes wechseln kann. Doch er ist mittlerweile langsam; es ist sein zweiter zehrender Marsch binnen weniger Stunden. Da entdeckt er ein Felsplateau, gut 70 Meter unterhalb des Jochs: eine von Steinbrocken und Felsplatten umstandene Terrasse am Hang, eine abgeschirmte, ein wenig geschützte Stelle.

Der Wind bläst ihm inzwischen immer eisiger ins Gesicht. Hier oben ist es so unwirtlich und einsam, dass er vermutlich glaubt, seinen Verfolger endgültig abgeschüttelt zu haben. Und so lässt er sich wohl ein wenig beruhigt nieder, verzehrt seine Vorräte, wartet ab, wie sich das Wetter entwickelt, ruht sich aus, bis langsam die Kräfte zurückkehren in seinen müden Körper. Eine halbe Stunde, mindestens, wird so vergehen. Vielleicht wirft der Gletschermann immer mal wieder einen prüfenden Blick in den Himmel, dann einen ins Tal. Er steht auf.

Da geschieht es.

PLÖTZLICH EIN STICH IN SEINER linken Schulter. Der Wanderer wendet den Kopf nach hinten. Vielleicht nimmt er noch den Pfeil wahr, der sein Schulterblatt durchschlagen und ein großes Blutgefäß zerfetzt hat, das seinen linken Arm versorgt. Der Fellmantel ist sofort blutgetränkt. Schon übermannt ihn der Schwindel, und er fällt auf den Fels.

Der Täter, der dem Gletschermann offenbar in sicherer Entfernung gefolgt ist, hat all dies aus der Distanz beobachtet. Oder hat er ihn am Berg erwartet? Gesichert ist nur, dass er sich nun dem Sterbenden nähert. Möglich, dass es der Angreifer ist, der ihn zwei Tage zuvor mit dem Messer attackiert hat. Dass er diese Niederlage, unten im Wald, nicht auf sich sitzen lassen wollte.

Als er neben seinem Opfer steht, greift er wohl zu einem Stein und schlägt ihm damit auf die rechte Kopfseite, er will ganz sichergehen. Der Gletschermann ist bereits tot, als sein Mörder ihn auf den Bauch wuchtet und der linke Arm dabei unnatürlich verdreht vor der Brust zu liegen kommt. Er will den Todespfeil aus der Schulter ziehen. Denn dessen ganz spezielle Machart, die sich von Region zu Region unterscheidet, könnte die Herkunft des Täters verraten.

Alles andere jedoch lässt er unberührt zurück, sogar das wertvolle Kupferbeil des Gletschermannes. Wie könnte er erklären, dass es in seinen Besitz gelangt ist? Und sollte es sich bei dem Schützen um einen jüngeren Rivalen aus den eigenen Reihen handeln, fürchtet der vielleicht auch, dass seine Sippe nicht einen hinterhältigen Mörder zum neuen Anführer ernennen würde.

DER SCHNEE KONSERVIERT DIE LEICHE

Schon bald darauf schlägt das Wetter um. Aus grauen Wolken stiebt Schnee. Eine mit den Monaten und Jahren wachsende und immer dichtere weiße Decke hüllt den Körper des Toten ein, seine Kleider, Waffen, Werkzeuge – und schützt sie vor dem ewigen Verschwinden.

So friert, hoch oben auf dem Felsplateau, die Zeit wahrhaftig ein, entsteht die Momentaufnahme eines menschlichen Schicksals. Der Mann, der einst in die Berge flüchtete, um sein Leben zu retten, wird die Zeiten überdauern; und mit ihm fast seine gesamte Ausrüstung.

Weitaus mehr als 5000 Jahre werden vergehen, in denen immer neue Stürme über die Felsen hinwegfegen und sich irgendwann sogar Gletscher über das Gestein legen. In all diesen Jahrtausenden wird er in seinem eisigen Grab geborgen bleiben. Um dann, als ihn die Berge im Spätsommer 1991 wieder loslassen, seiner Zeit ein Gesicht zu geben.

Und eine ungeheure Geschichte zu erzählen.

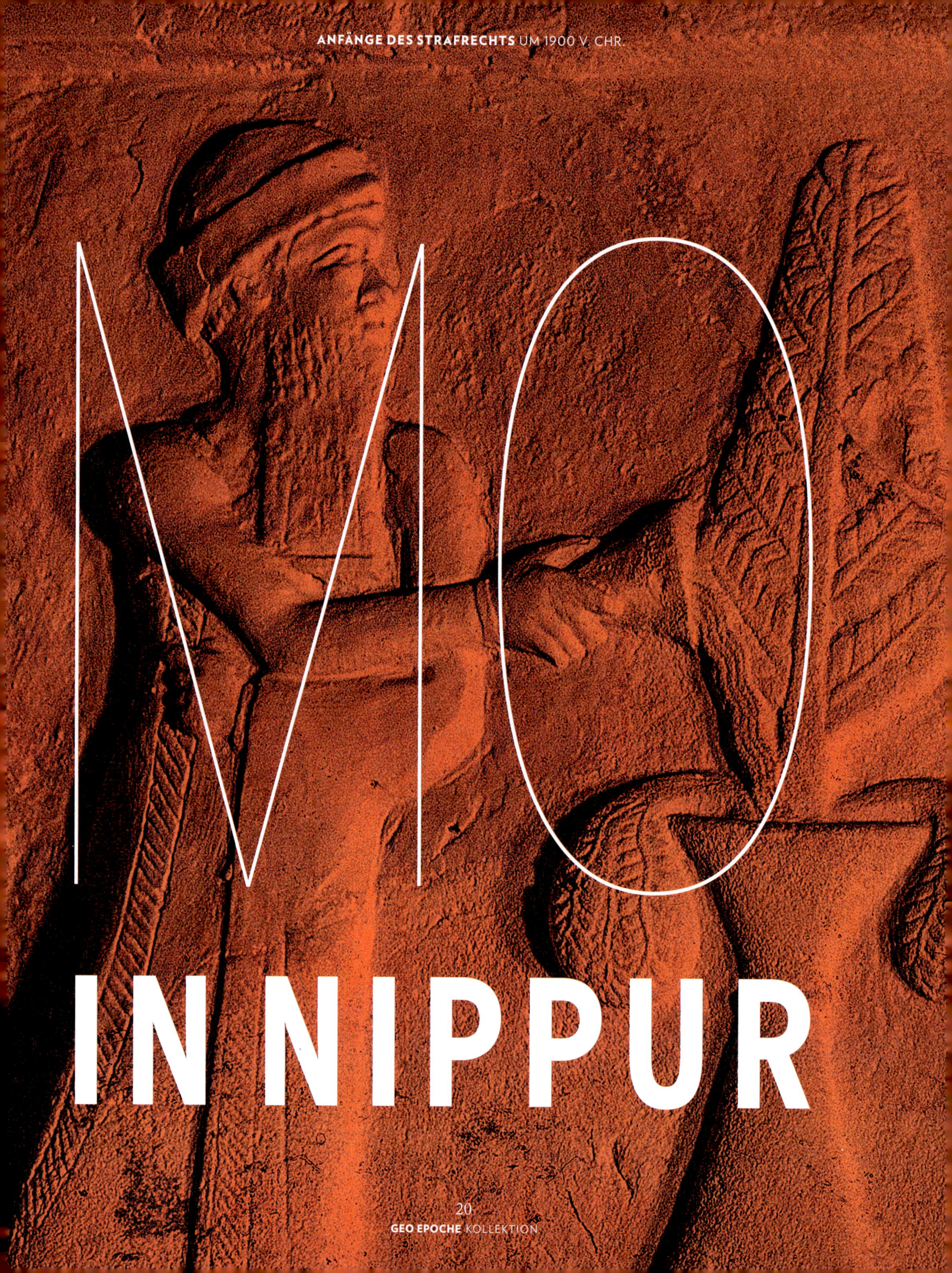

MO
IN NIPPUR

König Urnamma (im Bild links) beim Opfer vor einem Gott, der die Symbole der Gerechtigkeit in den Händen hält: einen Maßstab und ein Senkblei. Der Herrscher über das Reich von Ur ist um 2100 v. Chr. wohl der erste Monarch der Geschichte, der Gesetze in Stein meißeln lässt

RD

Früh schon existiert in Mesopotamien eine Urform des modernen Rechtsstaats: Gerichte prüfen Indizien und Beweise, Richter fällen Urteile auf der Grundlage verbindlicher Gesetze. Als um 1900 v. Chr. in der Tempelstadt Nippur ein Priester getötet wird, kommt es zum ersten überlieferten Mordprozess der Geschichte

— TEXT: **IRENE STRATENWERTH**

Der Kodex, den König Urnamma in Stein meißeln lässt (oben das älteste erhaltene Fundstück der Geschichte), gewährt den Bürgern seines Reiches eine gewisse Rechtssicherheit, denn nun wissen sie verbindlich, was ihnen verboten ist und mit welcher Strafe sie im Fall eines Gesetzesverstoßes rechnen müssen

DIE ANKLAGE LAUTET: Mord. Denn Luinanna, ein Diener der Unsterblichen, ist tot. Und es war nicht etwa hohes Alter oder eine unheilbare Krankheit, was den Priester niedergerungen hat. Nein, er wurde Opfer eines Verbrechens, und dieses Verbrechen gilt es zu sühnen.

Beschuldigt werden drei Männer und eine Frau. Die Männer sollen Luinanna heimtückisch umgebracht haben, einen hochrangigen Priester aus Nippur: Die Stadt, 200 Kilometer südöstlich des heutigen Bagdad gelegen, ist die Wohnstätte des Gottes Enlil – und eines der bedeutendsten religiösen Zentren Mesopotamiens.

Die Frau war zwar nicht am Tatort, gilt aber dennoch als Schlimmste von allen: Nindada ist die Witwe des Getöteten – und angeblich hat sie die Männer zu der Bluttat angestiftet. Hatte sie eine außereheliche Beziehung, vielleicht sogar mit einem der Mörder? Ließ sie ihren Gatten deshalb aus dem Weg räumen?

Ihr Schweigen hat die Frau verraten; so ist es jedenfalls in einem knappen Bericht über den Fall zu lesen: 60 kurzen Zeilen, die ein Schreiber vor rund 4000 Jahren mit kantigen Griffeln in den weichen Ton einer Tafel drückt.

Denn Nindada zeigte die Mörder nicht an, obwohl sie angeblich deren Namen kannte. Außerdem habe sie ihren Mann nicht geehrt. Ist diese Frau also gar keine trauernde Witwe, sondern eine mörderische Ehebrecherin?

Diese Frage soll kein Hinterbliebener des Opfers beantworten, der möglicherweise auf Blutrache sinnt, und auch keine zornige Menschenmenge, die vielleicht nach Lynchjustiz trachtet. Stattdessen wird ein Gericht über Schuld und Bestrafung der vier Verdächtigen befinden.

So beginnt in der heiligen Stadt Nippur um 1900 v. Chr. der Prozess gegen Nindada. Und da Forscher kein älteres Dokument kennen, ist es der erste überlieferte Bericht über einen Mordprozess in der Menschheitsgeschichte.

Mesopotamiens Justizsystem weist überraschend moderne Züge auf: Bereits vor mehr als vier Jahrtausenden prüfen Gerichte Indizien und Beweise, fällen Urteile und legen Strafen fest. Die Verfahren folgen bestimmten Regeln und gestehen dem Angeklagten das Recht auf Verteidigung zu, und sei er auch ein mutmaßlicher Mörder.

Selbstjustiz ist nicht erlaubt: Allein vom König oder dessen Statthaltern berufene Gerichte dürfen nach für alle Untertanen verbindlichen Gesetzen Kriminelle bestrafen.

Die Geschichte der Rechtsprechung beginnt wohl im 3. Jahrtausend v. Chr. – und zwar hier im Zweistromland. Die archaische Kultur von Jägern und Sammlern ist längst einer

Wirtschaftsform gewichen, die auf Ackerbau, Privatbesitz und Handel basiert. Anfangs leben in den Siedlungen vor allem Großfamilien, die Streitigkeiten um Güter und Reichtum in brutalen Fehden ausfechten, Mord und Totschlag durch Blutrache sühnen.

Dann aber beginnen Fürsten und Könige über Städte und Dörfer zu herrschen: als Verwalter der Götter auf Erden. In Mesopotamien verehren die Menschen Hunderte Gottheiten, in Nippur opfern Priester schon früh vor allem Enlil, dem Gott ihrer Stadt.

Die Herrscher haben die Pflicht, Frieden zu stiften und für Ordnung zu sorgen. Doch erst mithilfe der Schrift setzen sie eine Art Gewaltmonopol durch: Nur von ihnen autorisierte Gerichte dürfen nach allgemein gültigen Gesetzen Recht sprechen. Wohl spätestens ab 2000 v. Chr. lernen angehende Schreiber auch juristisches Grundwissen. Denn nach der Ausbildung stellen einige von ihnen als Verwaltungsbeamte staatliche Urkunden aus, andere arbeiten als Richter (viele der von ihnen aufgezeichneten Texte, Verträge und Prozessberichte werden Jahrtausende später bei Grabungen entdeckt).

Als Erster lässt wahrscheinlich König Urnamma, Gebieter über die Metropole Ur, um 2100 v. Chr. Gesetze in Stein meißeln und die Tafeln in Tempeln aufstellen. Er präsentiert sich damit, so der Prolog zu den Paragrafen, als Herrscher, der für Gerechtigkeit und Frieden sorgt und den Schutz der Schwachen garantiert.

Der Monarch lässt traditionelle Regeln sammeln – neues Recht hingegen setzt er kaum: Mord etwa war auch in den archaischen Gesellschaften geächtet. Doch mit der Aufzeichnung und öffentlichen Proklamation der Gesetze schafft er Sicherheit: Jeder Bürger kennt nun seine Rechte – und jeder Verbrecher die mögliche Strafe. Über die Einhaltung wacht der König, stabilisiert so sein Staatswesen und die eigene Macht.

Urnammas Gesetzessammlung ist eine der bedeutendsten Errungenschaften der Geschichte. Viele der rund 50 erhaltenen Paragrafen handeln von Mord, Körperverletzung, Ehebruch und sexueller Gewalt, und sie drohen zum Teil mit drakonischen Strafen. Etwa: Ein Mörder muss hingerichtet werden. Als ebenso schlimm gilt es, wenn eine verheiratete Frau ihren Ehemann betrügt.

Auf Körperverletzungen stehen Geldbußen; ausgeschlagene Zähne beispielsweise ziehen eine Strafe von zwei Schekeln nach sich (dem Preis für vier Schafe), eine abgeschnittene Nase schlägt mit 40 Schekeln zu Buche. Eine durch Gewalt ausgelöste Fehlgeburt gilt hingegen eher als Sachbeschädigung: Ist die Frau eines freien Mannes betroffen, beträgt die Strafzahlung laut einem späteren Kodex 30 Schekel. Wer einer Sklavin das Gleiche antut, muss hingegen nur fünf Schekel

Mesopotamien kennt nicht nur Straf-, sondern auch Zivilrecht. Die Bewohner schließen Privatverträge, dokumentieren schriftlich Besitzverhältnisse – hier lässt ein babylonischer König um 1180 v. Chr. eine Landschenkung an seinen Sohn festhalten. Der Text ist auf der Rückseite dieser Stele festgehalten, die Front zeigt Symbole mesopotamischer Götter, etwa Mond und Sonne (oben)

zahlen: an ihren Besitzer, als eine Art Schadenersatz für das Kind, das schon vor der Geburt zum Eigentum des Sklavenhalters zählt.

Doch die auf Tontafeln und in Stein gemeißelt überlieferten Gesetze des Zweistromland beschäftigen sich mit weitaus mehr als nur Gewaltverbrechen. Sie sollen auch die Konflikte des Alltags lösen – und Ordnung schaffen, wo Chaos droht, weil Menschen mit sich widersprechenden Interessen aufeinandertreffen: als Geschäftspartner, als Nachbarn, als Mieter und Vermieter, als Sklaven und Freie; ja zuweilen auch als Ehepartner, als Kinder und Eltern.

Denn je vielschichtiger eine Gesellschaft wird, desto komplexer ist das Regelsystem, das sie braucht, um zu funktionieren. Und in manchen Metropolen Mesopotamiens leben um 2000 v. Chr. bereits Tausende Menschen zusammen. Sie regieren als Herrscher oder schuften als Sklaven, als Köche, Schuster oder Gärtner, als Schreiber, Gastwirte, Musikerinnen. Sie arbeiten in Geschirr- oder Stoffmanufakturen, verkaufen als Händler Gewürze und Edelsteine aus fernen Landen oder als Prostituierte ihre Körper.

Die Bewohner leben und arbeiten miteinander, sind aufeinander angewiesen und konkurrieren zugleich um Besitz und Einfluss. Gesetze sollen als verbindliche Regeln auch verhindern, dass bei jedem Interessenkonflikt Gewalt ausbricht.

Der Kodex Hammurabi (um 1750 v. Chr.) ist die umfangreichste Gesetzessammlung des Zweistromlandes. Darin heißt es unter anderem (hier hervorgehoben): »Wenn ein Bürger einen Bürger bei einer Rauferei schlägt und ihm eine Wunde beibringt, dann soll dieser Bürger schwören: ›Ich habe nicht mit Absicht geschlagen‹, und den Arzt zahlen«

GESETZE SOLLEN GEWALTAUSBRÜCHE VERHINDERN

Viele private Rechtsverhältnisse – Immobilienkäufe etwa, Darlehen oder Eheverträge – werden nun zunehmend schriftlich festgehalten. Tausende davon sind auf Tontafeln überliefert. Oft bezeugen jene Siegel, die Zeugen und die beteiligten Parteien unter dem Vertragstext in den Ton drücken, die Echtheit der Dokumente. Wie die Gesetze sollen auch solche Privatverträge offenen Streit und gewalttätige Fehden zwischen den Großfamilien verhindern.

Späteres Recht geht noch einen Schritt weiter und regelt Ansprüche auf Schadenersatz: Wenn etwa jemand von einem

»Wenn ein Bürger einen Sklaven oder eine Sklavin kauft und ein Monat noch nicht vergangen ist und die *bennu*-Krankheit über ihn fällt, darf er ihn an seinen Verkäufer zurückgeben. Der Käufer soll das gezahlte Geld zurückerhalten«, so diese Rechtsregel (gelesen von rechts nach links)

»Wenn ein Baumeister einem Bürger ein Haus baut, aber seine Arbeit nicht auf solide Weise ausführt, sodass das Haus, das er gebaut hat, einstürzt und es den Tod des Eigentümers des Hauses herbeiführt, dann wird dieser Baumeister getötet«

»Wenn ein Bürger die künftige Gattin eines anderen Bürgers, die noch keinen Mann erkannt hat und noch im Hause ihres Vaters wohnt, knebelt und in ihrem Schoß liegt und wenn man ihn dabei erwischt, so wird dieser Bürger getötet; diese Frau geht frei aus«

Hund gebissen wird, haftet dessen Besitzer. Und wenn zwei wütende Stiere aufeinander losgehen und die Hörner des einen den anderen aufschlitzen, müssen ihre Eigentümer den Wert des lebenden und des toten Bullen je zur Hälfte untereinander aufteilen. Doch wohl nur wenn sich die Parteien nicht einigen können, bringen sie ihren Fall vor Gericht.

ZUDEM GREIFEN GESETZE auch in das Familienleben ein. So etwa ein Kodex, der um 1930 v. Chr. entsteht: Er listet unter anderem die Pflichten von Vätern und Ehemännern auf. Ein Mann darf demnach seine Gemahlin nicht verstoßen, wenn sie schwer erkrankt, und er ist für die Ausbildung aller seiner Kinder verantwortlich. Mitunter muss er auch die Versorgung der Abkömmlinge übernehmen, die er mit Prostituierten zeugt. Zwar darf er mehrere Frauen heiraten, muss sie aber alle ernähren. Und verweigert er sich dem Begehren einer seiner Gattinnen, macht er sich strafbar, wie eine andere Gesetzessammlung verfügt.

So entwickeln sich an verschiedenen Orten zwischen Euphrat und Tigris nach und nach unterschiedliche Kodizes mit straf- und zivilrechtlichen Bestimmungen. Eine erstaunliche Entwicklung, wenn man bedenkt, dass um diese Zeit wohl nirgendwo sonst auf der Welt ein Herrscher etwas Vergleichbares hervorbringt.

Den umfassendsten Kodex legt im Jahr 1754 v. Chr. König Hammurabi vor, der Gebieter über das babylonische Reich. In eine mächtige schwarze Stele lässt er fast 300 Paragrafen meißeln, die oftmals schärfere Strafen vorsehen als zuvor im Zweistromland üblich. Viele Taten werden mit dem Tod geahndet, etwa eine Falschaussage in einem Mordprozess.

Eine Gewaltenteilung mit unabhängiger Justiz kennt Mesopotamien allerdings noch nicht: Als Verwalter der Götter erlässt der König die Gesetze – und wacht über deren Einhaltung. Bei Kapitalverbrechen wie Mord oder Ehebruch durch eine Frau dürfen in Nippur die Strafen nicht ohne Billigung des Herrschers exekutiert werden.

So wird auch nach der Ermordung des Priesters Luinanna der amtierende König Urninurta unterrichtet. Der Monarch ordnet an, den Fall an jenem Ort zu verhandeln, wo die Tat geschah.

Ein Ermittler trägt vor Beginn des Prozesses Beweise und Zeugenaussagen zusammen. Dann folgt die Verhandlung, die über Schuld oder Unschuld der Witwe und ihrer angeblichen Komplizen entscheidet. Hat Nindada die drei tatsächlich dazu getrieben, ihren Gatten zu ermorden?

Für viele Verbrechen sehen die Gesetze die Todesstrafe vor. Manche Verurteilte sterben unter entsetzlichen Qualen: Bei der Hinrichtung durch Pfählen tritt der Tod oft erst nach Tagen ein

Neben den Angeklagten nehmen gemäß Prozessbericht elf Männer an der Verhandlung teil, darunter vermutlich ein Vertreter des Königs, mehrere Personen ohne Berufsbezeichnung (wahrscheinlich rechtskundige Schreiber) sowie – gewissermaßen als Schöffen – ein Töpfer, ein Vogelfänger, ein Gärtner und ein Soldat.

Welche Beweise vorgebracht werden oder wie die Angeklagten sich der Vorwürfe erwehren, bleibt unerwähnt. Gut möglich, dass Zeugen aussagen (was der Prozessbericht ja erwähnt), wie es um die Ehe von Nindada und Luinanna bestellt war. Die Zeugen sind zur Wahrheit verpflichtet: Wer sich weigert, seine Angaben mit einem Schwur auf einen Gott zu beeiden, gilt als Lügner und macht sich strafbar.

Das Verfahren läuft nicht gut für Nindada. Die Mehrheit der Versammlung ist offenbar davon überzeugt, dass sie ihren Mann hat ermorden lassen. Nur zwei Männer, der Gärtner und der Soldat, versuchen sie zu verteidigen. Sie äußern Zweifel: Wäre es überhaupt rechtens, die Angeklagte für einen Mord zum Tode zu verurteilen, den sie nicht eigenhändig begangen hat?

Die meisten aber vertreten eine Auffassung, wie sie ähnlich noch heute im deutschen Strafgesetzbuch steht: Wer andere zu einem Verbrechen anstiftet, kann wie die eigentlichen Täter bestraft werden. Die Richter in Nippur gehen noch weiter: „Ihre Schuld ist größer als die der Männer, die ihren Ehemann getötet haben", erklären sie: Denn es gilt als besonders verwerflich, wenn eine Frau ihren Gatten „nicht wertschätzt".

FRAUEN SIND IN MESOPOTAMIEN vielfach benachteiligt. Bei Hochzeiten und in Ehekontrakten sind sie zu bloßen Vertragsgegenständen degradiert. Nur in Ausnahmefällen können sie sich scheiden lassen. Und ausschließlich Frauen werden für Ehebruch bestraft, selbst die Vergewaltigung einer Jungfrau verletzt nach dem Verständnis der Mesopotamier nicht etwa die Betroffene, sondern beschädigt die Ehre des Bräutigams oder mindert den Marktwert einer Sklavin. Nach einem späteren assyrischen Gesetzbuch darf der Vater eines Vergewaltigungsopfers sich sogar an der Gattin des Täters vergehen.

Nur im Geschäftsleben und vor Gericht haben Frauen eine bessere rechtliche Stellung. Gastwirtinnen, Ammen, Ehefrauen, wohl auch Prostituierte und Priesterinnen können als Zeugen aussagen und Klage erheben. Wohlhabende Frauen dürfen nach dem Gesetz über ihren Besitz – Sklaven, Häuser, Vieh – weitgehend frei verfügen, wenngleich Ehemänner oder männliche Verwandte sie vielfach in ihren Rechten einschränken.

Zuweilen werden Verurteilte lebendig gehäutet – so wie diese Kriegsgefangenen assyrischer Truppen. Gefängnisstrafen hingegen gibt es im Zweistromland kaum

Nicht alle Missetäter werden mit dem Tod (hier durch Enthauptung) bestraft. Auf Körperverletzung etwa stehen abgestufte Geldbußen: je schwerer die Verletzung, desto höher der Betrag

Frauen, deren Ehemann stirbt oder sich scheiden lässt, werden oft zum neuen Haushaltsvorstand ihrer Familie und stehen als solche auch unter dem Schutz des Gesetzes.

Eine Witwe namens Innasaga etwa beweist um 2000 v. Chr. durch einen Kaufvertrag und Zeugenaussagen, dass sie die rechtmäßige Eigentümerin ihres Hauses und einer Sklavin ist. Den Prozessgegnern verbietet das Gericht daraufhin, je wieder Anspruch auf diesen Besitz zu erheben.

Doch solchen Schutz kann nur eine schuldlos verwitwete Frau in Anspruch nehmen – nicht eine mutmaßliche Mörderin wie Nindada. Das Gericht in Nippur scheint nicht an ihrer Schuld und der der drei Männer zu zweifeln.

In anderen Regionen des Zweistromlandes ziehen Richter höhere Mächte zu Rate: Um ein Gottesurteil einzuholen, werden Beschuldigte mitunter in einen Fluss gestürzt; zuweilen mit einem Mühlstein beschwert. Wer sich retten kann, gilt als unschuldig; wer ertrinkt, ist der Falschaussage überführt.

Die Prüfung muss der Angeklagte jedoch nicht selbst bestehen: Frauen dürfen für ihre Männer ins Wasser steigen, Reiche und Mächtige Untergebene an ihrer statt in die Fluten schicken.

In Nippur fällt das Gericht ohne göttliche Hilfe sein Urteil: Es spricht alle vier Angeklagten schuldig. Beim Strafmaß dürfen die Witwe und ihre Komplizen nicht auf Milde hoffen, für Mord kann es nach dem Gesetz nur eine Strafe geben. Zwar gibt es in Mesopotamien auch Gefängnisse, sie dienen aber vor allem dazu, Verdächtige oder säumige Schuldner eine Zeit lang festzusetzen.

Und so befindet die Mehrheit der Gerichtsversammlung: „Alle drei Männer und auch die Frau sind zu töten." Die Hinrichtung soll vor dem Priesterstuhl des Ermordeten erfolgen, im spirituellen Sinn also vor den Augen des Tatopfers.

Wer eine richterliche Entscheidung für ungerecht hält, kann wohl beim König eine Art Berufung einlegen. Doch falls die vier Mörder von Nippur von dieser Möglichkeit Gebrauch machen, bleibt der Versuch erfolglos.

Wie sie sterben, ist nicht überliefert. Gut möglich, dass das Gericht die Verurteilten pfählen lässt, wie es spätere Gesetze fordern – wahrscheinlich öffentlich, damit Verbrecher zur Abschreckung vor aller Augen qualvoll verenden.

Die Strafen mögen grausam sein, und doch weist das Justizsystem schon viele Merkmale auf, die noch heute ein Gerichtsverfahren ausmachen:

- Der Staat hat das Gewaltmonopol bei der Bestrafung von Verbrechern;
- die Tat ist vor einem Gericht mit Zeugen zu beweisen, auf Basis schriftlicher Gesetze;
- oft können Verurteilte einen Schuldspruch sogar anfechten.

Mit anderen Worten: Auf alten Tontafeln ist nachzulesen, wie in Mesopotamien bereits vor 4000 Jahren das Urmodell des modernen Rechtsstaats aufscheint.

Blutvergießen und Mord erschüttern Rom, seit verfeindete Parteien die Republik ins Chaos gestürzt haben. Zugleich grassiert in der Metropole das gewöhnliche Verbrechen – oft lassen sich politische und persönliche Motive kaum unterscheiden

MA

DAS RECHT UND DIE

CHT

Um 80 v. Chr. ist Rom zu einem kriminellen Moloch verkommen. Und die schlimmsten Verbrecher stehen an der Spitze des Staates: Der Diktator Sulla und seine Schergen lassen Tausende politische Gegner ermorden, echte wie vermeintliche, und reißen deren Besitz an sich. Zum Opfer wird auch der reiche Gutsbesitzer Sextus Roscius. Doch weil der Gemeuchelte viele Fürsprecher hat, wollen die Täter von sich ablenken und verleumden Roscius' Sohn als Vatermörder. Ein ehrgeiziger junger Anwalt übernimmt die Verteidigung – und wagt vor Gericht das Duell mit der Macht

— TEXT: **MATHIAS MESENHÖLLER**

ROM, 80 V. CHR. SEXTUS ROSCIUS IST ANGEKLAGT, ein abscheuliches Verbrechen begangen zu haben – das vielleicht abscheulichste, das ein Römer auf sein Gewissen laden kann. Der Mann aus der umbrischen Provinzstadt Ameria soll den eigenen Vater ermordet haben. Ein unerhörter Frevel in einer Gesellschaft, die Familienbande heilig hält, Respekt vor den Altvorderen als ein religiöses Gebot betrachtet.

Nun steht Roscius vor seinen Richtern auf einem Versammlungsplatz nahe dem Forum, dem steinernen Herzen der Römischen Republik.

Vermutlich nervös, voller Angst.

Dabei dürfte es diesen Prozess eigentlich gar nicht geben: An dem Abend, an dem sein Vater in Rom getötet wurde, war Sextus Roscius auf den Landgütern der Familie in Ameria, rund 75 Kilometer nördlich der Stadt. Er könnte das Verbrechen höchstens in Auftrag gegeben haben. Aber dafür gibt es keine Indizien, nicht einmal ein überzeugendes Motiv.

Dennoch hat der Angeklagte allen Grund, das Verfahren zu fürchten. Seine Verfolger sind mächtig. Und sie sind es gewohnt, Menschen zu vernichten, wie es ihnen gefällt, aus Rachsucht, Neid oder Habgier. Ohne Rücksicht auf das Gesetz, auf Taten, die Wahrheit.

Denn die Republik ist zerrüttet von politischen und persönlichen Fehden. Lange scheint es her, dass Roms Gesetz und Richter den Unschuldigen schützten. Vielmehr gilt das Recht des Stärkeren, Einflussreicheren, Geschickteren.

So ist der Staat selbst kriminell geworden. Verschwimmt, was ein Verbrechen ist, was Recht. Die Frage nach Schuld und Unschuld, nach Täter und Opfer, nach Wahrheit und Ausflucht – löst sich auf in ein Machtspiel.

Und nun steht ein unbekannter Bürger aus der Provinz gegen Männer aus dem innersten Zirkel der Macht.

Als Erster spricht Gaius Erucius, der Ankläger. Und er spricht vernichtend: Sextus Roscius habe schon lange im Streit mit dem Vater gelegen, habe auf dessen Erbe geschielt, 13 Landgüter, ein Vermögen. Und weil der Vater erwägte, den Sohn zu enterben, habe der seine Gier nicht mehr bezwingen können, sich den Besitz skrupellos verschafft: eben durch Mord.

Siegessicher blickt Erucius herum.

Wie er es erwartet hat, erhebt sich kein erfahrener Anwalt, obwohl etliche Rechtskundige von Rang anwesend sind. Sondern lediglich ein 26-jähriger Grünschnabel, der noch nie einen Kriminalprozess geführt hat und der sich vermutlich auf dem üblichen Weg ein paar Sporen verdienen will – indem er gegen einen Mächtigen stichelt, es aber nicht zu weit treibt. Sein Name: Marcus Tullius Cicero.

***

ERUCIUS LEHNT SICH ZURÜCK: ungefährlich, denkt er wohl. Während der Angeklagte bang auf seinen Verteidiger schauen mag, von dem nun alles abhängt. Scheitert Cicero, droht Sextus Roscius ein grausiges Ende. Gemäß römischem Recht werden Vatermörder in einen ledernen Sack genäht und im Tiber ersäuft.

Solch drastische Formen der Todesstrafe dienten in Rom von jeher der Vergeltung ebenso wie der Abschreckung – gleichsam als eindringliche Mahnung an jeden, sich an die vereinbarten Regeln des Zusammenlebens zu halten. So sollten auch sie ihren Teil dazu beitragen, die öffentliche Ordnung zu bewahren: jene einzigartige Balance zwischen den Mitspracherechten aller freien Bürger, die in den Volksversammlungen über Gesetze und Ämtervergabe entscheiden, und der Vorherrschaft einer kleinen Zahl von Familien, deren Mitglieder die meisten hohen Staatsämter und den Senat besetzen. Denn durch diese Ausgewogenheit war es immer wieder gelungen, Spannungen und Konflikte zwischen verschiedenen Gruppen in der Republik zu lösen.

Doch seit einigen Jahrzehnten wankt das Gleichgewicht, gelten vermeintlich unantastbare Regeln nicht mehr – und der wichtigste Grund für den Verfall der römischen Sitten ist, ironischerweise, Roms Erfolg.

Seit etwa 200 v. Chr. hat der Stadtstaat nach und nach beinahe den gesamten Mittelmeerraum erobert oder seinem Einfluss unterworfen, ist zur Weltmacht geworden – mit gewaltigen Folgen auch für die Eroberer selbst.

Einerseits strömen enorme Reichtümer in die Metropole des wachsenden Imperiums, Beute, Tribute, Sklaven. Die zumeist aus alteingesessenen Familien stammenden Großgrundbesitzer sowie zu Wohlstand gelangte Geschäftsleute schwelgen in nie gesehenem Luxus.

Zugleich aber bluten fortwährende Kriege die mittleren Schichten aus, die traditionell das Bürgerheer stellen, können viele kleine Bauern der Konkurrenz der großen Landgüter nicht standhalten. Und schwillt die Zahl freier, indes verarmter Römer zu einer unruhigen Masse an.

***

UM 100 V. CHR. IST DIE STADT ROM zu einem kaum noch beherrschbaren Moloch mit Hunderttausenden Einwohnern geworden, in dem Diebstahl und Gewalt grassieren, Falschmünzerei, Entführungen; nachts lauern *sicarii* auf ihre Opfer, „Dolchträger", die von Raubmord leben oder für Geld den Feind, Rivalen, Gläubiger eines beliebigen Auftraggebers töten.

Lucius Cornelius Sulla: Der Diktator versucht, mit brutalem Staatsterror die Ordnung wiederherzustellen. Und nimmt dabei den Tod Tausender Bürger in Kauf

Eine reguläre Polizei, eine Staatsanwaltschaft gibt es nicht. Wer sich geschädigt fühlt oder meint, ein Kapitalverbrechen nachweisen zu können, muss die Sache selbst vor Gericht bringen, in eigener Person oder mit Hilfe eines Anwalts. Solange sie nicht direkt die staatliche Ordnung bedrohen, überlässt Rom seine Bürger mit ihren Händeln weitgehend sich selbst.

Folglich wohnen die Reichen hinter Mauern, an deren Pforten Türsteher wachen; die wenigen Fenster zur Straße sind klein, hoch gelegen und vergittert. Händler und Handwerker lassen sich schwere Stellwände zimmern, um nachts die Ladenfront zu verschließen, tagsüber den Durchgang zur angrenzenden Wohnung. Einfache Mieter müssen sich meist auf die Wachsamkeit und Hilfe ihrer Nachbarn verlassen. Der wirksamste Schutz jedoch ist oft ein mächtiger Freund, die Zugehörigkeit zur Gefolgschaft eines starken Mannes.

Dazu haben nicht zuletzt erbitterte Machtkämpfe zwischen den großen Clans beigetragen, aus denen unversöhnliche Lager hervorgegangen sind. Vielfach unterhöhlen oder ersetzen diese Netzwerke den Staat. Zunehmend gilt zudem die Loyalität der Legionen ihren Heerführern persönlich – statt der Republik und deren Haupt, dem Senat.

87 v. Chr. eskalieren die Konflikte, kosten Straßenkämpfe Tausende Bürger das Leben. Die Sieger dieses Ringens setzen die freien Wahlen zu den höchsten Staatsämtern aus und beanspruchen die Posten eigenmächtig selber, enteignen, verjagen oder töten ihre Gegner, vor allem Angehörige der feindlichen Fraktion innerhalb der Oberschicht.

Dann jedoch, im Frühjahr 83 v. Chr., kehrt deren mächtigster Vertreter, vier Jahre zuvor als Feldherr nach Kleinasien aufgebrochen, mit seinem Heer nach Italien zurück und setzt sich an die Spitze der Gegenbewegung – Lucius Cornelius Sulla.

Sulla führt seine kampferprobten Legionen gegen die Truppen der Gewalthaber, schlägt deren Verbündete in einer Schlacht vor den Toren Roms. Und lässt anschließend Scharen von Gefangenen niedermetzeln, erlaubt den zuvor Verfolgten, sich plündernd und mordend an den Besiegten schadlos zu halten.

Angst und Schrecken erfassen die Römer: Jeder Bürger kann sich unversehens auf einer Todesliste wiederfinden. Auch Sextus Roscius wird zum Staatsfeind erklärt – nach seinem gewaltsamen Tod. Es ist ein Trick der Mörder, um an den Nachlass zu gelangen

H

WILLKÜR UND ABGIER

Verführerischer Reichtum: Viele Wohlhabende werden von Neidern als Staatsfeinde denunziert. Der Besitz der Getöteten fällt an den Staat, die Nachkommen der Geächteten verlieren ihr Erbe. Im Fall Sextus Roscius aber muss der Sohn sogar um sein eigenes Leben kämpfen

Erst nach Tagen der Anarchie und des Blutrausches gibt Sulla der Rache den Anschein wenn nicht von Recht, so immerhin von Ordnung. An die Stelle des wilden Terrors treten Listen mit Namen von Anhängern der gestürzten Partei, sogenannte Proskriptionen: Wer einen derart Geächteten umbringt, wird nicht bestraft, sondern belohnt. Der Besitz der Getöteten wird versteigert; noch ihre Kinder und Enkel verlieren das Recht, öffentliche Ämter zu bekleiden.

Wer indes auf den Todeslisten landet, darüber entscheiden kein Richter, keine Zeugen, kein ordentliches Verfahren oder Urteil. Sondern Sulla und seine Kamarilla.

Von Anfang an werden dabei persönliche Rechnungen beglichen, entfernen korrupte Handlanger gegen Geld Namen wieder von den Listen – oder fügen welche hinzu, werden Männer allein ihrer Habe wegen für vogelfrei erklärt. Deren eingezogenen Besitz ersteigern dann Parteigänger Sullas oft für einen Bruchteil des tatsächlichen Wertes. Wer würde es wagen, gegen einen Mann des Machtapparates zu bieten? Angeblich scherzen die Mörder der Geächteten untereinander, diesen habe sein großes Haus umgebracht, jenen sein Garten, den dritten sein Thermalbad.

Offiziell freilich richtet sich der Terror gegen Staatsfeinde, die Träger der vorherigen Tyrannei. Noch während die Proskriptionen anlaufen, lässt Sulla sich von einer Volksversammlung diktatorische Vollmachten erteilen, um Gesetze zu erlassen und die Republik zu ordnen.

Er erneuert den Vorrang des Senats, trifft Vorkehrungen gegen künftigen Machtmissbrauch, reformiert die Strafgerichte. Die zuvor auch von den Volksversammlungen ausgeübte Rechtsprechung wird unterbunden; zuständig für schwere Delikte, deren Bestrafung im öffentlichen Interesse liegt, sind nun nur noch bestimmte Gerichtshöfe. Die Urteile fällen Geschworene, die ausschließlich aus dem Kreis der Senatoren ausgewählt werden. Ihre besondere Standesehre soll für neutrale Urteile bürgen.

Es ist der widersprüchliche Versuch, den freiheitlichen römischen Rechtsstaat zu retten – mit den Methoden eines Willkürherrschers. Erst nach sechs Monaten, zum 1. Juni 81 v. Chr., werden die Todeslisten geschlossen. 4700 Menschen sind ihnen einer Quelle zufolge zum Opfer gefallen.

Marcus Tullius Cicero: Der Anwalt des angeklagten Sohnes deckt die Intrige auf – und nennt furchtlos deren mächtigen Hintermann beim Namen, einen Günstling des Diktators Sulla

Einer, der es unter Sulla zu Einfluss und Reichtum bringt, ist Lucius Cornelius Chrysogonus. Ein durch den Diktator freigelassener Sklave, der nach römischem Brauch den Vor- und Geschlechternamen seines Wohltäters angenommen hat.

Im Spätsommer des Jahres 81 v. Chr. sprechen zwei Männer bei Chrysogonus vor: Titus Roscius Capito und Titus Roscius Magnus. Beide gehören zur Sippe der Roscier aus dem umbrischen Ameria. Und Capito ist ein ebenso erfahrener wie skrupelloser Gewaltverbrecher.

Freimütig bekennen die beiden nun, einen reichen Verwandten ermordet zu haben – und bieten Chrysogonus ein Geschäft an. Der einflussreiche Mann soll den Löwenanteil der Beute erhalten, wenn er den Toten nachträglich auf die Proskriptionsliste setzt – um dann per Versteigerung an dessen Besitz zu gelangen. (So jedenfalls wird es Cicero rekonstruieren, dessen Version der Ereignisse als einzige überliefert ist; möglicherweise war Chrysogonus auch bereits vor dem Mord eingeweiht.)

***

CHRYSOGONUS SCHLÄGT EIN. Bald darauf taucht auf den offiziell schon geschlossenen Listen angeblicher Staatsverbrecher ein weiterer Name auf: Sextus Roscius senior aus Ameria. Da er bereits tot ist, kommt sein Vermögen zügig zur Versteigerung, Ländereien im Schätzwert von sechs Millionen Sesterzen. Chrysogonus erhält den Zuschlag für ein Gebot über 2000 Sesterzen – ein Dreitausendstel. Sodann reicht er die drei wertvollsten Landgüter an Capito weiter; Magnus wird als Verwalter der übrigen eingesetzt und bedient sich zudem aus den dortigen Besitztümern.

Da geht etwas schief.

In Ameria stößt die Nachricht, dass Sextus Roscius geächtet und umgebracht worden ist, auf Entsetzen und Unverständnis. Der Tote war überaus angesehen, pflegte Kontakte zu hochrangigen Familien in Rom und galt als treuer Anhänger ebenjenes Lagers, dem Sulla zum Sieg verholfen hat.

Seine Mitbürger, die offenkundig das Ausmaß der Korruption unterschätzen, senden eine Delegation an den Diktator, um wenigstens den Ruf der Familie wiederherzustellen – und einen postumen Widerruf der Acht zu erwirken, damit der gewaltige Besitz des Ermordeten an seinen Sohn fällt, der ebenfalls den Namen Sextus Roscius trägt.

Doch statt von Sulla werden die Abgesandten von dessen mächtigem Günstling empfangen. Von Chrysogonus. Aufmerksam lauscht er den nichts ahnenden Bittstellern. Und versichert ihnen heuchlerisch, sich der Sache anzunehmen, das Unrecht aufzuklären, dem Sohn seinen rechtmäßigen Besitz zu verschaffen. Getrost machen sich die Provinzler auf den Heimweg.

Chrysogonus denkt nicht daran, die Beute preiszugeben. Vielmehr beschließen die Verschwörer nun, auch noch den jüngeren Sextus Roscius zu beseitigen. Der indes schöpft Verdacht oder wird gewarnt; jedenfalls kann er nach Rom fliehen, zu hoch geachteten Freunden seines Vaters. Hinter den schützenden Mauern des vornehmen Anwesens ist er vor Attentätern sicher. Nicht aber vor einem Justizmord.

Und so kommt es, dass Sextus Roscius bezichtigt wird, er selbst habe den eigenen Vater getötet. Da sie ihn anders nicht zu fassen bekommen, wollen ihn seine Jäger nun in aller Öffentlichkeit vernichten. Sie bezahlen einen gewerblichen Ankläger dafür, den Vorwurf vor Gericht zu bringen: einen professionellen Gerichtsredner, der üblicherweise aus eigenem Antrieb die Klage wegen schwerer Vergehen führt – und im Erfolgsfall vom Staat eine Belohnung erhält.

Ihre bisherige Intrige, die manipulierte Proskriptionsliste, die Versteigerung – all das spielte keine Rolle mehr, wenn der legitime Erbe als Vatermörder verurteilt und hingerichtet würde.

Offenkundig fühlen sich die Verschwörer durch die Macht des Chrysogonus davor geschützt, dass der Fall gründlich durchleuchtet, überhaupt ernsthaft verhandelt wird. Denn das Recht ist ja längst vom Gegenmittel zu einem Werkzeug des Verbrechens geworden. Den meisten Opfern erscheint die kriminelle Staatsmacht umfassend. Unbezwingbar, unentrinnbar wie das Schicksal.

Und wirklich wagt es keiner von Roms renommierten Anwälten, den Angeklagten zu vertreten. Doch übernimmt ein unerfahrener, aber ehrgeiziger Verteidiger den Fall. Marcus Tullius Cicero.

Gerade einmal 26 Jahre alt, hat Cicero zwar bereits erfolgreich Prozesse geführt – allerdings nur zivilrechtliche, etwa zwischen wegen Geldfragen zerstrittenen Geschäftspartnern. Noch nie ein Strafverfahren auf Leben und Tod.

Nun sieht er bei allem Risiko die seltene Chance, sich mit einem Schlag einen Namen zu machen. Es wird der erste Mordprozess vor den von Sulla reformierten Gerichten sein. Und der Gegner im Hintergrund verheißt zusätzlichen Ruhm, eben weil Chrysogonus so prominent ist, die Sache nicht ungefährlich.

***

Am Verhandlungstag lockt die Scheusslichkeit des Verbrechens, der Vatermord, ein großes Publikum auf den Platz beim Forum – und möglicherweise hat sich auch herumgesprochen, dass der Beschuldigte zur allgemeinen Überraschung einen Anwalt gefunden hat.

Würdig nehmen die Geschworenen ihre Plätze ein, Senatoren allesamt.

Als Erster spricht zu ihnen Gaius Erucius, der angeheuerte Ankläger. Gelassen, ja überheblich zeichnet er ein ebenso düsteres wie eingängiges Bild: Es waren zwei Brüder, von denen der eine, der Liebling des Vaters, vor der Zeit starb. Der andere aber, eben der Angeklagte, missriet. Lebte im Streit mit dem Vater, der deshalb im Begriff stand, den Taugenichts zu enterben. Woraufhin dieser bis zum Äußersten ging und den Vater totschlug.

Das ist frei erfunden, eine zusammengereimte Geschichte, achtlos dargeboten von einem routinierten Gerichtsredner – ganz im Vertrauen darauf, dass niemand ernsthafte Widerrede dagegen führen wird.

Im Publikum mögen viele den Angeklagten bereits für einen toten Mann halten. Und als sich der fast unbekannte Cicero erhebt, meint dieser wahrzunehmen, wie der Ankläger aufatmet.

Ebendas jedoch hat Cicero erwartet. Er setzt darauf, dass die vermeintliche Stärke der Verschwörer in Wahrheit ihre Schwäche ist: So sehr verlassen sie sich auf die politische Macht des Chrysogonus, dass die Anklage fast schon lächerlich leicht zu entlarven ist. Zudem sitzen dank Sullas Reformen auf der Richterbank ja Vertreter der senatorischen Oberschicht – die den skrupellosen Emporkömmling Chrysogonus verabscheuen.

DIESES MAL SIEGT DAS RECHT

Trauer und Entsetzen angesichts der Toten lähmen viele. Doch Cicero kann seinen Mandanten retten, einen Freispruch erwirken. Auch weil er Sulla selbst ausdrücklich schont: Der Diktator habe von dem blutigen Geschäft nichts gewusst

Gelingt es Cicero, Sulla selbst aus der Sache herauszuhalten, rechnet er sich eine Chance aus.

Während er beginnt, hört Erucius kaum zu, macht ein paar Scherze, befasst sich mit anderem. Bis Cicero einen Namen ausspricht: Chrysogonus. Um dessen Intrigen und Selbstbereicherung gehe es hier in Wahrheit.

Mit einem Schlag ist Erucius hellwach. Aufgerichtet.

* * *

CICERO SPIELT NUN WIE EIN KARTENBLATT VOLLER TRÜMPFE aus, was er in eigenen Nachforschungen herausgefunden hat (oder dies jedenfalls plausibel behauptet). Er beginnt mit jenem Abend in Rom, an dem Sextus Roscius von einem Abendessen heimkehrte – während der Angeklagte, sein Sohn, sich mehr als 90 Kilometer Wegstrecke entfernt auf den heimischen Gütern aufhielt.

Als der Vater an einem großen Badehaus vorbeikommt, lauert ihm dort kein von fernher gedungener *sicarius* auf. Sondern sein Verwandter Titus Roscius Magnus. Dieser selbst oder einer seiner Begleiter rammt dem Arglosen einen Dolch in den Leib. Und schickt noch in derselben Nacht einen Gefolgsmann nach Ameria, der den Mitverschwörer Capito vom Erfolg des Anschlags unterrichtet. Vier Tage später sprechen Magnus und Capito bei Chrysogonus vor.

Inzwischen herrscht auf der Anklägerbank hektische Geschäftigkeit. Erucius sendet und empfängt Boten. Offenkundig informiert er Chrysogonus, dass ein junger, wahnsinniger Verteidiger doch zu sprechen wage, alles ans Licht zerre.

Ungerührt fährt Cicero fort, zunächst seinen Mandanten zu entlasten: Streit mit dem Vater, Enterbung? Dafür gibt es keinerlei Belege; im Gegenteil – der Sohn führte schon längst die Wirtschaft, genoss das Vertrauen des alten Roscius. Das von Erucius vorgebrachte Motiv ist damit entkräftet. Und der Ankläger hat nicht einmal flüchtige Indizien für einen Auftragsmord, weder einen Täter noch einen Kontaktmann oder eine Geldzahlung.

Cicero dagegen vermag sogar den Namen des nächtlichen Boten zu liefern, kennt genaue Daten, schildert minutiös den weiteren Verlauf der Intrige, benennt die Auslassungen und inneren Widersprüche der Anklage.

Und schlägt schließlich den entscheidenden Haken: Nach lobenden Bemerkungen zu Beginn seiner Rede kommt Cicero nochmals auf Sulla zu sprechen. Er preist den Diktator in den höchsten Tönen. Wortreich legt er dar, dass der Machthaber nichts gewusst habe von den Machenschaften seines verkommenen Günstlings Chrysogonus. Vielmehr erscheint der viel beschäftigte Herrscher selbst als Opfer eines verräterischen Mitarbeiters.

So versucht Cicero gerade nicht, dem Prozess seine politische Dimension zu nehmen. Sondern er lässt sich auf das Machtspiel ein – und macht aus dem Fall Roscius eine Nagelprobe für Sullas Reformen.

Verurteilt das Gericht trotz der eindeutigen Faktenlage den Angeklagten und ist damit dem räuberischen Günstling zu Willen – dann ist Sullas Neuordnung des Staates als bloßer Schein entlarvt. Der Diktator gescheitert. Mit nichts kann Sulla dann sein Blutvergießen noch rechtfertigen.

Dann müssen aber auch die auf der Richterbank sitzenden Senatoren, die zu den überlebenden und dank Sulla zu neuer Macht gelangten Angehörigen der eingesessenen Familien zählen, sich selbst und ihren Anspruch verleugnen. Wie keine andere Klasse stehen sie für die rechtsstaatliche Tradition der Republik.

* * *

CICEROS KALKÜL GEHT AUF. Er erreicht seine Ziele: Sextus Roscius wird freigesprochen – und sein Verteidiger ein trotz seiner Jugend gefeierter Anwalt. Ein begnadeter Rhetor, mutiger Karrierist, Taktiker der Freiheit hat den Apparat geschlagen. Hat gezeigt, dass sich die Perversion des Rechts auch zurückdrehen lässt. Dass schon allein die Erinnerung an gutes Recht dem Unrecht im Weg stehen kann.

Was danach geschieht, überliefern die Quellen nicht. Weder das weitere Schicksal des Chrysogonus ist bekannt noch das des jüngeren Sextus Roscius oder seiner heimtückischen Verwandten Magnus und Capito.

Sulla legt Anfang 79 v. Chr. das Diktatorenamt nieder und zieht sich aus der Politik zurück, wohl in der Hoffnung, als Retter und Erneuerer der Republik in die Geschichte einzugehen. Das Gegenteil tritt ein. Wegen seiner mörderischen Methoden gilt er späteren Generationen als Tyrann – eben nicht als Bewahrer, sondern als Totengräber der Republik.

Denn Gewalt und Rechtsbruch kehren in immer kürzeren Abständen wieder, verheerende Bürgerkriege münden in neuerliche Proskriptionen. Als eines ihrer Opfer wird im Dezember des Jahres 43 v. Chr. der berühmteste Redner und vielleicht glühendste Verteidiger der Römischen Republik ermordet, sein Leichnam verstümmelt und sein abgeschlagener Kopf auf dem Forum ausgestellt: Marcus Tullius Cicero.

DIE BOTEN DES TODES

Ihre Waffe ist der Dolch: Weil die Assassinen den Armeen ihrer Feinde in einer offenen Schlacht unterlegen wären, lauern sie stattdessen deren Führern auf – und ermorden sie. Diese und die folgenden Szenen stammen aus dem Computerspiel »Assassin's Creed«, das den Mythos der Killertruppe seit einigen Jahren höchst erfolgreich fortschreibt

Zur Zeit der Kreuzzüge fürchten die christlichen Herrscher im Heiligen Land nicht nur die Armeen der orientalischen Sultane – sondern auch eine kleine Schar fanatischer Attentäter. Immer wieder entsendet die muslimische Sekte der Assassinen ihre Mordkommandos. Ihr Auftrag: all jene zu töten, die sich der radikalen Gemeinschaft in den Weg stellen. Im April 1192 planen die Mörder eine tollkühne Attacke: Sie wollen den künftigen König von Jerusalem erdolchen

— TEXT: **JOHANNES TESCHNER** ILLUSTRATIONEN: **RAPHAEL LACOSTE**

Seit 1140 residieren Assassinen auf der Burg Masyaf in Syrien. Von dort aus entsendet ihr späterer Anführer Raschid ad-Din Sinan seine Mordkommandos in die Städte

Ritter bewachen die Tore: Bevor die Meuchelmörder losschlagen können, müssen sie sich zuerst in die Städte einschleichen

KONRAD VON MONTFERRAT ist allem Anschein nach ein glücklicher Mensch, als ein Dolchstoß sein Leben beendet. Kurz zuvor hat der Adelige aus dem italienischen Piemont erfahren, dass er zum neuen König von Jerusalem gekrönt werden soll. Die Herrschaft über den bedeutendsten Kreuzfahrerstaat ist ihm damit nicht mehr zu nehmen. Konrad wähnt sich am Ziel seiner Träume.

Gut gelaunt tritt er am Abend des 28. April 1192 aus dem Haus eines befreundeten Bischofs. Die Straßen von Tyros, einer Hafenstadt 150 Kilometer nördlich von Jerusalem, liegen bereits im Dunkeln. Eigentlich wollte Konrad bei seinem Freund das Nachtmahl einnehmen. Doch der Bischof hatte schon gespeist, so macht sich Konrad hungrig auf den Rückweg zu seinem nahe gelegenen Anwesen.

Als er um eine Straßenecke biegt, treten plötzlich zwei in lange Gewänder gehüllte Männer auf ihn zu – christliche Mönche, so scheint es. Einer von ihnen reicht Konrad einen Brief. Doch bevor der Adelige sich das Schriftstück ansehen kann, rammt ihm der zweite Mann einen Dolch in den Leib. Konrad bricht blutend zusammen. Einige Männer aus seinem Gefolge, die den Anschlag entsetzt beobachtet haben, tragen den Verwundeten eilig zu seinem Palast.

Aber der ungekrönte König von Jerusalem stirbt kurz darauf. Einer der bedeutendsten christlichen Krieger ist tot.

Einen der Mörder erschlagen Konrads aufgebrachte Anhänger noch auf der Stelle. Der zweite flieht in eine Kirche. Als er dort wenig später gefasst und vor Gericht gezerrt wird, zögert er nicht, den Namen seines Auftraggebers zu nennen. Scheich Sinan, der „Alte vom Berge", habe ihn geschickt. In einer Unterredung auf einer Burg in Zentralsyrien, gut sechs Tagesritte von Tyros entfernt, habe ihm sein Gebieter persönlich befohlen, Konrad zu töten.

Wohl erst jetzt begreifen die Gefolgsleute des Ermordeten, wen sie vor sich haben: Der vermeintliche Mönch ist ein Assassine, ein Mitglied jener sagenumwitterten Sekte, die seit Jahrzehnten Schrecken verbreitet. Immer wieder erdolchen sie die Anführer ihrer Feinde, Kreuzfahrer ebenso wie Muslime.

Ob Wesire, Gouverneure, Richter, Prediger und mit Konrad nun auch ein erwählter christlicher Monarch: Niemand ist vor den Anschlägen der fanatischen Sekte sicher. Für ihre Attentate nehmen die Assassinen häufig neue Identitäten an, schleichen sich in das Leben ihrer Opfer. Oft warten sie Monate, bis sie zuschlagen. Ihren eigenen Tod nehmen sie dabei in Kauf – aus

Die Assassinen morden in Persien, Syrien und Ägypten – aber auch in den christlichen Metropolen des Heiligen Landes

Treue zu ihrem Anführer. In Europa preisen Minnesänger die Hingabe der Assassinen an den „Alten", künden Dichter von deren mörderischen Taten; Chronisten schildern sie als zügellose Fanatiker, als „rätselhafte islamische Menschenbrut".

Und so wandelt sich ihre Geschichte zum düstersten Mythos, den die Epoche der Kreuzzüge hervorbringt. Zu einer Erzählung von sklavischem Gehorsam, kaltblütigem Mord und einer unheimlichen, allgegenwärtigen Bedrohung.

Ihren Anfang nimmt die gefürchtete Sekte 100 Jahre vor dem Anschlag auf Konrad fernab vom Heiligen Land, nahe der damals noch unbedeutenden persischen Stadt Teheran.

Hier wächst jener Mann auf, der den Terror perfektionieren und die berüchtigte Sekte der Assassinen formen wird: der Prediger Hasan-i Sabbah. Dabei ist Hasan bis zu seinem 18. Lebensjahr ein strebsamer und angepasster Muslim, der die Dogmen seiner geistlichen Lehrer nicht anzweifelt. Doch dann begeistert ihn ein Prediger für eine religiöse Gemeinschaft, die von den meisten Muslimen – Sunniten wie Schiiten – für ihre angebliche Irrlehre verdammt wird: die Ismailiten.

Die Anhänger dieser schiitischen Sekte verehren zwar ebenso wie alle anderen Schiiten die Nachfahren Alis, eines Schwiegersohns des Propheten Mohammed, als Imame, als religiöse Oberhäupter. Doch um 755 kam es zum Bruch.

Nach dem frühen Tod Ismails, eines Sohns und designierten Nachfolgers des fünften Imam nach Ali, sah eine Mehrheit der Schiiten in dessen Halbbruder den rechtmäßigen Nachfolger des Propheten; eine Minderheit dagegen erkannte in Ismails Sohn Muhammad den künftigen Imam. Seither bekämpfen sich beide Glaubensrichtungen.

Mit Muhammad endete in den Augen der nun entstehenden Sekte der Ismailiten die Reihe der Imame: Er werde vor dem jüngsten Tag als Erlöser zurückkehren, als Mahdi, und ein gerechtes Reich erschaffen.

Noch tiefer ist die Kluft zwischen Ismailiten und Sunniten, der großen Mehrheit aller Muslime. Denen gelten alle Anhänger Alis, also auch die Ismailiten, als Ketzer, weil sie Mohammeds Schwiegersohn vermeintlich gottgleich verehren.

Im Jahr 1076 reist Hasan-i Sabbah von Teheran nach Kairo, zur Kapitale des ägyptischen Herrschers (der als Kalif zugleich religiöses Oberhaupt der Ismailiten ist), um seine religiösen Studien zu vertiefen. Gut möglich, dass er hier Mitglieder radikaler Sekten kennenlernt.

Auf jeden Fall gerät er mit den Eliten Ägyptens in Konflikt, wird des Landes verwiesen und kehrt in seine Heimat zurück, die seit etwa 1050 zu großen Teilen von den Großseldschuken beherrscht wird, einer sunnitischen Dynastie.

Als Missionar verbreitet Hasan in Persien fortan die ismailitische Doktrin. Vor allem in den abgelegenen Regionen zwischen Kaspischem Meer und Elburs-Gebirge im Norden des

Landes schart er schnell Anhänger um sich: Die Menschen dort sind rebellischer als in anderen Provinzen Persiens, und viele gehören schiitischen Gemeinschaften an. Hasan kann sie leicht für den Kampf gewinnen gegen die sunnitischen Herren und deren korrupte Beamte, die das Land ausplündern.

Er rekrutiert Kämpfer, die zu allem bereit sind. Denn der Missionar verkündet die baldige Ankunft des Mahdi – aber nur, wenn die Männer zuvor die sunnitischen Feinde des wahren Glaubens beseitigt haben.

Durch Gewalt.

Hasan und seine Anhänger suchen schon bald nach einem sicheren Hauptquartier – und finden es 1090 in der Burg Alamut im Nordwesten Persiens. Eigentlich ist die Festung, in der ein Günstling des seldschukischen Sultans residiert, uneinnehmbar: Sie liegt gut befestigt 1800 Meter hoch auf einem Felsen im Elburs-Gebirge, nur ein unwegsamer Pfad führt zu ihrem Tor.

Wochenlang versuchen Hasans Gefolgsleute, den Burgherrn als Verbündeten zu gewinnen. Im Verlauf dieser Verhandlungen gelangen immer mehr seiner Anhänger in die Festung. Als sich der Burgherr schließlich endgültig weigert, ist die Übermacht der Ismailiten derart erdrückend, dass ihm nichts anderes bleibt, als seine Festung kampflos zu verlassen: Hasans erster Triumph.

Das Opfer nähert sich: Meist töten die Glaubenskämpfer muslimische Beamte, Richter und Gouverneure – doch 1192 lauern sie auch einem christlichen Adeligen auf

Er lässt die Befestigungen seines neuen Machtsitzes verstärken, Vorratsspeicher und Zisternen anlegen, um bei einer Belagerung länger aushalten zu können.

Bedingungsloser Gehorsam gegenüber Hasan wird nun zum obersten Gebot. Alkohol ist verboten. Regelverstöße duldet er nicht: Als er einen seiner Söhne beim Weintrinken erwischt, lässt er ihn hinrichten.

Aus dem Missionar wird ein Sektenführer, dessen Gefolgsleute sich schon bald „Nizariten" nennen – nach Nizar, einem Sohn des Kalifen von Kairo, der bei der Erbfolge übergangen wurde, den die meisten persischen Ismailiten aber als einziges religiöses Oberhaupt anerkennen.

HASAN SELBST IST EIN ASKET, der seine Burg nach der Eroberung nie mehr verlässt, 35 Jahre lang. Er studiert die Schriften in der rasch wachsenden Bibliothek, verfasst zahllose religiöse Texte und unterweist seine Glaubensgenossen: Knechte, Händler sowie eine kleine Schar radikaler Krieger.

Immer wieder schickt er Männer aus, um in der Umgebung weitere Burgen einzunehmen. Sendet Missionare zu den Bauern in den Dörfern und zu den Höfen der Landadeligen und gewinnt sie für den ismailitischen Glauben.

Kaum zwei Jahre nach der Eroberung von Alamut gebietet er über ein eigenes Territorium inmitten des Seldschukenreichs sowie über weitere Burgen in anderen Gegenden des Landes.

In einer Feldschlacht wären Hasans Männer der seldschukischen Übermacht zwar klar unterlegen. Doch ihr Anführer findet einen anderen Weg, um seinen Gegner zu schwächen – einen Weg, der auf dem bedingungslosen Vertrauen seiner Männer beruht.

Während einer Belagerung seiner Burg durch eine Seldschukenarmee verlangt Hasan von einem seiner Männer, dass er einen Führer der Seldschuken ermordet: den Wesir Nizam al-Mulk, der den Angriff auf die Burg befohlen hat. Der Attentäter soll sich für die Sache der Ismailiten opfern. Wahrscheinlich verspricht ihm Hasan, er werde als *fida'i* („der sich Opfernde") direkt ins Paradies gelangen.

Wenn der Anführer der Nizariten die Heere seiner Feinde schon nicht schlagen kann, so will er zumindest deren Anführer ausschalten.

Am 16. Oktober 1092 lässt sich Nizam al-Mulk, der mächtigste Beamte des Sultans, nahe der westpersischen Stadt Nahavand in einer Sänfte zu seinem Harem tragen. Der Wesir ahnt nicht, dass sein Mörder bereits am Straßenrand auf ihn wartet, verkleidet als frommer Anhänger eines muslimischen Ordens.

Mit einem Schriftstück in der ausgestreckten Hand ruft der Attentäter seinem Opfer einen Segenswunsch zu. Als der

Wenn sie die »Feinde des wahren Glaubens« beseitigen, so hoffen die Assassinen, werde schon bald ein Erlöser erscheinen – und ein gerechtes Reich schaffen

Wesir nach dem Zettel greift, stößt ihm der Mörder einen Dolch ins Herz. Kurz darauf lässt auch er unter den Hieben der seldschukischen Wachter sein Leben.

Der Tod des Wesirs erschüttert das Seldschukenreich, so wie Hasan es geplant hat. Nun beginnen seine Männer eine Serie von Attentaten: Sie erdolchen seldschukische Fürsten, Theologen, Generäle und Gouverneure. Viele Angehörige der sunnitischen Elite verlassen ihre Häuser schon bald nur noch mit einem Brustpanzer unter der Kleidung.

Stets töten die Attentäter mit dem Dolch. Vor jeder Mission erhalten sie von Hasan persönlich ihre Waffen, erteilt er ihnen so offiziell den Auftrag zum Mord. Gift, in vieler Hinsicht praktischer und ungefährlicher, nutzen sie nie – die Meuchelmörder fürchten das eigene Ende nicht.

Mitunter versuchen die Todesboten auch erst gar nicht zu fliehen. Manchmal jubeln die Attentäter sogar und rufen den Namen ihres Auftraggebers, während die wütende Menge sie steinigt oder sie auf dem Scheiterhaufen in Flammen aufgehen.

Gelungene Anschläge feiern die Sektenmitglieder von Alamut mit Freudenfesten. Auf einer Ehrentafel halten sie die Namen der Opfer und ihrer Mörder fest.

Bald sind die gespenstischen Attentäter berüchtigt in der islamischen Welt. „Es ist die Pflicht von Sultanen und Königen, sie zu ergreifen und zu töten, um die Erdoberfläche von ihrem Schmutz zu reinigen", so eine sunnitische Schrift.

Für ihre Gegner, aber auch für viele Ismailiten, sind Hasans Anhänger radikale Fanatiker – Wahnsinnige, die sich gegen den wahren Islam verschworen haben. In ägyptischen Berichten werden sie häufig *haschischiyyun* genannt, „Aussätzige" oder „Entrückte".

Da der Begriff wörtlich auch mit „Haschischleute" übersetzt werden kann, behaupten später manche europäische Chronisten, die Sektierer hätten sich durch Cannabisgenuss einen Vorgeschmack auf das Paradies verschafft und so auf ihre Anschläge eingestimmt. Doch bedeutete Haschisch im Arabischen ursprünglich nicht mehr als „Kraut". Zudem ist es kaum vorstellbar, dass die Attentäter ihre teils monatelangen Missionen im berauschten Zustand hätten durchführen können.

Zu Beginn des 12. Jahrhunderts werden Hasans Pläne immer kühner: Nun schickt er seine Sendboten bis nach Syrien, obwohl zwischen dem nordpersischen Kerngebiet der Sekte und dem Mittelmeer mehr als 1000 Kilometer liegen.

Doch der Chef der Mördertruppe geht davon aus, dass die Region, die seit etwa zwei Jahrzehnten in Teilen ebenfalls von Seldschuken beherrscht wird, ideale Bedingungen bietet, um neue Rekruten zu werben: Auch dort gibt es inzwischen schiitische Sekten. Zudem ziehen sich schroffe Gebirgsketten durch das Land; perfektes Terrain, um sich zu verschanzen.

Anders als von Hasan erwartet, finden seine Gotteskrieger fern ihrer Heimat jedoch zunächst kaum Unterstützung – wohl weil sie Fremde sind in einer tief gespaltenen Weltgegend, in der sich viele lokale Kleinfürsten und religiöse Gruppen befehden. Und diese Konflikte haben sich noch verschärft, seit die Kreuzfahrer, die zweite fremde Macht, in das Land eingedrungen sind.

Zwar erobern Hasans Gefolgsleute 1106 eine Stadt. Doch noch im selben Jahr nimmt ihnen der normannische Kreuzfahrer Tankred von Tiberias die Operationsbasis wieder ab. Es ist die erste Begegnung zwischen Rittern und Nizariten. Sonst aber treffen die Christen und die Sektierer zunächst fast nirgendwo aufeinander.

Doch je weniger die Europäer über die Meuchelmörder erfahren, desto mehr fabulieren sie. Vor allem die grausamen Geschichten, die in der arabischen Welt über die geheimnisvolle Sekte kursieren, regen die Vorstellungskraft westlicher Chronisten an. In ihren Berichten vermischen sich Fakten und Fantasie.

Die arabische Bezeichnung „Haschischiyyun“ verschleift sich in abendländischen Berichten zu dem Begriff „Assassinen“.

„Sie dürsten nach Menschenblut“, schreibt ein deutscher Kleriker. „Wie der Teufel verwandeln sie sich in Engel des Lichts, indem sie Gebärde, Kleidung, Sprache, Sitte und Benehmen vieler Nationen und Völker nachahmen.“

Und in einer anderen Quelle heißt es: „Diese Menschenbrut verkehrt unterschiedslos mit allen Weibern, die eigenen Mütter und Schwestern eingeschlossen. Sie leben in den Bergen und sind nahezu unbezwingbar, denn sie können sich in wohlbefestigte Burgen zurückziehen.“

Die abenteuerlichste Schilderung der Assassinen wird im 13. Jahrhundert Marco Polo verfassen, der venezianische Kaufmannssohn, der unter anderem Persien bereist. In seinem Bericht „Die Wunder der Welt“ beschreibt er mit dichterischer Freiheit, wie die nizaritischen Attentäter auf ihre Missionen vorbereitet werden.

Demnach versetzt sie ihr Anführer mittels eines Betäubungstranks in einen tiefen Schlaf und lässt sie in einen Garten bringen, in dem Wein, Milch und Honig fließen. Dort spielen „liebliche Jungfrauen auf allen erdenklichen Instrumenten“, und es gedeihen „Früchte aus aller Welt“. Im Koran wird so das Paradies beschrieben. Erwachen die Männer in dem Garten, so Marco Polo, wähnen sie sich tatsächlich im Paradies. Dort verbringen sie eine kurze Zeit vollkommenen Glücks, bis der Sektenführer sie erneut betäuben und zurück auf seine Burg bringen lässt. Nun sind sie so verzweifelt, dass sie ihn anflehen, sie zurück ins Paradies zu führen. Ihr Herr kennt den Weg dorthin: Sie müssen einen Feind Gottes töten.

Kaum ein Assassine überlebt seinen Auftrag: Wie viele Selbstmordattentäter von heute glauben die Fanatiker, nach einem Anschlag ins Paradies zu gelangen

Doch sehr wahrscheinlich hat es diesen Garten nie gegeben. Marco Polo schreibt nur auf, was er hört; die Assassinen selbst trifft er nie.

Als der greise Sektenführer Hasan-i Sabbah im Jahr 1124 auf der Burg Alamut stirbt, ist seine Gemeinschaft so gefestigt, dass die Attentate auch unter seinen Nachfolgern fortgesetzt werden.

Die Assassinen scheinen unaufhaltsam – nun vor allem in Syrien: 1137 erobern Gotteskrieger dort eine Festung der Kreuzfahrer und nehmen Zug um Zug weitere Bollwerke ein. Drei Jahre später besetzen sie die Burg Masyaf in den syrischen Bergen. Damit verfügen sie auch dort über eine Machtbasis. In den folgenden Jahren schließen sie sogar Bündnisse mit den Christen – gegen Sunniten, den gemeinsamen Feind.

1152 aber schlagen die Assassinen plötzlich auch gegen die Kreuzfahrer los. Zum ersten christlichen Opfer der Meuchelmörder wird Graf Raimund II. von Tripolis, dem mehrere Sektierer auflauern, als er in seine Stadt einreitet. Als Raimunds Gefolgsleute von dem Anschlag erfahren, greifen sie zu den Waffen und machen innerhalb der Stadtmauern jeden Muslim nieder, dessen sie habhaft werden.

Die Motive für die Bluttat sind bis heute völlig unklar. Zu einem dauerhaften Zerwürfnis zwischen Christen und Assassinen führt sie indes nicht.

AB 1162 RESIDIERT IN MASYAF jener Mann, der Hasan-i Sabbah noch an Ruhm übertreffen wird: Raschid ad-Din Sinan, unter den Kreuzfahrern berüchtigt als „der Alte vom Berge“. Seinen Beinamen verdankt Sinan einem Missverständnis: Die Sektenmitglieder nennen ihn ehrerbietig „Scheich“; Christen übersetzen die arabische Bezeichnung allerdings wörtlich als „der Alte“ und verknüpfen es mit der Lage von Sinans Festung.

Geboren im Süden des heutigen Irak, hat Sinan seine Familie früh im Streit verlassen. Er ging nach Alamut, wo ihn der damalige Burgherr gemeinsam mit den eigenen Söhnen erzog. Später reiste Sinan als Missionar nach Syrien und wurde einige Jahre später vom persischen Sektenführer zum Oberhaupt der syrischen Assassinen berufen.

Feinde und Freunde gleichermaßen rühmen Sinans außerordentliche Intelligenz. Um seine Gemeinschaft zu sichern, empfängt er Gesandtschaften der Kreuzfahrer auf seiner Burg, schließt Bündnisse mit sunnitischen Fürsten und bekämpft Ismailiten, wenn sie seine Machtposition bedrohen.

Dem Herrn von Alamut wird er offenbar bald schon zu mächtig: Mehrmals versuchen seine Attentäter, Sinan zu töten. Doch sie können ihn nicht ausschalten – möglicherweise auch, weil er ihre Verstellungskünste nur zu gut kennt. Manche der entsandten Todesboten laufen sogar zu Sinan über. Schließlich bricht er mit den Assassinen von Alamut.

Um 1185 soll Sinan laut einem christlichen Chronisten zehn Burgen besitzen und über 60 000 Anhänger gebieten – in der Mehrzahl Bauern, die wohl auch die Soldaten des Sektenführers versorgen.

Sieben Jahre später, im April des Jahres 1192, treffen die führenden Kreuzfahrer einstimmig die Entscheidung, den angesehenen Markgrafen Konrad von Montferrat zum neuen Herrscher des Königreichs Jerusalem zu krönen.

Unter Soldaten und Adeligen genießt Konrad – ein Verwandter des römisch-deutschen Kaisers – großen Respekt, seit er Ende 1187 Tyros mutig und gekonnt gegen den mächtigen ägyptischen Sultan Saladin verteidigt hat. Der amtierende Monarch – Guido von Lusignan, ein Gefolgsmann von Richard Löwenherz – hat sich dagegen als unfähiger Feldherr erwiesen: Er unterlag Saladin im Sommer des gleichen Jahres in der Schlacht von Hattin und verlor in den Wochen darauf große Teile des Königreichs Jerusalem, darunter auch die Heilige Stadt.

Viele europäische Adelige verweigern ihm ihre Gefolgschaft. Und so muss schließlich auch Richard Löwenherz widerwillig Konrads Ernennung akzeptieren. Eine Gesandtschaft unter der Führung von Richards Neffen, dem Grafen Heinrich von Champagne, macht sich sogleich auf den Weg nach Tyros.

Als die Nachricht in der Stadt verbreitet wird, brandet Jubel in den Straßen auf. Der Auserwählte selbst sinkt auf die Knie und bittet Gott, er solle ihm die Krone verwehren, falls er ihrer nicht würdig sein sollte.

Nur wenige Tage später – die Vorbereitungen für die Krönungsfeierlichkeiten sind bereits weit fortgeschritten – trifft Konrad von Montferrat an einer dunklen Straßenbiegung in Tyros auf zwei Männer, die in lange Gewänder gehüllt sind.

Schon bald nach der Tat stellt sich heraus, dass die Meuchelmörder ihren Anschlag monatelang vorbereitet und sich dabei als vermeintliche Mönche in die Kreise des christlichen Adels eingeschlichen haben. Auch Konrad waren sie bereits mehrmals zuvor begegnet, hatten wohl auch mit ihm gesprochen, doch lauerten sie geduldig auf die richtige Gelegenheit.

Schwertkampf in den Gassen: Tatsächlich führen die Assassinen aber meist nur einen Dolch. Deshalb müssen sie nah an ihr Opfer herankommen

Boten tragen die Nachricht vom Tod des erwählten Königs rasch nach Europa. Gerüchte über die Hintergründe des Mordes kommen auf. So soll Konrad angeblich im Hafen von Tyros ein assassinisches Schiff mit wertvoller Ladung beschlagnahmt und die Besatzung misshandelt haben. Allerdings ist die Sekte nicht dafür bekannt, überhaupt Schiffe zu besitzen.

Etliche Machthaber geraten in den Verdacht, die Assassinen zu dem Anschlag angestiftet zu haben. Zwar hat einer der Attentäter erklärt, Sinan habe ihnen den Mordauftrag erteilt. Doch zweifeln viele Christen und Muslime daran, dass der Sektenführer Konrad aus eigenem Antrieb töten ließ.

Manche vermuten, dass Richard Löwenherz Sinan als Helfer im Kampf gegen den unliebsamen Konrad von Montferrat gewonnen hat. Andere sehen in Sultan Saladin den Auftraggeber; er habe Sinan für den Mord eine große Summe Geldes gezahlt.

Beweise gibt es bis heute aber für keine dieser Thesen.

Doch ist nicht derjenige am verdächtigsten, der am meisten von einem Verbrechen profitiert?

Den größten Vorteil aus dem Attentat zieht Graf Heinrich von Champagne, der nun anstelle von Konrad zum Regenten von Jerusalem gewählt wird. Als Neffe Richards von England

Mit einem Stoß erfüllt der Todesbote seine Mission. Danach flieht er – oder lässt sich töten. Die Assassinen aber feiern ihm zu Ehren ein Fest

sowie Philips II. von Frankreich genießt er unter den Adeligen großes Ansehen und hat sich bereits erfolgreich als Feldherr und Vermittler zwischen den beiden europäischen Königen bewährt.

Zwei Jahre später, 1194, besucht er sogar die Burg Masyaf – möglicherweise hat ihn Sinan nur eingeladen, um ihn daran zu erinnern, wem er sein Amt zu verdanken hat.

Angeblich stürzen sich bei diesem Besuch zwei Männer vor Heinrichs Augen von der Festungsmauer in den Tod, um dem Christen die Entschlossenheit der Sekte zu demonstrieren.

Doch all dies sind Spekulationen und Gerüchte. Fest steht nur, dass Sinan den Mordbefehl erteilt hat. Konrads Tod macht die Assassinen endgültig in Europa berühmt. Immer häufiger taucht ihr Name nun in den Gedichten der Hofpoeten auf, versuchen Minnesänger, die jeweils Angebetete durch den Verweis auf die berühmten Sektierer zu gewinnen.

Denn überraschenderweise genießen die Fanatiker im Westen auch Bewunderung. Mit ihrem unbedingten Gehorsam und ihrer Todesbereitschaft werden sie zu Sinnbildern für Treue und Selbstlosigkeit.

„Ich bin euer Assassine, der das Paradies erhofft, weil er euch bedingungslos gehorcht“, dichtet etwa ein provenzalischer Troubadour des 13. Jahrhunderts.

Als Sinan um 1193 stirbt, geraten seine syrischen Gefolgsleute wieder unter die Hoheit des Herrn von Alamut, der mittlerweile die Feindschaft zu den Sunniten weitgehend beigelegt hat. Fortan töten die Assassinen keine Muslime mehr. Doch ihr Ruf als Meuchelmörder ist ungebrochen. Gut möglich, dass Kaiser Friedrich II., der 1228 einen Kreuzzug nach Palästina führt, es deshalb für nötig hält, sich das Wohlwollen des syrischen Sektenführers zu erkaufen – mit Geschenken im Wert von 80 000 Dinaren.

Nun versuchen Sinans Nachfolger mit der Furcht vor der Todestruppe Geschäfte zu machen. Mehrfach ergehen Drohungen an führende Köpfe der Kreuzfahrer und der Muslime. In den Botschaften wird den Adressaten ihr Tod vorausgesagt, sollten sie keinen Tribut an die Sekte leisten.

Aber längst nicht alle Fürsten beugen sich. Dem Kreuzfahrer Ludwig IX., König von Frankreich, etwa treten Abgesandte mit drei Messern und einem Leichentuch gegenüber, um ihre Forderungen zu bekräftigen. Ludwig zahlt nicht – und kommt dennoch davon.

Ohne einen starken, charismatischen Führer sind die Assassinen offenbar nicht mehr in der Lage, ihre Machtposition zu behaupten. Und der grausige Ruf der Sekte beruht bald nur noch auf ihren früheren Taten.

Zudem wird sie nun von Ritterorden bedrängt, die sich im Verlauf der Kreuzzüge im Nahen Osten festgesetzt haben und im 12. Jahrhundert zu bedeutenden Machtfaktoren werden.

Die Tempelritter und Johanniter sind unbeeindruckt von den Drohungen der Dolchträger. Denn diese Orden können ihre Großmeister stets neu wählen – und eine Organisation, die jeden Mann sofort gleichwertig zu ersetzen vermag, kann durch die Ankündigung eines Attentats nicht eingeschüchtert werden.

Statt den Glaubenskämpfern Tribut zu zollen, fordern die Christen nun ihrerseits regelmäßige Abgaben.

Zwar senden die Assassinen Boten zu den Ordensmeistern, um ein Übereinkommen zu verhandeln. Aber die Christen missachten die Gesandten, spotten über sie, drohen, sie zu ersäufen. Und die Sekte zahlt schließlich.

Sie muss sich fügen, um zu überleben. Die Tribute – Münzen, Getreide und vielleicht auch Schmuck sowie kostbare Stoffe – haben die Assassinen wahrscheinlich Adeligen in der Region abgepresst (zudem müssen wohl nizaritische Bauern einen Teil ihrer Ernte für die Tributzahlungen abtreten).

UND DANN TRETEN im Nahen Osten zwei neue Mächte auf, die die Sekte der Meuchelmörder endgültig vernichten werden.

Im 13. Jahrhundert fallen die Mongolen in Persien ein und verwüsten ganze Landstriche. Doch die nordpersischen Felsenfestungen greifen sie nicht direkt an. Stattdessen stellt der mongolische Herrscher dem letzten Führer der Assassinen 1256 ein Ultimatum: Wenn er sich ergebe, seine Burgen eigenhändig zerstöre und persönlich zu ihm komme, werde er die Territorien der Sekte verschonen.

Daraufhin lässt der Herr über die Glaubensgemeinschaft einige Festungen niederreißen und begibt sich mitsamt dem Inhalt seiner Schatzkammer zum Khan. Er wird freundschaftlich aufgenommen, erhält 100 Kamelstuten als Geschenk und darf ein mongolisches Mädchen heiraten.

Auf den Befehl ihres Anführers hin ergeben sich die Besatzungen weiterer assassinischer Festungen kampflos, auch die von Alamut. Doch diese Kapitulation ist das Todesurteil für den persischen Sektenführer – die Mongolen brauchen ihn jetzt nicht mehr. „Man zertrat ihn und seine Begleiter mit den Füßen und zerstückelte sie anschließend mit dem Schwert", berichtet ein persischer Chronist, „und von ihm und seinem Stamm blieb keine Spur."

Wenige Jahre später fallen die Mongolen auch in Syrien ein, werden dort aber von Truppen aus Ägypten vernichtend geschlagen – was dazu führt, dass der Sultan von Kairo nun auch in weiten Teilen Syriens die Macht an sich reißt.

Die in Syrien verbliebenen Assassinen müssen dem Sultan fortan regelmäßig Tribut zahlen. Doch als ein Mordkomplott der Sekte gegen einige ägyptische Führer aufgedeckt wird, nehmen deren Truppen bis 1273 alle syrischen Burgen der Assassinen ein.

Die Sekte, die so lange Angst und Schrecken unter Christen wie Muslimen verbreitet hat, ist knapp 200 Jahre nach ihrer Gründung zu einer unbedeutenden Gemeinschaft ohne politische Macht herabgesunken.

Angetrieben von ihrem Glauben, erhoben die Assassinen den gezielten Mord zum politischen Werkzeug – wahrscheinlich nicht als erste Gruppe in der Geschichte, aber so konsequent wie keine andere zuvor. Doch als sich der religiöse Fanatismus der Sekte mäßigte, ihre Führer den Ausgleich suchten mit den Sunniten, begann ihr Niedergang.

Viele ihrer Burgen werden zerstört, von ihren Schriften bleibt kaum eine Spur zurück. Aber ihr Name überdauert. Steht er im Westen zunächst noch für Treue, so wandelt er sich bis zum 14. Jahrhundert zu einem Wort mit vollständig anderem Sinn. In vielen europäischen Sprachen finden vom Sektennamen abgeleitete Begriffe Eingang in die Wörterbücher, im Englischen etwa als *assassination*. Ihre Bedeutung: Attentat und Mord.

Im Arabischen dagegen überlebt ein anderer assassinischer Begriff: *Fida'iyyun* – die sich Opfernden – werden sich etwa jene fanatischen muslimischen Attentäter nennen, die seit der zweiten Hälfte des 20. Jahrhunderts den Staat Israel bekämpfen – und dabei ihr Leben aufs Spiel setzen.

Die Sekte der Assassinen entsteht in Persien, doch im 12. Jahrhundert setzen sich die frommen Fanatiker auch in Syrien fest – nahe den Kreuzfahrerstädten

GEMÄUER DES GRAUENS

Nahezu unantastbare Macht haben Ritter im Mittelalter über ihre Untertanen. Das zeigt der Fall des Franzosen Gilles de Rais: Um 1432 beginnt der Adelige, der einst an der Seite von Jeanne d'Arc gekämpft hat, Kinder aus sadistischer Lust zu foltern. Über die Jahre quält er weit mehr als 100 Opfer zu Tode. Und keiner der Angehörigen wagt es, sich ihm entgegenzustellen

— TEXT: **CAY RADEMACHER**
ILLUSTRATIONEN: **TIM MÖLLER-KAYA**
FÜR GEO*EPOCHE*

Mindestens acht Jahre dauert die Mordserie des Gilles de Rais. In seinen Burgen im Nordwesten Frankreichs hängt der Ritter entführte Kinder an Haken, ehe er sie sexuell missbraucht und tötet

IM 15. JAHRHUNDERT IST FRANKREICH ein Land des Todes: Englische, französische und burgundische Ritter bekämpfen sich in Schlachten, Banditen plündern Landstriche leer, der Schwarze Tod frisst Tausende. Doch der grauenhafteste Ort in diesen grauenhaften Zeiten ist eine bretonische Stadt, die für kein Schlachtfeld, keine Banden, keine Pestepidemie bekannt wird – eine Stadt, in der bloß ein einziger Mörder nach Opfern sucht.

Dieser Mörder aber holt sich seine Opfer Tag um Tag und Jahr um Jahr, und niemand kann ihn aufhalten.

Im bretonischen Machecoul leben vielleicht ein paar Hundert Menschen. Gut zehn Kilometer entfernt brandet im Westen der Atlantik, etwa 40 Kilometer nordostwärts liegt Nantes, der einzig bedeutende Ort dieser Region. Die Häuser von Machecoul liegen im Schatten der Mauern und des wuchtigen Turms einer Burg.

Irgendwann um 1432 – später wird sich niemand mehr genau an das Datum erinnern können – schickt in Machecoul der Kürschner Guillaume Hilairet seinen zwölfjährigen Lehrjungen zu einem Botengang in diese düstere Burg. Niemand sieht den Jungen danach je wieder.

Einen Tag nachdem die Eltern des Verschwundenen laut über ihren Verlust geklagt haben, lässt Jean Roussin seinen neunjährigen Sohn zum Hüten der Tiere aufs Feld gehen. Ein Nachbar beobachtet, wie das Kind mit einem Diener aus der Burg spricht, einem Mann im schwarzen Umhang, mit Tuch vor dem Gesicht.

Auch Alexandre Chastelier vermisst bald seinen Sohn, und Macé Sorin den seinen. Die Witwe Jeanne Édelin wohnt nahe der Burg und hat einen achtjährigen Filius, „sehr schön, sehr rein, sehr klug", wie sie sagt. Irgendwann ist er fort. Niemand sieht die Jungen je wieder.

So sickert, ganz langsam, ein schrecklicher Verdacht in die Bürger von Machecoul: Dass ihre Kinder für immer in dieser Burg verschwinden. Was, Gott sei den Jungen gnädig, geschieht bloß hinter diesen Mauern? Und was kann man tun?

In der Festung residiert Gilles de Rais, ein Ritter und Marschall von Frankreich, Waffenbruder der hoch verehrten Jeanne d'Arc, Held des Hundertjährigen Krieges, Befehlshaber einer Privatarmee, Herr über Ländereien und damit auch über all die Menschen, die dort leben.

Nichts also kann man tun – außer zu schweigen und sich zu fürchten vor dem Monster von Machecoul.

So beginnt, mit verschwundenen Jungen und terrorisierten Eltern, eine Mordserie wie wohl keine zweite in der Geschichte. Gilles de Rais tötet Kinder so regelmäßig, wie andere Leute Brot essen – sieben, acht Jahre lang, fast ohne Innehalten. Niemand fällt ihm in den Arm, obwohl Gerüchte durch das Land wehen. Bis sich der Ritter in hochmütiger Brutalität schließlich selbst zu Fall bringt.

Erst dann werden ihm Richter und Inquisitoren den Prozess machen – es wird eines der spektakulärsten Verfahren des Jahrhunderts, mit schluchzenden Zeugen, grauenhaften Enthüllungen, theatralischen Geständnissen und spektakulären Hinrichtungen.

Doch selbst der klügste Inquisitor vermag die entscheidenden Fragen niemals zu klären: Wer ist dieser Gilles de Rais? Und warum tat er, was er tat?

Als ob in Frankreich nicht schon genug Blut geflossen wäre. Denn 1432 lebt niemand mehr, der noch wüsste, was Frieden ist. Seit 1337 verwüstet ein Konflikt das Reich, der einmal der „Hundertjährige Krieg" genannt werden wird und der nichts anderes ist als der verrohte Machtkampf einer adeligen Elite.

Ausgelöst hat ihn Englands König Eduard III., der aufgrund dynastischer Verbindungen Anspruch auf den französischen Thron erhob. Seither plündern englische Armeen immer wieder Frankreich. Sie sind zeitweise mit den Heeren des Herzogs von Burgund verbündet und haben den Norden des Landes und sogar Paris besetzt.

DER KRIEG MACHT IHN ZUM HELDEN

Die französischen Könige und ihre Ritter wehren sich gegen die Angreifer, doch Frankreichs Monarchen sind meist schwache Charaktere, die Adeligen wankelmütige, nicht selten unfähige Kämpfer. Keine Seite ist stark genug, um die andere niederzuzwingen.

Und so schleppt sich der Krieg dahin: wenige große Schlachten, viele Scharmüt-

Ein Kind arbeitet auf dem Feld, als sich ihm ein Diener aus der Burg von Gilles de Rais nähert. Die Opfer des Ritters sind meist arme Jungen: Die Häscher versprechen ihnen ein besseres Leben – und locken sie so in den Tod

zel, dazu plündernde Banden aus desertierten Soldaten und entwurzelten Bauern. Manche Regionen werden in schrecklicher Regelmäßigkeit verheert, in anderen geht das Leben fast ungestört weiter.

Und manchmal wird auch gar nicht gekämpft, denn seit 1348 wütet die Pest, und Seuchenjahre sind so fürchterlich, dass niemand mehr Kraft hat zum Morden.

Es ist ein Mädchen wie aus einem Märchen, das dieses schreckliche Patt aus Tod und Erschöpfung schließlich überwindet: die Bauerntochter Jeanne d'Arc, ein Niemand für die adelsstolzen Kleriker und Ritter.

Die junge Frau predigt wie eine Heilige den Widerstand gegen die Invasoren. Selbst die nüchterne historische Analyse kann ihren Erfolg nicht wirklich erklären. Die noch nicht einmal 17 Jahre alte Jeanne tritt im Januar 1429 vor einen einflussreichen Ritter und erklärt ihm, Erzengel und Heilige sprächen zu ihr und hätten ihr befohlen: befreie Frankreich!

So unbezwingbar redet dieses Mädchen, dass es den hohen Herrn und dann immer mehr Ritter in ihren Bann zieht. Wenige Wochen später erscheint Jeanne bereits vor Frankreichs König Karl VII. Sie sei vom Himmel entsandt, um das Land zu retten! Und das Märchenhafte wird tatsächlich wahr: Jeanne d'Arc überredet den unsicheren Herrscher, ein neues Heer aufzustellen, das sich den Engländern entgegenwerfen soll.

Allein: Sie entfesselt in kriegsmüden Männern zwar neuen Kampfgeist – militärisches Wissen hat sie jedoch nicht. Der König stellt ihr Ritter als Kommandeure zur Seite. Einer von ihnen verfügt zwar über wenig Erfahrung, doch gute Verbindungen zum Hof: Gilles de Rais.

Der Mörder ist ein Kriegsheld, vom König persönlich zum »Marschall von Frankreich« ernannt. Doch nun lebt er zurückgezogen in seinen Festungen und kann ungestört seinen Blutdurst stillen

Der Adelige ist gerade einmal 24 Jahre alt, als ihn der König an die Seite von Jeanne d’Arc beordert. Er ist in einer Burg an der Loire geboren worden und hat die Eltern früh verloren, vielleicht an Krankheiten. Als Elfjähriger kam er in die Obhut seines Großvaters Jean de Craon. Der ist ein zynischer Mann, der aus Gier zu jeder Gewalttat bereit ist – und der den Enkel an seinen Verbrechen beteiligt.

Was erlebt der Junge in der Burg des brutalen Großvaters? Man kann nur spekulieren; Gilles selbst sieht in seiner verwahrlosten Erziehung den Keim seiner eigenen Gewalt. „In der Jugend“, wird er später gestehen, sei er „immer von sensibler Natur gewesen“ und habe „für seine Lust und nach seinem Willen“ an Bösem tun können, was immer er wollte. Einzelheiten wird er nie preisgeben.

Zunächst wächst er zu einem Ritter heran. Ein Cousin, Ratgeber des Königs, empfiehlt ihn bei Hofe – und so wird Gilles 1429 Offizier neben Jeanne d’Arc. Das Bauernmädchen hat sich die von den Engländern belagerte Stadt Orléans zum Ziel gesetzt, sie will den strategisch wichtigen Ort befreien.

Das Wunder geschieht: Befeuert von Jeanne d’Arc, die in einem Moment sogar selbst eine Sturmleiter an die Mauern einer englischen Bastion stellt und sich auch nicht durch einen Armbrusttreffer in die Schulter von ihrer Attacke abhalten lässt, bezwingen Frankreichs Soldaten die Engländer. Gilles de Rais, zuvor ein ruhmloser Ritter, zeichnet sich in den Gefechten durch schrecklichen Furor aus. Was für ein Triumph!

Der Krieg ist damit zwar nicht beendet – er wird sich noch bis 1453 dahinschleppen. Und Jeanne wird gefangen genommen und von den Engländern hingerichtet. Aber fortan ist der französische König in der Offensive (und wird schließlich sein Reich zurückerobern).

Gilles de Rais ist einer der Helden der Schicksalsschlacht von Orléans. Er hat sich so hervorgetan, dass ihm der überaus dankbare Karl VII. den Ehrentitel eines Marschalls von Frankreich überträgt. Der Ritter könnte jetzt einer der bedeutendsten Männer seiner Generation werden. Doch bald nach Jeannes Tod, wie seltsam, verschwindet er aus dem Zentrum der Macht.

An den siegreichen Feldzügen Frankreichs beteiligt er sich nicht mehr, dafür bestaunt ihn das Volk in immer exzentrischeren Spektakeln. So nimmt er schon bald mehr als 50 Geistliche und Chorknaben in sein Gefolge auf – oh, Chorknaben, wie liebt er kirchliche Hymnen! 200 bewaffnete Reiter folgen ihm auf Reisen, wenn er Städte wie Orléans oder Poitiers besucht, Trompeter und Herolde kündigen sein Kommen an, Buchmaler, Waffenmeister und Alchemisten umschwirren den Tross. Als der Adelige einige Monate lang in Orléans residiert, mietet er die feinsten Häuser, lädt zu prachtvollen Theateraufführungen – und zahlt dafür mehr als 80 000 Livres, eine unfassbare Verschwendung.

Gilles de Rais gibt mehr Geld aus, als seine Ländereien einbringen. Also lebt er von der Substanz: verkauft eine Burg oder tritt Land ab, um seine Kosten zu decken. So bodenlos ist seine Sucht, dass sein jüngerer Bruder René und ein einflussreicher Cousin – beide um das Erbe besorgt – 1435 einen Befehl des Königs erwirken, der jedem Franzosen weitere Geschäfte mit Gilles verbietet.

Damit ist der einst strahlende Held von Orléans zur *persona non grata* geworden: politisch und militärisch bedeutungslos, ein Verschwender, der sich auf die ihm noch verbliebenen bretonischen Burgen zurückzieht, etwa nach Machecoul. Niemand beachtet ihn noch. Und vielleicht ist es genau das, was Gilles

FRANKREICH – EIN LAND DER GEWALT

will – denn längst ist er nicht mehr nur ein Prasser, sondern: ein Mörder.

Später wird er sich daran erinnern, dass seine Verbrechen in dem Jahr begannen, „in dem mein Großvater starb“. Das Leben des schrecklichen Alten endet am 15. November 1432. Beginnt Gilles de Rais da vorwarnungslos seine schreckliche Serie? Lockt er Kinder in den Tod, als der Großvater das Zeitliche gesegnet hat? Oder bereits in den Wochen davor, da der Alte hilflos in Agonie liegt?

Später, im Verhör, wird Gilles kein früheres Verbrechen gestehen, überhaupt taucht nirgendwo in den Quellen ein konkreter Hinweis auf Untaten vor 1432 auf. So mag tatsächlich der Lehrjunge des Kürschners Guillaume Hilairet das erste Kind sein, das diesem schrecklichen Ritter zum Opfer fällt.

In seinen Taten folgt Gilles einem satanischen Ritual. Und er hat Helfer: seinen Verwandten Gilles de Sillé, die Diener Henriet und Poitou sowie Jungen aus seinem Kirchenchor und Ritter aus dem Gefolge – mehr als ein Dutzend Namen werden im Prozess später genannt.

Auch hier kann man heute nur spekulieren, was sie zu Handlangern werden lässt. Henriet und Poitou zum Beispiel treten bereits als Halbwüchsige in die

Teufelsbeschwörung im Wald: Nachts vollführen die Schergen des Ritters satanische Rituale. Gilles de Rais verprasst seinen Reichtum – und will sich mithilfe dämonischer Kräfte neues Gold verschaffen

Dienste des hohen Herrn, ebenso die Chorsänger – vielleicht ist es eine perverse Form schrecklicher Erziehung, sie haben es einfach von Kind auf so gelernt. Gilles de Sillé und manche Ritter sind hingegen womöglich durch den schier ewigen Krieg verroht. Vielleicht zählt für sie ein Menschenleben so wenig, dass sie den Befehlen zur Gewalt gleichmütig folgen.

Diese Helfer jedenfalls locken hübsche Jungen in die Burg. Der Maskenmann etwa, den ein Zeuge beim neunjährigen Sohn des Jean Roussin gesehen hat, ist Gilles de Sillé. Die Komplizen reden arme Jungen an, Bettler, Bauernkinder, versprechen ihnen, dass sie beim hohen

SELBST DIE LEICHEN SCHÄNDET ER

Herrn de Rais als Pagen oder Sänger dienen können, stellen Kleidung, Essen, eine Flucht aus dem täglichen Elend in Aussicht. Nur wenn sie keinen Jungen auftreiben können, greifen sie sich wohl auch Mädchen.

Hat sich erst einmal das Burgtor hinter dem ahnungslosen Kind geschlossen, wird es in einen eigens präparierten Raum geführt. Im Verhörprotokoll des Dieners Poitou ist nachzulesen, was anschließend geschah.

Der Zeuge sagt aus, dass Gilles de Rais, ehe er seine Ausschweifungen an besagten Jungen oder Mädchen beging, sie mit eigenen Händen mit einem Seil um den Hals an einen Haken hing, damit sie nicht schrien. Dann ließ er sie wieder hinunter, streichelte sie und versicherte ihnen, dass er ihnen nicht wehtun werde, im Gegenteil, er wolle seinen Spaß haben. Dann rieb Gilles de Rais seinen Penis auf dem Bauch der Jungen und Mädchen, wobei er das natürliche Gefäß der Mädchen ignorierte, mit großer Lust und Leidenschaft, bis er sein Sperma auf deren Bäuchen ejakulierte. Dann tötete er sie manchmal mit eigener Hand, oder es war besagter Sillé oder besagter Henriet oder der Zeuge selbst, Poitou, oder jemand anderer. Befragt nach der Methode, antwortete der Zeuge: Manchmal wurden die Kinder enthauptet, manchmal ihre Kehle durchgeschnitten, manchmal wurden ihre Körper zerteilt, und manchmal wurden sie mit einem Keulenschlag auf den Hals getötet.

Mit wahnhafter Präzision schildert der Zeuge, dass de Rais seine Opfer zuweilen vor dem Mord sexuell missbraucht oder danach, „wenn der Körper noch warm ist“ – manchmal in exakt jenem Moment, wenn aus Wunden das Blut spritzt und sie unter ihm sterben.

Gilles und seine Spießgesellen öffnen den Leib, ergötzen sich am Anblick der Organe. Der Ritter küsst den abgetrennten Schädel, lässt seine Helfer den Kopf mit denen der Vortage vergleichen: Welcher ist der schönste?

Am Ende dann zieht der Mörder sich erschöpft zum Schlafen zurück. Die Helfer wischen das Blut auf. Die kleinen Körper werfen sie in Verliese unter einem Burgturm, wie Abfall. Später werden sie die Leichname in einem großen Kamin verbrennen, auch die Kleidung, Stück für Stück, „damit es nicht verräterisch qualmt“, wie der grauenhaft getreue Diener vermerkt.

Doch nach sechs Jahrhunderten schimmert in dem (lateinisch verfassten) Protokoll die Fassungslosigkeit der Menschen durch. Immer wieder fragt der Richter den Ritter, warum er das getan hat.

Der Herr Präsident, überrascht, wie er sagt, dass der Angeklagte alle seine Verbrechen aus eigener Initiative und ohne fremde Anstiftung begangen hat, ermahnte den Angeklagten, seine Motive zu nennen, um sein Gewissen zu erleichtern und die Gnade des Erlösers zu erlangen. Daraufhin wurde der Angeklagte zornig, so ermahnt worden zu sein, und antwortete auf Französisch: „Ach Monsieur, Sie foltern sich selbst und mich dazu!“ Darauf sagte der Herr Präsident: „Ich quäle mich selbst nicht im Geringsten, aber mich befriedigt die Antwort nicht, ich will die absolute Wahrheit wissen.“ Worauf besagter Angeklagter antwortete: „Wahrlich, es gab kein anderes Motiv, keinen anderen Anlass, kein anderes Ziel. Ich habe ihnen schon genug gesagt, um zehntausend Männer hinzurichten.“

Genug gesagt? Niemand weiß wirklich, wann und wie er sein grausiges Ritual entwickelt. Ob er nicht doch schon im Krieg an der Seite von Jeanne d'Arc sadistischen Gefallen an der Qual anderer entdeckt hat? Oder gar schon als unbeaufsichtigter Junge auf der Burg des brutalen Großvaters?

Sicher ist, dass Gilles de Rais ab etwa 1432 fast pausenlos mordet: auf den Burgen von Machecoul, Tiffauges und Champtocé sowie auf Reisen in irgendwelchen Häusern, in denen er Quartier nimmt. In Vannes zum Beispiel lockt einer der Chorknaben einen Zehnjährigen zum Ritter, der sein Opfer sexuell missbraucht und es dann ermorden lässt. Der Diener Poitou erinnert sich an gerade diesen Mord, so darf man vermuten, weil er den Leichnam anschließend in einer Latrine verstecken soll – und Poitou in die Abortgrube hinabsteigen muss, um den Körper unter den Unrat zu drücken.

Und nie, nie hat sich jemand gewehrt.

Als der Ritter eine Burg an Verwandte abtreten muss, lässt er Diener die Knochen Dutzender Kinder beseitigen. Doch die Männer vergessen mehrere Skelette – die bald entdeckt werden

Der Schuster André Barbe aus Machecoul etwa wird erst beim Prozess eine Aussage wagen: Ja, der Sohn von Georges Le Barbier sei beim Apfelpflücken verschwunden und das Kind von Guillaume Jeudon und das Kind von Jean Roussin und das von Alexandre Chastelier, „und er hörte noch Klagen vom Verlust anderer Kinder aus besagtem Ort Machecoul", so das Protokoll.

Nachbarn warnen Barbe und seine Frau, sie sollten „auf ihr eigenes Kind achten, damit es nicht entführt wird, und sie fürchteten sich sehr davor". Und als Barbe einmal in einer Nachbarstadt jemandem erzählt, dass er aus Machecoul kommt, ist der Fremde schockiert „und sagt ihm, dass sie dort Kinder essen".

DER MÖRDER BEGEHT EINEN FEHLER

Und doch: André Barbe fügte hinzu, dass niemand es wagte, darüber zu sprechen, „aus Angst vor denen in der Kapelle von Gilles de Rais – und aus Angst vor seinen anderen Männern. Diejenigen, die sich beschweren würden, riskierten Einkerkerung oder Misshandlung".

So groß ist die Macht des Ritters, dass er nach Belieben Kinder töten kann, ohne Konsequenzen fürchten zu müssen. So kraftvoll seine Aura, dass sie aufkommende Klagen gleichsam abperlen lässt. Kein Bauer oder Handwerker könnte den Burgherrn in die Schranken weisen.

Was hinter den Mauern seiner Bastion vor sich geht, bleibt mysteriös. Und vielleicht ist es gerade dieses bloße Ahnen, dieses Nicht-genau-Wissen, was das Grauen noch verstärkt und die düstere Macht des mörderischen Adeligen erst unbezwingbar werden lässt.

Am Ende legt sich de Rais die Schlinge selbst um den Hals, doch dauert es Jahre, bis sie sich zugezogen hat. Er lebt weiter verschwenderisch. In dem Dorf Machecoul stiftet er eine Kapelle, die den „unschuldigen Kindern" geweiht ist, und jeder der angstgeduckten Bürger mag sich seinen Teil dabei denken.

1437 muss er die Burg Machecoul im Streit um den Familienbesitz an seinen Bruder und den Cousin abtreten. „Zwei oder drei Wochen vor der Übergabe", so Henriet und Poitou in nahezu gleichlautenden Aussagen, müssen die Diener die Skelette „von ungefähr 40 Kindern aus dem Turm nahe der unteren Halle holen und verbrennen".

Dabei geschieht Seltsames: Ein weiterer Mordhelfer lässt zwei adelige Damen heimlich nach Machecoul, damit die feinen Herrschaften durch einen Spalt beim grauenhaften Aufräumen zusehen können.

Ist es perverse Neugier? Sind die Gerüchte von den Bettlern und Bauern endlich bis zu den anderen Rittern getröpfelt, sodass man sich in diesen Kreisen vergewissern oder sich gar an den Mordtaten delektieren will?

Wie auch immer: Der Täter bleibt unbehelligt. Als sein Bruder René und der Cousin die Burg übernehmen, entdecken sie in einem Verlies zwei Kinderskelette, offenbar von Opfern, die die Diener vergessen haben. Sie fragen Henriet und Poitou, was das zu bedeuten habe. Die geben sich ahnungslos – und dann folgt: nichts. Niemand fragt nach oder stellt Ermittlungen an.

TROTZDEM, SO MUSS MAN ANNEHMEN, haftet Gilles de Rais spätestens 1437 unter Frankreichs Rittern der Pesthauch des Mörders an: eines Mannes, mit dem man besser nichts zu tun hat. 1438 muss er die Burg Champtocé abtreten – wieder lassen Poitou, Henriet und andere Helfer „so heimlich wie möglich" etwa 40 Kinderskelette verschwinden, sie schaffen sie „in drei großen Kisten" fort und verbrennen sie.

Im Jahr darauf trifft Gilles den charmanten, skrupellosen François Prelati – einen Italiener, der sich als Alchemist und Teufelsbeschwörer ausgibt. Denn der Ritter, dessen Naivität fast so groß ist wie sein Sadismus, sucht ständig nach Hexern, Dämonenbeschwörern, Wundertätern, die für ihn Gold erschaffen sollen, um seine immer weiter anwachsenden Schulden zu begleichen. (Und die ihn vielleicht auch, aber das bleibt Spekulation, von jenem Blutdurst heilen sollen, unter dem er selbst doch irgendwie leidet. Jedenfalls fantasiert er gelegentlich von einer Pilgerreise nach Jerusalem, um sich im Heiligen Land von seinen Sünden zu reinigen, aber nie wird es dazu kommen.)

Gilles zieht Scharlatane von weit her an, die ihm mit ihren Gaukeleien noch die letzten Münzen abnehmen. Der hemmungsloseste von allen ist François Prelati: Anfang 20, gebildet, gewitzt – und völlig gewissenlos. Der Ritter verfällt dem charmanten Fremden, macht ihn vielleicht auch zu seinem Liebhaber, sieht in ihm den Retter.

Prelati, so wirkt es heute, nimmt den ihm hörigen Adeligen eiskalt aus. Er gaukelt ihm mit nächtlichem Lärm in Burgkammern wüste Kämpfe mit Dämonen vor.

Seine Gräueltaten sind längs
kein Geheimnis mehr, abe
angeklagt wird Gilles de Rais erst
als er einen adeligen Prieste
entführt. Im Herbst 1440 ergeh
das Urteil: Der Ritter so
am Galgen sterbe

Oder er lässt im regendunklen Wald Kreise auf dem Boden markieren und beschwört den Teufel.

Doch der Italiener entdeckt nur allzu rasch, dass um seinen neuen Herrn in der Tat Dämonisches vor sich geht, etwas viel Teuflischeres als alle Tricks, mit denen er den Ritter blendet: Gilles überreicht ihm eines Abends in einem Glas die abgetrennte Hand und das herausgerissene Herz eines Kindes – auf dass er die Organe Satan opfere. Was Prelati darüber denkt, weiß niemand; aber er bleibt bei dem Franzosen.

Am Ende bringt weder ein Kindsmord noch eine Teufelsanbetung Gilles de Rais zu Fall, sondern eine für diese Epoche eher gewöhnliche Gewalttat.

Am 15. Mai 1440 stürmt der Ritter mit 60 Bewaffneten eine Kirche und entführt den Priester – der Streit geht wieder einmal um den Verkauf einer Burg. Der Geistliche ist allerdings von adeligem Geblüt und zudem Bruder des Schatzmeisters von Herzog Johann V. der Bretagne.

Damit hat sich Gilles de Rais mächtige Feinde geschaffen: neben dem Herzog auch den Bischof Jean de Malestroit von Nantes, zu dessen Diözese die geschändete Kirche gehört.

Erst jetzt nutzen die Adeligen das Wissen um die Morde, das sie offenbar schon seit Jahren angesammelt haben. Es scheint, als hätten sie genauso kaltherzig, wie Gilles de Rais seine Opfer tötete, über Jahre dieses Wissen für sich behalten, um es erst dann einzusetzen, wenn der richtige Anlass kommt.

Am 29. Juli 1440 veröffentlicht Bischof Jean de Malestroit einen Brief, in dem er unter anderem den Vorwurf erhebt, dass „Gilles de Rais und gewisse Komplizen die Kehlen von Jungen durchschneiden, dass er mit diesen Kindern die Sünde der Sodomie begeht und dass er schreckliche Dämonen anruft".

Gilles aber kann nicht anders: Selbst noch nach dem anklagenden Brief des Bischofs lockt er ein Kind zu sich. Der Sohn von Éonnet de Villeblanche, der um den 15. August 1440 herum verschwindet, ist wohl sein letztes Opfer.

Am 15. September 1440 verhaften Soldaten des Herzogs schließlich de Rais, Henriet, Poitou und Prelati (Gilles de Sillé, der schlimmste aller Komplizen, ist vorher schon spurlos verschwunden). Niemand leistet Widerstand.

Der Spuk ist vorüber, endlich.

BALD DARAUF STEHT GILLES DE RAIS in Nantes vor gleich zwei Gerichten: einem kirchlichen unter Bischof Jean de Malestroit und einem Inquisitor sowie einem weltlichen unter Pierre de L'Hôpital, dem obersten Richter der Bretagne. Im großen Saal der örtlichen Burg reihen sich nun tränenreiche Zeugenaussagen an dramatische Geständnisse.

Eltern, Verwandte, Nachbarn berichten von den verschwundenen Kindern. Wie viele es waren? Niemand weiß es, auch nicht der Mörder selbst. An einer Stelle ist vor Gericht von „100, 200 oder noch mehr" Opfern die Rede, an anderer von 140 Toten.

Der Mörder selbst gibt sich anfangs hochmütig, bricht aber rasch zusammen, als ihm die Exkommunikation und, einige Tage später, auch noch die Folter angedroht werden. „Demütig, fromm und in Tränen" bittet er seine Richter nun um Vergebung.

Die Untaten so vieler Jahre werden in nur zwölf Tagen verhandelt. Am 25. Oktober 1440 verurteilt der weltliche Richter den Mörder zum Tode, ebenso wie zuvor seine Diener Henriet und Poitou (François Prelati wird milder bestraft, entkommt nach kurzer Zeit aus dem Kerker, wird aber fünf Jahre später, nach weiteren Skandalen, erneut verurteilt – und hingerichtet).

Tags darauf führen die Schergen Gilles de Rais gegen elf Uhr morgens zum Galgen, was eine Gnade ist: Er soll hängen, erst danach kommt sein Leib in die Flammen eines unter dem Blutgerüst aufgeschichteten Scheiterhaufens – und das auch nur kurz. Man wird seinen Leib, das hat ihm der Richter als Belohnung für seine umfassende Reue versprochen, rechtzeitig bergen, um ihn anschließend in einer Kirche zu bestatten.

Die Körper der Diener werden hingegen zu Asche vergehen – ihnen gewährt man bloß, auf Wunsch des Hauptangeklagten, die zweifelhafte Gnade, ein paar Augenblicke länger zu leben.

Sie sollen mit eigenen Augen sehen können, wie der Ritter stirbt, damit sie in ihrem Tode nicht den Verdacht haben, der privilegierte Adelige werde nach ihrem eigenen Hinscheiden möglicherweise noch im letzten Moment begnadigt.

Der berüchtigte Angeklagte, notiert ein Schreiber des Gerichts, „hielt schöne Reden und betete zu Gott. Und Gilles de Rais starb, seine Sünden bereuend."

Das ist vielleicht noch eine Untertreibung: Gilles scheidet womöglich sogar freudig dahin. Denn im Gerichtsprotokoll ist auch vermerkt, wie er ein paar Tage zuvor noch einmal den Teufelsanbeter Prelati getroffen hat. De Rais umarmte den Italiener und sagte: „Auf Wiedersehen, mein Freund! Wir werden uns in den Freuden des Paradieses wiedersehen!"

Vermutlich stirbt der hundertfache Kindermörder also in dem festen Glauben, dass er unbeschwert ins Himmelreich auffahren werde.

Auf diesem Fresko reitet Lorenzo de' Medici in der zweiten Reihe, als Sechster von links, umgeben von Verwandten und Anhängern. Das prächtige Kunstwerk, gemalt von Benozzo Gozzoli, schmückt den Palazzo der Familie

DER PATE VON

FLORENZ

Schon als Zehnjähriger wird Lorenzo de' Medici dazu erzogen, einmal eines der größten Bankhäuser Europas zu führen und die Politik der Republik Florenz zu bestimmen. Geschickt nutzt er später diese Macht – doch nicht geschickt genug. Denn 1478 sammeln sich Verschwörer im Dom, um das Haupt der Medici zu ermorden

— TEXT: **CAY RADEMACHER**

Die Attentäter lauern in der Kirche. Dolche und Schwerter haben sie unter ihren Gewändern verborgen – und unter Soutanen, denn einige der mehreren Dutzend Verschwörer sind Priester, einer ihrer Anführer ist Erzbischof, und ihr Hintermann ist gar der Papst.

Der Dom, in dem sich die Bewaffneten an diesem Sonntagmorgen unauffällig verteilen, ist eines der beiden Zentren von Florenz: Seine mächtige Kuppel ragt über die flachen Dächer der gedrängt stehenden Häuser und Palazzi, über die Konvente und Handwerksbetriebe, über die gezackte, mit Wallanlagen verstärkte Mauer, ragt so hoch und marmorschimmernd, dass sie das erste Monument ist, welches Reisende, aus den Hügeln der Toskana kommend, von der berühmten Arno-Metropole erblicken.

Oder das zweite. Denn fast ebenso hoch wie das Haus Gottes ist das Haus der Stadt: Der Palazzo della Signoria ist der Amtssitz der Regierung von Florenz. Ein wuchtiger, düsterer Klotz mit einem Turm wie ein gigantischer mahnender Zeigefinger – ein Stein gewordenes Bekenntnis zu Macht und Unbezwingbarkeit.

Bis zu diesem Morgen. Denn die Verschwörer wollen nicht nur im Dom zuschlagen, sie wollen auch den Palazzo della Signoria attackieren.

Es ist der 26. April 1478, der fünfte Sonntag nach Ostern. Viele Menschen werden später bezeugen, dass an diesem Tag eine eigentümliche religiöse Spannung in der Luft liegt. Tausende Gläubige harren im Dom der Messe.

Florenz ist, trotz Ruhm und Reichtum, eine überschaubare Stadt. Ein Wanderer kann in einer halben Stunde von einem der 14 Stadttore zum gegenüberliegenden gehen – vorausgesetzt, er drängt sich in den Gassen geschickt genug vorbei an den Ochsenkarren und Maultierkarawanen der Händler und Bauern, die unablässig Waren heranschaffen.

Vom Dom zum Palazzo della Signoria sind es nur wenige Minuten zu Fuß. Etwa 40 000 Einwohner leben in der Stadt: Bankiers, Wollweber, Walker, Schmiede, Schankwirte – und außergewöhnlich viele Künstler und Gelehrte, die zu den bedeutendsten ihrer Epoche zählen oder bald zählen werden. Nicht überliefert, aber durchaus möglich, dass etwa die Maler Sandro Botticelli und Leonardo da Vinci unter den Gläubigen sind, die sich an jenem Morgen im Dom versammeln.

Oder der achtjährige Niccolò Machiavelli, der Latein lernt. Oder Michelangelo, gerade drei geworden, dessen Vater vergebens gegen den wirtschaftlichen und sozialen Abstieg der einstmals wohlhabenden Familie Buonarroti ankämpft.

Die Verschwörer jedoch blicken auf den Mann, der alle seine Mitbürger an Reichtum, Ruhm und Macht überragt: Lorenzo de' Medici, *il magnifico,* der Prächtige, der ungekrönte Fürst in dieser Stadt, die offiziell doch Republik ist.

Und selbstbewusst tritt der 29 Jahre alte Lorenzo im Dom auf: den hochgewachsenen Körper in kostbare Gewänder gehüllt, umgeben von einem Gefolge aus Freunden, Klienten, Bittstellern, während er plaudernd durch das Kirchenschiff schlendert. Was tut es zur Sache, dass der große Mäzen und in ganz Italien verehrte Kunstkenner so schwache Augen hat, dass er Meisterwerke auf einige Meter Entfernung kaum noch erkennen kann? Dass seine längliche, deformierte Nase ohne Geruchssinn ist und die Stimme dieses Meisterdiplomaten in ein heiseres Timbre zwingt? Dass sein Gesicht hässlich ist, so bar aller antiken Harmonie und Schönheit, die er doch selbst leidenschaftlich liebt? Aufmerksam ist Lorenzo de' Medici, klug, welterfahren, selbstbewusst, skrupellos und von gefährlicher Höflichkeit.

Tuchweberei und Handel haben die Stadt am Arno reich gemacht. In dieser Illustration aus dem 14. Jahrhundert schöpft ein Getreidehändler Korn aus Fässern und notiert den Umsatz in seinen Büchern. Viele Kaufleute können ihre Waren aber nur beziehen, weil sie Kredite aufnehmen bei Bankiers wie den Medici

Nun aber trennen ihn, den Vorsichtigen, nur noch wenige Schritte von den am nächsten stehenden Attentätern.

Doch die Verschwörer zögern. Es sind nicht alle Einzelheiten dieses Morgens überliefert, doch sie werden sich ratlos angeblickt haben, erschrocken wohl auch; sie werden sich heimliche Zeichen gegeben haben und flüsternd irgendwo im Halbdunkel

Der Gründer: Cosimo reißt 1434 als erster Medici unvergleichlich viel politische Macht an sich. Sein Enkel Lorenzo erbt 1469 diese Herrschaft. Doch legitim ist sie nicht, denn offiziell ist Florenz eine Republik

des gewaltigen Gotteshauses zusammengekommen sein: Denn Lorenzos Bruder Giuliano de' Medici, der ebenfalls ermordet werden soll, ist nirgendwo zu sehen.

Was tun? Seit fast einem Jahr schmieden sie dieses Komplott. Schon seit Wochen fürchten sie, dass es verraten werden könnte. Nun zählt jede Stunde. Wenn die Attentäter jetzt nicht zuschlagen, wird ihr Plan aufgedeckt – und dann werden sie ihr Leben lassen, nicht die Medici.

Ein paar Verschwörer bleiben kaltblütig: Wenn der zweite Medici nicht von allein in die Falle tappt, dann werden sie ihn eben anlocken: Sie verlassen den Dom, biegen nach rechts ab, eilen die Via Larga hinunter und sind in weniger als zwei Minuten beim Palazzo Medici. Ob Giuliano, lassen sie ausrichten, denn nicht die Messe in der größten Kirche von Florenz feiern wolle?

Giuliano, der sich an diesem Morgen unwohl fühlt, zögert, dann sagt er zu. Er will mit den Verschwörern zum Dom eilen, es sind ja nur ein paar Schritte.

Es ist sein Todesurteil.

Im Italien des 15. Jahrhunderts ist die Politik ein Metier der Wagemutigen. Dolche gedungener Mörder gehören zu den Mitteln der Macht. Die Lage auf der Apenninen-Halbinsel ist so verworren und wandelt sich zudem so rasch, dass nur noch erfahrene Politiker wie Lorenzo de' Medici dieses komplexe Netz aus Bündnissen und Feindschaften zu durchschauen vermögen – und selbst dies ist, wie dieser Sonntag zeigen wird, keine Garantie für Sicherheit.

Fünf Großmächte dominieren das Geschehen in Italien:

- Florenz, das einen großen Teil der Toskana beherrscht und reich geworden ist durch das Bankwesen, die Stoffproduktion und den Fernhandel;
- die Republik Venedig, die mit der Levante handelt, die Schätze des Orients ins Abendland einführt und die Adria beherrscht;
- das Herzogtum Mailand, das viele Wege über die Alpen kontrolliert und dessen Armee die wohl schlagkräftigste der Halbinsel ist;

Nur wenige Hundert Meter trennen in Florenz den Dom vom Regierungssitz, dem Palazzo della Signoria (oben rechts). In den beiden imposanten Bauten und in den Gassen und Plätzen dazwischen kämpfen am 26. April 1478 die zwei mächtigsten Familien der Stadt – die Pazzi und die Medici – um die Herrschaft in Florenz: auf Leben und Tod

• der Kirchenstaat in der Mitte Italiens, in Latium, der Romagna, den Marken, wohin zahlreiche Abgaben der Christenheit fließen: Der Papst ist nicht mehr nur geistiges Oberhaupt der Kirche, sondern nun auch ein vermögender Territorialfürst;

• über den gesamten Süden der Halbinsel schließlich erstreckt sich das Königreich Neapel, von der Fläche her der größte aller italienischen Staaten.

Zwischen und innerhalb der fünf Großmächte liegen Dutzende kleinerer und kleinster offiziell unabhängiger Staaten wie Ferrara und Mantua, Siena und Lucca, Carpi und Mirandola. Hinzu kommen Städte und Regionen, die nominell einer der Großmächte unterstehen, de facto aber mehr oder weniger unabhängig sind: Der Herzog von Urbino etwa ist päpstlicher Vikar, doch lässt er sich vom Heiligen Vater nur schwer kontrollieren – ebenso wie die Räte von Bologna oder Perugia, die ebenfalls zum Kirchenstaat gehören, aber oft agieren, als wären sie unabhängige Stadtrepubliken. Und der König von Neapel schließlich hat kaum Gewalt über seine Barone, die zum Teil riesige Ländereien ihr Eigen nennen.

Noch komplizierter wird die Situation durch die zweifelhafte Legitimität vieler Herrscher, auch der mächtigsten. Manche Gelehrte etwa sind darüber empört, dass der Papst wie ein gewöhnlicher Fürst regiert und einen Staat beherrscht, der von dieser Welt ist, während seine Sorgen doch anderen Sphären gelten sollten. Die Sforza in Mailand etwa mögen sich Herzöge nennen, doch niemand hat vergessen, dass diese Dynastie erst 1450 von einem Söldnerführer begründet worden ist, der im Putsch die Macht erobert hat.

Das einzig Stabile in diesem System ist dessen Instabilität, das einzig Verlässliche dessen Unzuverlässigkeit. Wenn sich die Gelegenheit ergibt, die Macht des eigenen Staates auch nur um eine Winzigkeit zu vergrößern – sich etwa irgendwo eine kleine Festung einzuverleiben oder einen Pass zu kontrollieren –, zögern weder die Fürsten noch die Diplomaten der Republiken zuzuschlagen. Da jede Vergrößerung aber nur auf Kosten der Nachbarn gehen kann, ist jeder Staat auch permanent bedroht.

Deshalb umspannt ein schwer durchschaubares Netz gegenseitiger Verpflichtungen die Halbinsel. Jeder Politiker, vom Staatenlenker einer Großmacht bis zum Herrn über ein paar Dörfer, ist stets um mehrere einflussreiche Verbündete bemüht. Denn bindet man sich an keine Macht, läuft man Gefahr, von einer Koalition anderer Staaten erobert zu werden. Bindet man sich nur an eine, könnte diese einen irgendwann einverleiben.

So ist in Italien, stärker als irgendwo sonst im Abendland, die Diplomatie zur Kunst gereift. Und kaum jemand betreibt sie so vollkommen wie Lorenzo de' Medici. Es bleibt ihm auch gar nichts anderes übrig, wenn er nicht untergehen will. Denn Florenz ist die schwächste der fünf Großmächte, umgeben von gleich drei Rivalen: Mailand, Venedig und dem Kirchenstaat.

Macht und Reichtum beruhen seit dem Mittelalter vor allem auf zwei Faktoren: dem Bankiersgewerbe sowie der Produktion und dem Handel feiner Stoffe.

Edle Tuche werden im Abendland inzwischen jedoch auch andernorts gefertigt, etwa in Flandern. Dort entstehen allmählich auch einheimische Bankhäuser, die einen Teil des zuvor von Florentinern betriebenen Geschäfts übernehmen, ebenso wie in Genf oder in einigen süddeutschen Reichsstädten. 1420 blühten noch über 70 Bankhäuser in Florenz – im Verlauf der nächsten 50 Jahre aber sind mehr als die Hälfte von ihnen zusammengebrochen, wohl auch unter dem Druck der neuen Konkurrenten.

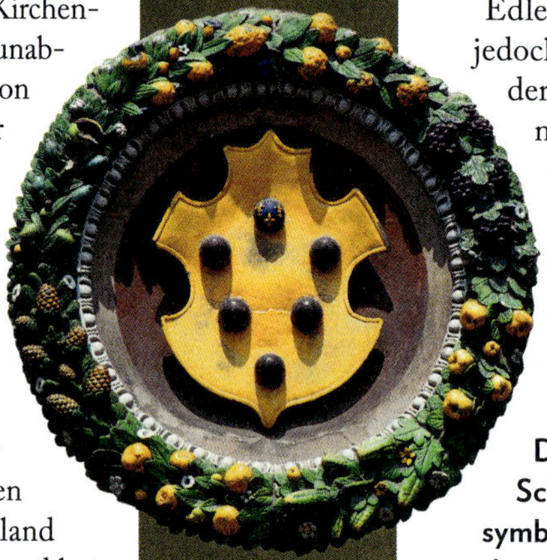

Das Wappen der Medici zeigt einen gelben Schild mit sechs Kugeln. Möglicherweise symbolisieren sie Pillen – falls die Vorfahren der vor dem Jahr 1169 nach Florenz eingewanderten Familie tatsächlich einst Mediziner gewesen sind, wie der Name andeutet

Regieren ist in Florenz eine verwickelte, oft im Wortsinn unberechenbare Angelegenheit. Etwa 3000 Ämter stehen in der Republik zur Wahl. Fast alle wichtigen Entscheidungen fällt jedoch ein neunköpfiges Gremium: die *signoria.*

Dort sitzen der *gonfaloniere di giustizia*, das Staatsoberhaupt, und acht Prioren. Diese mächtigen neun amtieren aber jeweils nur zwei Monate im Palazzo della Signoria (oft wohnen sie dort auch die ganze Zeit), dann werden sie abgelöst.

Niemand erlangt einen dieser prestigeträchtigen Posten per Wahl – man gewinnt ihn vielmehr in einer Lotterie der Macht. Die Namen aller für wahlfähig erachteten Männer werden auf Zettel oder Plättchen geschrieben, diese in Beutel geworfen und herausgezogen. Zudem muss die Signoria Entscheidungen mit Zweidrittelmehrheit fällen. Es ist also in Florenz unmöglich, vorauszusagen, wer in drei Monaten regieren, und erst recht, für welche Politik eine Zweidrittelmehrheit zustande kommen wird.

Das zumindest ist die republikanische Theorie. In Wirklichkeit jedoch bestimmt Lorenzo de' Medici, der Pate von Florenz, nahezu alle wichtigen Entscheidungen.

Die Medici gehören nicht zur ältesten Elite der Arno-Stadt. Sie sind aus dem toskanischen Umland eingewandert; 1169 tauchte ihr Name erstmals in einer Urkunde auf. „Medici" mag tatsächlich einst „Ärzte" bedeutet haben, und vielleicht symbolisieren die Kugeln im Familienwappen deshalb Pillen.

Doch das muss lange her sein, denn schon im 12. Jahrhundert arbeiteten die Medici als Geldwechsler und -verleiher. Wahrscheinlich hatten sie am Mercato Nuovo, dem Platz der Wucherer, ihre *banca*, ihren Tisch, über den die Haufen der Geldstücke geschoben wurden.

IM GELDGEWERBE MUSS MAN klug sein und risikobereit, denn viele Kredite werden nie zurückgezahlt. Und mutig oder verlogen dazu, denn die Kirche verurteilt Geldgeschäfte als gottlosen Wucher. Wer Zinsen verlangt, muss um sein Seelenheil fürchten. Die Medici waren all dies – und wohl auch etwas brutaler als ihre ebenfalls nicht gerade zimperlichen Standeskollegen, denn oft ging die Sippe mit Schwert und Dolch auf Widersacher los.

Sie stiegen auf, wurden in die Signoria gelost, mehrten ihren Wohlstand und galten im Volk als gewalttätige Sippe. Diesen Ruf aus Respekt und Angst, den sie sich erkämpft hatten, teilten sie jedoch mit einigen Dutzend weiteren mächtigen und teilweise deutlich reicheren Familien.

Dann aber, nachdem sie rund 250 Jahre lang das getan hatten, was viele andere Sippen auch unternahmen, sprengte ihre Macht die Grenzen der Republik. Der 1389 geborene Cosimo de' Medici hatte von seinem Vater die erfolgreichste Bank der Stadt geerbt, mit Niederlassungen in Rom, Pisa, Venedig, Neapel, Ancona, Mailand, Genf, Brügge, London und Avignon. Wer bei ihm Geld anlegte, erhielt acht Prozent Zinsen. Wer jedoch Kredite aufnahm, musste mindestens zwölf, manchmal gar über 30 Prozent zahlen. Die Rendite auf das Einlagekapital der Medici-Banken betrug rund 30 Prozent im Jahr.

Außerdem organisierte das weit verzweigte Haus den Geldtransport durchs Abendland. Die Medici charterten Galeeren oder stellten Maultierkarawanen zusammen, die Silberbarren und Goldmünzen transportierten. Die Risiken waren enorm, doch die Gewinne betrugen durchschnittlich 40 Prozent des eingesetzten Kapitals.

Manche Gewinne reinvestierte die Bank in Kriegsanleihen der Republik Florenz, die diese immer dann aufnehmen musste, wenn Konflikte drohten und teure Söldnertruppen angeworben wurden. Jährliche Rendite dieser Anleihen: 15 bis über 100 Prozent.

Andere Gewinne dienten dazu, den oft geldknappen Fürsten lukrative Monopole abzukaufen. Der Papst etwa überließ den Medici das Alaun-Monopol im Kirchenstaat. Alaun ist ein Mineral, das Glashersteller, Gerber und vor allem Färber benötigen, das in Italien jedoch selten ist und teuer. Überhaupt der Papst: Seit dem frühen 15. Jahrhundert waren die Medici Generaldepositare Seiner Heiligkeit, also Hausbankiers des Hauptes der Christenheit. Zwei Drittel ihrer Gewinne machten sie zeitweilig in Rom.

Wie fabelhaft hoch mögen diese Summen gewesen sein? Jede Filiale galt offiziell als eigenständiges Unternehmen, die einzelnen Niederlassungen schoben Kredite hin und her, hatten unterschiedliche Teilhaber, wurden auch manchmal aufgelöst und unter neuem Namen wiedergegründet. Wohl kaum jemand außer Cosimo selbst wusste deshalb vom wahren Vermögen des kompliziert verschachtelten Bankhauses.

UM 1430 WAR COSIMO DE' MEDICI wahrscheinlich der reichste Bürger seiner Stadt und besaß mindestens 180 000 Florin – das Sechsfache des Wertes des gigantischen Palazzo Medici. Einen Teil dieses Vermögens investierte er nun in die Politik.

Doch niemand in Florenz konnte es wagen, offen die Macht an sich zu reißen wie etwa die Sforza in Mailand: Zu zahlreich und machtbewusst waren andere reiche Familien, zu tief verwurzelt waren die Ideale der Republik und der städtischen Autonomie bei den Handwerkern und Ladenbesitzern, bei den Gelehrten und Arbeitern, als dass ein Putsch Erfolg gehabt hätte.

Cosimo ging einen anderen Weg: Er baute mit seinem Geld Gefolgschaft auf. Streckte Vätern, welche die Mitgift für eine Tochter nicht zahlen konnten, Geld vor. Rettete Manufakturbesitzer vor dem Ruin, förderte Notare und Gelehrte, arrangierte vorteilhafte

Ehen für Freunde, verschaffte Posten und Kontakte, spendete für Klöster und Konvente, zahlte mittellosen Söhnen die Ausbildung. Viel Geld, richtig eingesetzt, schafft viele Klienten.

Das Losverfahren verhinderte, dass Cosimo wissen konnte, wer in die nächste Signoria, wer in eines der unzähligen anderen Ämter aufgenommen werden würde. Aber was machte das noch aus? Hatte er einmal eine genügend große Zahl von Anhängern, so sprach die Wahrscheinlichkeit für die Medici: Oft genug würden sie die entscheidenden Gremien durch ihre Gefolgsleute kontrollieren.

Mehr noch: Wer die Signoria beherrschte, der konnte das ganze Lossystem an seinem Schwachpunkt aushebeln. In Florenz bestimmte nämlich die Signoria die Wahlausschüsse – jene Gremien von Männern also, die darüber zu entscheiden hatten, welcher Bürger von Florenz wählbar war und welche Namen mithin überhaupt in die Losbeutel kamen. Und das Beste aus Sicht Cosimos: Deren Sitzungen waren geheim.

IM HERBST 1434 hatte es der Patriarch geschafft: Seine Männer beherrschten, eingesetzt und abgesichert von einer ebenfalls Medici-freundlichen Signoria, die Wahlausschüsse. Fortan fanden die Namen seiner Gegner gar nicht erst den Weg in den Wahlbeutel – sie waren kaltgestellt. Früher hatten die Wahlausschüsse in der Regel rund 2000 Männer für würdig, erfahren, reich und mächtig genug erachtet, um zur Wahl für die Signoria zugelassen zu werden. Die Medici nun reduzierten die Namensliste immer weiter – bis schließlich nur noch 50 buchstäblich handverlesene Kandidaten übrig blieben.

Selbstverständlich hatte es Widerstand gegeben: von reichen Familien, die sich von einer Sippe aus ihrem Kreis nicht dominieren lassen wollten. Von Idealisten, die sahen, dass der Geist der Republik pervertiert wurde.

Gegen sie kleidete Cosimo seine Gewalt in ein republikanisches Gewand. 1434 sowie im Jahr darauf ließ er rund 100 Gegner mit ihren Angehörigen als angebliche Verräter ins Exil schicken. Und, wirkungsvoller noch, er ließ Familien, die ihm missfielen, von den Behörden der Stadt so hoch besteuern, dass die Sippen ruiniert wurden.

Fortan war es gefährlich, sich in Florenz den Medici in den Weg zu stellen, ja auch nur ein offenes Wort der Kritik zu äußern. Cosimo kontrollierte bald auch die *otto di guardia*, den Wachausschuss der acht: die Geheimpolizei. Tamburi hingen an den Fassaden aller größeren Kirchen – Holzkästchen, in die Denunzianten anonyme Anzeigen gegen jedermann einwerfen konnten. Wer den Otto missfiel, dem drohten ruinöse Steuern, Exil, Folter, der Tod.

Lorenzo de' Medici war noch nicht 21 Jahre alt, als er, nach einem kurzen Intervall der Kontrolle durch seinen schwer gichtkranken Vater Piero, am 2. Dezember 1469 das politische und wirtschaftliche Erbe seines Großvaters Cosimo antrat.

Selten hat ein Papst so schamlos Kirchenämter an seine Verwandten verteilt wie Sixtus IV. (im Bild rechts; vor ihm ein Gelehrter, daneben vier seiner Neffen). Die Medici sind seine Hausbankiers – doch als sie ihm für seinen Neffen Girolamo Riario (2. von links) Geld verweigern, wird der Heilige Vater ihr Feind

***Il magnifico*, der Prächtige, wird Lorenzo de' Medici von seinen Anhängern genannt. Als der Papst dem mächtigen Bankier aber die Gunst entzieht, sieht es eine Zeit lang so aus, als entgleite dem noch nicht einmal 30 Jahre alten Clanchef die Kontrolle über Florenz**

Die Macht des jungen Mannes ist ungeheuer groß – aber sie ist noch immer nicht offiziell legitimiert. Florenz ist eine Republik, Lorenzo gilt als Bürger wie jeder andere auch. Trotz Exil und Denunziationen leben weiterhin viele ehrwürdige Sippen in der Stadt, deren Mitglieder den Medici nur widerwillig den Vorrang einräumen.

Lorenzo muss seine Augen und Ohren überall haben, bei möglichen Gegnern ebenso wie bei seinen eigenen Männern. Denn Macht hat er nur, solange er Klienten hat. Und Klienten erhält er sich nur durch sorgfältig abgewogene Gunstbeweise. Familienmitglieder und enge Gefolgsleute drängt er zu Ehen mit den Töchtern reicher Familien, um diese enger an die Medici zu binden. Vertraute hat er nicht nur in der Signoria oder bei den Otto, sondern auch in den Zünften der Handwerker, in den religiösen Bruderschaften – in denen sich Laien zusammenschließen, um etwa Kranken oder zum Tode Verurteilten beizustehen –, bei den Bauern im Umland, an allen wichtigeren Höfen Italiens, ja fast ganz Europas.

Ständig muss er Gefälligkeiten erweisen – oder solche möglichst schmerzlos für den Betroffenen ablehnen. Rund 20 000 Briefe, Bittschriften und Demarchen an ihn sind bis heute erhalten, wahrscheinlich nur ein Bruchteil dessen, was tatsächlich einströmt. Er selbst schreibt Tausende Briefe, steht an vielen Tagen fünf, sechs Stunden am Pult.

Bei der Festigung seiner Macht dienen Lorenzo auch Aufsteiger aus den Zeiten Cosimos. Etwa Tommaso Soderini, der dem illegitimen Zweig einer vornehmen Familie entstammt und dessen Textilhandel Bankrott gegangen wäre, hätten die Medici nicht Geld hineingesteckt. Gleich nach dem Tod von Lorenzos Vater 1469 organisiert Soderini eine Versammlung von 700 Medici-Anhängern, die Lorenzo ihr Vertrauen ausspricht. Er gehört zur Gruppe ehrgeiziger Männer, die ihre herausgehobene Existenz dem *maestro della bottega* verdanken, dem Meister des Betriebes, also dem jeweiligen Oberhaupt der Medici.

Einflussreiche Florentiner Familien wie die Medici kaufen auf dem Mercato Vecchio ein. Und treffen hier, im Schatten der Säule mit der Statue der Abbondanza, der Allegorie des Überflusses, scheinbar zwanglos plaudernd, politische Absprachen

Nach außen sichert sich Lorenzo, indem er sich wie schon Cosimo und Piero eng mit den Sforza verbündet. Die Herzöge von Mailand haben bei den

Medici fast unbegrenzt Kredit, dafür garantieren sie Lorenzo Truppen, wann immer er dies wünscht: Mailand liegt nur wenige Tagesritte nordwestlich der Arno-Stadt, selbst bei einer Revolte in Florenz könnten die Söldner des Herzogs den Medici deshalb schnell beistehen.

Mit Venedig arrangiert sich Lorenzo ebenfalls; die Lagunenrepublik gilt als ein traditioneller, wenn auch wenig interessierter Verbündeter von Florenz. Mit dem Heiligen Vater, dessen Bankier er ist, pflegt Lorenzo engen Kontakt – und sogar mit König Ferrante von Neapel, auch wenn dieser oft den Einfluss von Florenz zugunsten seines eigenen eingeschränkt sehen möchte.

Doch trotz Lorenzos Vorsicht schmieden, nur ein paar Minuten Fußweg südlich des Palazzo Medici, einige mächtige Feinde ein tödliches Komplott.

An der Ecke Borgo di San Pier Maggiore und Via dei Balestrieri erhebt sich der um 1470 vollendete Palazzo Pazzi. Die Familie der Pazzi lebt allerdings schon sehr viel länger in diesem Stadtviertel zwischen Dom und Palazzo della Signoria – so lange, dass die Straßenecke im Volk „Ecke der Pazzi" genannt wird. Den Ruhm der Sippe hat eine Heldentat begründet: Ein Pazzi gehörte der Familienlegende nach zu den Kreuzfahrern, die 1099 als Erste die Mauern Jerusalems erstürmten.

Seither sind die Pazzi stolz und adelig. In Florenz kann die Signoria an Bürger wegen herausragender Verdienste Adelstitel verleihen oder solche, die fremde Fürsten, etwa der König von Frankreich, vergeben haben, anerkennen. Sein Leben lang darf der so Geehrte den Titel „Messer" im Namen führen. Die Medici, die Meister der verdeckten, der sich betont republikanisch gebenden Macht, lehnen es stets ab, sich derart auszeichnen zu lassen – sie bleiben Bürger. Die Pazzi hingegen sind begierig auf den Ehrentitel.

Messer Jacopo de' Pazzi ist der Patriarch der Sippe: 57 Jahre alt, klug, welterfahren, ein ehemaliger Gonfaloniere di Giustizia, der im Volk beliebt ist. Seine große Schwäche ist die Leidenschaft fürs Spiel, auch um höchste Einsätze.

Die Pazzi gleichen den Medici. Sie gebieten über ein Bankenimperium, das fast so groß ist wie das der Medici. Sie haben das zweitgrößte Vermögen der Stadt – nach dem der Medici. Sie üben Macht aus, doch nicht so viel wie die Medici.

Aber ist das Geschlecht der Pazzi nicht ungleich ehrwürdiger und ruhmreicher? Ist nicht Messer Jacopo so viel älter als Lorenzo, dass er dessen Vater sein könnte? Warum also sollen die Pazzi sich immer mit dem zweiten Rang begnügen?

Selbstverständlich haben die Medici versucht, die Pazzi in ihr unsichtbares Netz der Verpflichtungen einzuspinnen. So ist ein Neffe von Messer Jacopo mit der einzigen Schwester Lorenzos vermählt: Die beiden Sippen gelten fortan als verwandt. Doch irgendwann – wahrscheinlich schon bald nachdem Lorenzo die Macht von Großvater und Vater geerbt hat – zeigen die Pazzi, dass sie nicht länger gewillt sind, sich zurückzuhalten.

Es ist nicht so, dass sie offen rebellieren; dafür sind sie zunächst viel zu vorsichtig. Doch vielleicht – genau überliefert ist dies nicht – werden sie hin und wieder ein offenes Wort riskiert haben. Womöglich ist es auch einfach nur ihr Stolz.

Lorenzo, der von klein auf gewohnt ist, von Bittstellern, Schmeichlern, ehrerbietigen Klienten umgeben zu sein, registriert aufmerksam, vielleicht auch alarmiert, dass ihm da jemand von gleich zu gleich entgegentritt.

Ein Fehler der Pazzi.

Delfine und Kreuze zieren das Wappen der Pazzi. Die Bankiersdynastie ist älter als die der Medici, ihre Vorfahren waren ruhmreicher. Einige Pazzi wollen Lorenzos Vormacht brechen – notfalls mit dem Dolch

Lorenzo ist, wie er in einem vertraulichen Brief gesteht, über „diese meine Pazzi-Verwandten" verärgert. Er beklagt ihren „üblen Charakter" – und sorgt dafür, dass ihre Namen fortan seltener in den Wahlbeuteln zu finden sind als zuvor. Eine subtile Demütigung und eine Minderung der politischen Macht seiner Rivalen.

Auch die Pazzi haben Klienten. Etwa Bernardo Bandini Baroncelli, einen Bankier aus angesehener Familie, mit besten Kontakten zum Königshof nach Neapel. Bandini Baroncelli ist schon seit vielen Jahren ein heimlicher Gegner der Medici. Zudem ist auch das Volk unruhig. Gelegentlich entdecken die Geheimpolizisten anonyme Schmähzettel in den Straßen. Und die Bürger flüstern sich zu: „Chi non seghue le palle gli fie rotto le spalle alfine." (Wer den Kugeln [im Wappen der Medici] nicht folgt, dem wird am Ende das Rückgrat gebrochen.)

EINE FAMILIE ABER ERTRÄGT NICHT LÄNGER DIE DOMINANZ DER MEDICI

Doch mit ihren Florentiner Anhängern und einigen womöglich unzufriedenen einfachen Bürgern allein können die Pazzi nicht die in Jahrzehnten errichtete Macht der Medici brechen. Sie müssen sich nach auswärtigen Verbündeten umsehen – und sie finden einen Unterstützer, den vielleicht besten, den man sich im Abendland überhaupt wünschen kann. Den Papst.

SIXTUS IV. SITZT SEIT 1471 auf dem Stuhl Petri. Der Franziskaner, ein Theologe und religiöser Schriftsteller, galt bis zu seiner Erhebung als fromm und weltabgewandt. Doch seither macht er Politik für sich und seine Familie, so schamlos wie kaum je einer seiner Vorgänger. Er ist der erste große Renaissance-Mäzen im Vatikan: ein Freund der Künstler, Förderer der Vatikanischen Bibliothek, Erbauer der nach ihm benannten Sixtinischen Kapelle.

Doch mehr noch als die Kunst interessiert ihn das Wohl seiner zahlreichen Neffen. Sechs von ihnen erhebt er zu Kardinälen, manche sind noch nicht einmal erwachsen. Einen weiteren Neffen – Girolamo Riario – macht er zum Grafen. Dem Sforza-Herrscher in Mailand kauft er dafür im Dezember 1473 die Stadt Imola ab, damit sein Neffe ein eigenes kleines Reich hat.

Damit aber macht er sich die Medici zu Gegnern. Denn Lorenzo hätte Imola gern für Florenz erworben, das hätte die Macht seiner Stadt gestärkt und seine Beliebtheit beim Volk, das jede „Eroberung" gutheißt, vergrößert – ein nie zu unterschätzender Vorteil für jemanden, der illegitim herrscht.

Als Sixtus IV., chronisch geldknapp, den Kaufpreis für Imola von 40 000 Dukaten bei seiner Medici-Hausbank aufnehmen will, verweigert ihm Lorenzo deshalb den Kredit.

Nun aber kommt es zum Affront: Die Pazzi leihen dem Papst das Geld. Lorenzo ist düpiert, ja gedemütigt in aller Öffentlichkeit, denn selbstverständlich sorgen gezielte Indiskretionen schnell dafür, dass ganz Italien weiß, wie die Medici ausmanövriert worden sind.

Es scheint, als entgleite dem Maestro della Bottega die Kontrolle. Am 16. Juli 1474 entlässt Sixtus IV. die Medici als Hausbankiers – und überträgt einen Großteil seiner Geldgeschäfte nun den Pazzi.

Mehr noch: Der Papst ordnet eine strenge Überprüfung der Bücher der Medici-Filiale in Rom an. Zwar werden keine Unregelmäßigkeiten entdeckt, doch allein diese Geste – auch sie bleibt selbstverständlich nicht geheim – bringt das Haus in den Ruch dubioser Geschäftemacherei. Für einen Bankier, dessen wichtigstes Kapital das Vertrauen der Anleger ist, eine verheerende Unterstellung.

Im selben Jahr ernennt Sixtus IV. Francesco Salviati zum Erzbischof des zum Florentiner Staat gehörenden Pisa. Salviati stammt aus einer ehrenwerten, gar entfernt mit den Medici verwandten, doch hoch verschuldeten Familie. Die Ausbildung des jungen Mannes hat, so zumindest legen es einige Indizien nahe, Messer Jacopo de' Pazzi finanziert. Später lebte Salviati in Rom, wo er Aufträge der Pazzi-Bank ausführte und sich mit dem Papst und vor allem dessen einflussreichen Neffen anfreundete.

Lorenzo beklagt sich beim Papst bitter über die Ernennung. Er intrigiert in der Signoria gegen den neuen Erzbischof – vergebens. 1475 muss er Salviati, den Klienten der Pazzi, schließlich akzeptieren. Ein Jahr darauf läuft das Alaun-Monopol der Medici im Kirchenstaat ab. Der Papst erneuert den Vertrag nicht, sondern überträgt die Rechte an die Pazzi.

In all diesen Jahren begegnet Lorenzo regelmäßig Messer Jacopo: im Dom, auf der Piazza, bei festlichen Anlässen wie Hochzeiten und Taufen. Stets sind die beiden Patriarchen im Umgang miteinander von erlesener Höflichkeit. Doch da plant der Medici längst den Gegenschlag.

LORENZO MUSS HANDELN. Die Taten des Papstes schwächen nicht nur die Finanzkraft seines Hauses. Verheerender noch ist der politische Schaden. Sieht doch ganz Florenz, dass die Medici nicht mehr für ihre Klienten sorgen können, während es vorteilhaft ist, aufseiten der Pazzi zu stehen.

Im März 1477 setzt Lorenzo in der Signoria – gegen den Rat vieler Freunde – ein Gesetz durch, das es fortan Töchtern unter bestimmten Bedingungen unmöglich macht, eine Erbschaft anzutreten. Jedermann ist klar, gegen wen dieses seltsame Gesetz gerichtet ist: Ein Pazzi, der die einzige Tochter einer immens reichen Familie geheiratet hat, soll so um das bald zu erwartende Erbe seiner Gattin gebracht werden. Die Botschaft ist deutlich. Lorenzo wird nun seine politische Macht nutzen, um, wie einst Cosimo, mithilfe der Gesetze und der Steuern der Republik Florenz seine Gegner finanziell ausbluten zu lassen.

Spätestens jetzt herrscht ein lautloser Krieg in Florenz.

Niemand weiß heute mehr, wer zuerst auf die Idee gekommen ist, diesen Konflikt mit dem Dolch zu beenden. Immer wieder hat es in Italiens Städten Attentate gegeben. Nur wenige Monate vor Lorenzos umstrittenem Erbschaftsgesetz ist der Herzog von Mailand, sein engster Verbündeter, erdolcht worden. (Allerdings folgt ihm ein weiterer Sforza, sodass Mailand den Medici weiterhin gewogen bleibt.) Warum also soll man nicht Lorenzo beseitigen – und damit die Medici danach ohne Familienoberhaupt sind, auch gleich seinen jüngeren, bislang wenig hervorgetretenen Bruder Giuliano?

Manche Indizien sprechen dafür, dass es wohl Graf Girolamo Riario aus Imola ist, der nach Macht und Reichtum gierende Neffe des Papstes, der als Erster die Bluttat plant. Der Heilige Vater ist schon jenseits der 60, ein alter Mann nach den Maßstäben der Zeit. Wer wird, wenn er stirbt, Imola vor dem Zugriff der Medici schützen? Ein neuer Papst würde wohl kaum wegen des Neffen seines Vorgängers einen großen Konflikt mit Florenz riskieren. Graf Riario muss, will er Graf bleiben, die Medici ausschalten, bevor sein päpstlicher Gönner stirbt.

MIT WEM WIRD RIARIO zuerst über den Mordplan geredet haben? Wahrscheinlich mit Francesco Salviati, dem Erzbischof von Pisa und Klienten der Pazzi. Salviati war es, der 1473 als Beauftragter der Pazzi-Bank jene 40 000 Dukaten, ohne die Imola gar nicht Riarios Reich wäre, nach Rom geleitet hat. Er ist ein Freund des Grafen Riario. Und er würde auch gern die reichere Diözese Florenz übernehmen, gar Kardinal werden – ehrgeizige Pläne, denen Lorenzo entgegensteht.

Dann gibt es da noch Francesco de' Pazzi: klein, mager, blass und, wie ein Zeitgenosse festhält, „unverfroren, rastlos, ehrgeizig". Er leitet die Pazzi-Filiale in Rom und ist ein Neffe von Messer Jacopo. Ein Hitzkopf, der noch viel stärker als der Patriarch des Hauses darauf drängt, sich nicht länger von den Medici in den Schatten stellen zu lassen.

So treffen sich ab Sommer 1477 ein Graf, der fürchtet, alles zu verlieren, ein Erzbischof, der bei der jetzigen Konstellation nichts mehr dazugewinnen kann, und ein Bankier, der nicht mehr länger hinter seinem Rivalen zurückstehen will, in den Gemächern des Erzbischofs im Vatikan. Sie werben Söldnerführer an – unter anderem den Herzog von Urbino.

Auch Papst Sixtus IV. wird eingeweiht. Scheinheilig beschwört er die Ränkeschmiede, die ihm verhassten Medici zwar auszuschalten – doch bitte so, dass dabei kein Blut fließt. Die Verschwörer sagen dies zu und kümmern sich nicht weiter darum. Hat doch Sixtus IV. schon längst im vertrauten Kreis gedroht: „Mag sein, dass wir unsere Eisen gebrauchen müssen, um Lorenzo klarzumachen, dass er ein Bürger ist und wir der Papst sind, weil dies Gottes Wille ist."

Der Einzige, der zögert, ist Messer Jacopo. Ihm scheinen die Medici noch zu stark zu sein. Doch im August 1477 reist ein eingeweihter Söldnerführer von Rom nach Florenz. Er trifft sich mit dem Oberhaupt der Pazzi heimlich im Gasthaus „Zur Glocke". In einem Hinterzimmer kann der erfahrene Soldat den zögerlichen Bankier überzeugen. Jacopo de' Pazzi, der leidenschaftliche Spieler, wagt den größten Einsatz seines Lebens.

Wann aber sollen die Mörder zuschlagen? Wann kommen sie nahe genug an Lorenzo und seinen Bruder heran, sodass beide zugleich fallen? Und wie können die Verschwörer unauffällig so viele Bewaffnete nach Florenz einschleusen, dass sie dort die Macht an sich zu reißen vermögen? Mehrfach müssen die Pazzi und ihre Verbündeten ihre Pläne im letzten Moment aufgeben. Manchmal scheint es, als sei Lorenzo bereits informiert.

Tatsächlich erreichen Lorenzo vage Warnungen und Gerüchte über einen Anschlag – unter anderem durch ein Schreiben seines Filialleiters in Rom, der in der Stadt Gerede über ein geplantes Attentat aufgeschnappt hat. Doch niemand weiß Genaues – und Lorenzo, dessen Agenten in den vorangegangenen Jahren schon mehrere Mordkomplotte aufgedeckt haben, unternimmt nichts.

Vielleicht weiß er tatsächlich zu wenig von der drohenden Gefahr. Möglich aber auch, dass er zwar keine Einzelheiten kennt, doch ahnt, was die Pazzi

planen – und ihnen kaltblütig den ersten Stoß überlässt, um sich dann umso effektvoller als der Angegriffene darstellen zu können.

Immerhin dies ist auffällig: Seit einigen Monaten schon werden Lorenzo und sein Bruder nur noch selten gemeinsam in der Öffentlichkeit gesehen. Möglich, dass sich Giuliano ja tatsächlich, wie er oft angibt, unwohl fühlt. Aber vielleicht ist es auch eine geheime Vorsichtsmaßnahme.

Schliesslich ist es der Papst, der für die zaudernden Verschwörer den passenden Anlass inszeniert. Sixtus IV. hat inzwischen auch einen Großneffen zum Kardinal erhoben, den erst 17 Jahre alten Raffaele Sansoni Riario, einen blassen Studenten des kanonischen Rechts, der in das Komplott nicht eingeweiht ist. Den jungen Kardinal nutzt der Papst nun als ahnungslosen Lockvogel: Der hohe Würdenträger soll Florenz besuchen; Sixtus IV. ernennt ihn gar zum Legaten, also zu einem diplomatischen Abgesandten Seiner Heiligkeit.

Unter das standesgemäß zahlreiche Gefolge des Kardinals können sich einige Dutzend bewaffnete Verschwörer mischen, ohne großes Aufsehen zu erregen. Zugleich werden Lorenzo und sein Bruder kaum vermeiden können, den päpstlichen Gesandten prachtvoll zu empfangen – zumal dieser, sicherlich nach gezielten Einflüsterungen der Ränkeschmiede, den Wunsch äußert, die legendäre Kunstsammlung im Palazzo Medici mit eigenen Augen zu sehen.

Wie die miteinander rivalisierenden Familien, so kämpfen auch die Florentiner in ihren Straßenspielen gegeneinander. Beim *civettino* etwa versuchen drei Spieler, sich gegenseitig Schläge zu versetzen

Anfang 1478 reist der Kardinal gen Florenz. Zunächst logiert er in der ländlichen Villa der Pazzi. Lorenzo lädt für den 26. April nach der Messe im Dom in seinen Palazzo. Zum Gefolge des jungen Geistlichen gehören auch Messer Jacopo und Francesco de' Pazzi, der Erzbischof von Pisa sowie einige Söldnerführer. Der Empfang ist die erwartete Gelegenheit.

Am Morgen, auf dem Weg zur Messe, dann die Nachricht: Giuliano de' Medici fühle sich leider unpässlich, er werde nicht an der Mittagseinladung teilnehmen können. Die Verschwörer aber können nicht mehr zurück. Inzwischen haben sie päpstlichen Armbrustschützen die Order gegeben, auf Florenz zuzureiten. Treffen diese, wie geplant, um die Mittagszeit in der Stadt ein, werden sie Misstrauen

Zwei Geldwechsler sitzen hinter einer *banca*, auf der Stapel von Münzen liegen. Kaufleute richten bei ihnen Konten ein, nehmen Kredite auf oder tauschen Geld. Auch die Medici haben einst als Geldwechsler begonnen. Wahrscheinlich hatten sie ihre Banca am Mercato Nuovo, dem Platz der Wucherer

Prunkvoll inszenieren Florentiner Patrizier ihre Hochzeiten (links). Meist sind diese nur ein Instrument der Politik. Auch Lorenzo arrangiert häufig Ehen, um Bündnisse zwischen Familien zu festigen

erregen. Sind die Medici bis dahin nicht tot, dann werden sie wissen, dass ein Komplott geschmiedet wird – und es wird nicht schwer sein, zu erraten, wer dahintersteckt.

Also beschließen Jacopo de' Pazzi, der Erzbischof von Pisa und die anderen Häupter der Verschwörung auf den letzten Metern vor dem Dom, bereits in wenigen Minuten zuzuschlagen. Während der ahnungslose junge Kardinal der Messe beiwohnt, sollen die Medici sterben.

Da ist es ausgerechnet ein Söldnerführer, der vielleicht erfahrenste Totschläger in den Reihen der Verschwörer, der sich empört verweigert. Er, der den ersten Stich auf Lorenzo führen soll, will nicht das Sakrileg begehen und während der Messe in einer Kirche einen Mord verüben. Andere Attentäter nehmen seinen Platz ein: Zwei Geistliche aus dem Gefolge der Pazzi haben keine Skrupel – sie wollen auf das vereinbarte Zeichen hin zustechen.

Doch nun ist Giuliano de' Medici nicht einmal im Dom erschienen …

Deshalb eilen Francesco de' Pazzi und Bernardo Bandini Baroncelli aus der Kirche zum Palazzo Medici.

DER PALAST IST EIN wuchtiger Klotz. Zwar ist die dreigeschossige Fassade mit behauenen Steinen, mit Bogenreihen rhythmisch gegliedert und bekrönt von einem hervorkragenden Gesims, doch seine schiere Größe zeigt an, dass hier keine gewöhnliche Familie residiert. 20 Häuser hat Cosimo einst aufkaufen und abreißen lassen, um Platz für den Stammsitz der Medici zu schaffen, in dessen Raumfluchten Lorenzo seine Kindheit verbrachte.

Ein junger Sforza, als Herzogserbe fast täglich von der Pracht diverser Paläste umgeben, pries bei einem Besuch „die Schönheit der Decken, die Höhe der Räume, die treffliche Art der Anordnung von Türen und Fenstern, die große Zahl von Zimmern und Sälen, die erlesene Ausstattung der *studioli*, die wertvollen Bücher, die gepflegten, anmutigen Gärten, die kostbaren Wandbehänge und Truhen von unvergleichlicher Machart, die herrlichen Skulpturen, die Zeichnungen aller Art, das Silbergerät von unschätzbarem Wert. Es ist das schönste Haus, das ich je gesehen habe und je wohl sehen werde."

Legendär sind die Kunstwerke im Palast – von Donatellos lebensgroßer Skulptur „Judith und Holofernes" bis zu den Fresken Benozzo Gozzolis, welche die Privatkapelle schmücken. Das wichtigste Bildnis dort zeigt den Zug der Heiligen Drei Könige – und, in deren Gefolge, den zu Zeiten der Entstehung des Kunstwerks etwa zehnjährigen Lorenzo.

Giuliano de' Medici ist in der Politik bislang wenig hervorgetreten. Doch Lorenzos jüngerer Bruder soll bei dem geplanten Attentat ebenfalls sterben, da er den Verschwörern als dessen möglicher Nachfolger gilt

Dieser, in einer Welt der Kunst groß geworden, liebt das Schöne. Er ist ein Dichter von Rang, korrespondiert mit Poeten und Philosophen und sammelt seltene Handschriften – darunter ist auch eine mit Werken des Dichters Petrarca, vom berühmten Boccaccio eigenhändig kopiert. In seinem Garten beim Kloster San Marco hat er Dutzende antiker Statuen ausgestellt. Maler und Bildhauer dürfen hier die Meisterwerke der Griechen und Römer studieren – auch der junge Michelangelo wird hier die Kunst der Alten bewundern.

Doch die Kunst ist für Lorenzo mehr als eine Leidenschaft, sie ist Notwendigkeit. Nicht nur wegen seiner politischen Stellung, mehr noch durch seine Sammlung erlesener Werke und die Förderung der Künste erwirbt er sich den Ehrentitel „der Prächtige".

Der wiederum bringt ihm Prestige ein – und das ist ein Instrument zur Sicherung der Macht. Fürsten haben Prestige mit ihrer Abstammung geerbt, Kirchenführer verdanken es ihrem Amt – Lorenzo jedoch muss es sich erarbeiten, muss immer wieder neu beweisen, dass er, wiewohl offiziell nichts weiter als ein Bürger einer Republik, doch mit Herzögen und Kardinälen gleichziehen, ja sie übertreffen kann.

So ist der Palazzo Medici nicht einfach ein übergroßes Haus für eine Familie, die zu Geld gekommen ist und dieses für luxuriöse Dinge ausgibt. Er ist eine politische Manifestation: ein steinernes Denkmal dafür, dass und warum den Medici der Vorrang gebührt. Und dass es ehrenvoll und erstrebenswert ist, ihrem Vorbild zu folgen.

EIN GRAF, EIN PATRIZIER UND EIN ERZBISCHOF PLANEN DEN TOD DER BEIDEN MEDICI

Die Verschwörer wissen selbstverständlich um die Wirkung des Palastes, doch sie werden sich, steht zu vermuten, damit getröstet haben, diese Pracht bald in Flammen aufgehen zu sehen.

Äußerlich lassen sich Francesco de' Pazzi und Bandini Baroncelli nichts anmerken. Sie überreden Giuliano, doch noch zur Messe zu gehen. Ihre genauen Worte sind nicht überliefert, doch auf den wenigen Schritten die Via Larga hinunter zum Dom stoßen sie Giuliano in die Rippen, scheinbar scherzhaft, so wie es gut aufgelegte Freunde eben tun. Tatsächlich jedoch wollen die beiden Verschwörer unauffällig feststellen, ob der Medici, unter seinem Gewand versteckt, ein Kettenhemd trägt.

Er hat keinen Schutz angelegt.

Es ist inzwischen später Vormittag, als die Messe ihrem Höhepunkt zustrebt. Der Dom ist überfüllt, doch keineswegs lauscht jeder auf Predigt und Gebete. Lorenzo schlendert noch immer, mit Freunden plaudernd, durch das weitläufige Gotteshaus. Rund 20 Meter weiter steht sein Bruder Giuliano, nur ein paar Schritte entfernt vom Portal, das auf die Via dei Servi hinausführt.

Die Verschwörer wollen beim Abendmahl zuschlagen. Wann genau, darüber werden später die Angaben von Augenzeugen auseinandergehen. Wahrscheinlich zücken sie ihre Waffen, als der Priester am Altar die Hostie hebt.

„Hier, du Verräter!", schreit Bandini Baroncelli in diesem Moment und stößt Giuliano de' Medici seinen Dolch in die Brust. Dieser taumelt zurück. Da stürzt Francesco de' Pazzi auf ihn und macht den Verletzten in einem blutigen Furor nieder. Mindestens zwölf tiefe Wunden wird man später am Körper des jüngeren der beiden Medici zählen. Doch auch Francesco ist am Bein schwer verwundet – wahrscheinlich hat er sich in seiner rasenden Wut selbst getroffen.

Im gleichen Moment stürzen die beiden Geistlichen auf Lorenzo zu. Einer packt ihn an der Schulter, der andere attackiert ihn mit dem Dolch. Doch der Medici wird von der schlecht geführten Klinge nur leicht am Hals verwundet. Lorenzo reißt sich los, wirft seinen Mantel zum Schutz über den linken Arm, zieht seinerseits einen Dolch und pariert die nächsten Stöße der Attentäter.

Panisch schreiend stürzen Hunderte Gläubige aus dem Dom, nur weg von den blitzenden Klingen, die plötzlich allerorten gezückt werden. Manche glauben, dass Brunelleschis gewaltige Kuppel einstürzen werde. Andere wollen, gegen die Hinausdrängenden, zum Schauplatz des Kampfes eilen.

Der junge Kardinal Riario bricht vor Schreck am Altar zusammen und stammelt Gebete, bis ihn einige beherzte Kanoniker fortzerren. Jener junge Pazzi, der Lorenzos Schwester geheiratet hat (und der in das Komplott nicht eingeweiht worden ist), schreit hysterisch Verrat und beteuert seine Unschuld, sobald ihm klar wird, dass Pazzi die Klingen gegen Medici gezückt haben.

Lorenzo kann die Geistlichen abwehren, bis sich einige Anhänger um ihn geschart haben. Auch sie halten Waffen in der Hand. Bandini Baroncelli und Francesco de' Pazzi kämpfen sich im Durcheinander bis in Lorenzos Nähe, doch dessen Männer bilden nun einen schützenden Wall um ihren Herrn. Einer bekommt einen Stich in den Magen und bricht tödlich getroffen zusammen.

Lorenzo springt über eine hölzerne Brüstung in den achteckigen Chor, dann eilen er und seine Begleiter in die nördliche Sakristei, wo sie die schweren bronzenen Türen zuwerfen und verriegeln. Einer seiner Männer saugt ihm die Wunde aus, weil niemand weiß, ob der Attentäter seinen Dolch vergiftet hat. Lorenzos Leben ist vorerst gerettet. Doch die Sakristei erweist sich als Festung und Falle zugleich, aus der er nicht zu entweichen wagt. Lorenzo muss Florenz zunächst den Verschwörern überlassen.

Inzwischen hat sich der riesige Dom weitgehend geleert. Nur der tote Giuliano bleibt inmitten einer großen Blutlache zurück. Niemand kümmert sich um ihn.

Die Attentäter reagieren schnell, als sie merken, dass sie nicht in die Sakristei eindringen können: Die beiden Geistlichen, die Lorenzo angegriffen haben, laufen zum Benediktinerkloster der Stadt und verstecken sich dort. Francesco de' Pazzi hinkt, eine Blutspur hinter sich lassend, zum Palazzo seiner Familie, um sich dort verbinden zu lassen.

Ein paar Bewaffnete eilen zum Tor von Santa Croce im östlichen Teil der Mauer, das sie erobern. In wenigen Stunden sollen aus dieser Richtung die päpstlichen Armbrustschützen eintreffen, da ist es wichtig, das Tor in der Gewalt zu haben.

Jacopo de' Pazzi sammelt auf den Straßen Anhänger um sich. Und Francesco Salviati, der Erzbischof von Pisa, hat den Dom schon vor einiger Zeit verlassen – angeblich, um seine kranke Mutter zu besuchen. Tatsächlich haben sich ihm außerhalb

GETROFFEN VON ZWÖLF DOLCHSTICHEN, LIEGT GIULIANO IM DOM

der Kirche wie geplant etwa 30 schwer Bewaffnete angeschlossen, mit denen er nun zum Palazzo della Signoria eilt.

Der zweite Teil des Plans läuft an. Der Erzbischof legt den Weg vom Dom zum Palazzo della Signoria in ungefähr drei Minuten zurück. Im Regierungssitz arbeiten der Gonfaloniere di Giustizia, die acht Prioren, einige Diener und mehrere Wächter – alles in allem rund 50 Männer, die vom Aufruhr im Dom noch nichts bemerkt haben.

Der Erzbischof, der so überraschend im Palast erscheint, wird sogleich zum Gonfaloniere – einem Anhänger Lorenzos – geführt, während seine 30 Begleiter sich möglichst unauffällig im riesigen Bauwerk verteilen. Sie sollen dort die Wachen überwältigen.

Doch hier begehen die Verschwörer einen fatalen Fehler: Sie unterschätzen den Palast.

Während der Erzbischof vor dem staunenden, dann aber zunehmend misstrauischer werdenden Gonfaloniere zu einer langen Rede über mögliche päpstliche Gunstbeweise für den Sohn des Gonfaloniere ansetzt, um seinen Männern Zeit zu verschaffen für ihren Schlag, verlaufen sich diese in den verwirrend angeordneten Gängen und Zimmerfluchten des Gebäudes. Viele schlagen massive Türen hinter sich zu, die jedoch mit Federbolzen gesichert sind und sich deshalb von innen nicht wieder öffnen lassen. Sie setzen sich so selbst gefangen.

Der Erzbischof wird immer unruhiger, seine Rede ist fahrig und unzusammenhängend. Schließlich bezähmt der Gonfaloniere sein Misstrauen nicht länger: Er ruft Bewaffnete herbei. Der Erzbischof will sich daraufhin eilig zurückziehen, es kommt zum Tumult, dann ergreifen ihn Wachen der Signoria.

Auch andernorts ertönt der Lärm von Handgemengen. Die Verschwörer, verwirrt durch das unübersichtliche Gebäude, werden überwältigt. Der Gonfaloniere und seine Mitarbeiter greifen zu allen erreichbaren Waffen – auch Bratspieße aus der Küche und Steine reißen sie an sich, bevor sie sich im hohen Turm des Palazzo verschanzen und die Alarmglocken läuten.

Die Schläge der Glocken hallen nun durch die Gassen von Florenz und sind selbst im Umland so gut zu hören, dass die Bauern aus den Dörfern zu den Waffen greifen und ihrerseits die Kirchenglocken läuten. Noch weiß kaum jemand, was vorgefallen ist. Es ist jetzt Mittag.

Da erscheint Messer Jacopo de' Pazzi an der Spitze eines Zuges von 50 bis 100 Anhängern und Söldnern auf dem Platz vor dem Palazzo della Signoria. „Volk und Freiheit!", ruft er, um die Florentiner aufzuwiegeln. Doch die Bürger verbarrikadieren lieber ihre Häuser, wenn sie nicht gleich zum Palazzo Medici eilen, um Lorenzo beizustehen.

Jacopo de' Pazzi ist verwirrt. Eigentlich hätte sein Neffe Francesco mit ihm durch Florenz ziehen sollen, doch der liegt nun verletzt in seinem Palast. Und eigentlich hätte ihm der Erzbischof von Pisa den Palazzo della Signoria öffnen sollen – doch stattdessen erschallen von dort die Alarmglocken.

Als er sich mit seinen Männern nähert, schleudern ihnen die Wachen und die Prioren Steine und andere Wurfgeschosse entgegen, sodass sie zurückweichen müssen.

In der Sakristei des Doms ruft Lorenzo derweil fast hysterisch nach seinem Bruder. Einer seiner Anhänger steigt über eine Leiter zur Orgelempore hinauf, um die Lage zu erkunden. Er erblickt Giuliano de' Medici in einer riesigen Blutlache – und bewaffnete Klienten der Medici, die inzwischen vor der Sakristei eingetroffen sind.

Die Lage scheint sicher zu sein.

Seine Männer geleiten Lorenzo aus der Sakristei, wobei sie den Weg so wählen, dass er den Leichnam im Kirchenschiff nicht sieht. Niemand hat es bislang gewagt, ihm vom Tod des Bruders zu berichten. In wenigen Minuten sind die Männer im Palazzo Medici. Hier sammeln sich weitere Anhänger. Noch ist vollkommen unklar, wem die Stadt in diesem Augenblick gehört. Doch das Schicksal Giulianos lässt sich nun nicht länger verheimlichen.

„Meine allererlauchtesten Herren", kritzelt Lorenzo hastig auf ein Papier, „gerade eben wurde mein Bruder Giuliano ermordet, und meine Stellung ist in höchster Gefahr. Jetzt ist die Stunde gekommen, meine Herren, eurem Diener Lorenzo zu Hilfe zu eilen. Schickt möglichst schnell alle Truppen, die Ihr entbehren könnt,

An Feiertagen ziehen Prozessionen aus dem Dom. An einem Sonntag des Jahres 1478 indes wird das Gotteshaus zum Ort eines Verbrechens

damit sie meiner Stellung Schild und Sicherheit sind, wie sie es immer waren. Euer Diener, Lorenzo de' Medici."

Ein Eilbote reitet mit dieser Depesche nach Mailand, auf dass der Sforza-Herzog möglichst rasch Soldaten kommen lasse. Es ist früher Nachmittag.

Ungefähr zu der Zeit, in der Lorenzo Soldaten erbittet, kehren andernorts in der Toskana jene Armbrustschützen des Papstes um, auf deren Hilfe die Verschwörer gesetzt haben. Heute ist nicht mehr herauszufinden, warum sie dies tun.

Wahrscheinlich vernehmen sie, vielleicht schon in Sichtweite von Florenz, die Alarmglocken und schließen daraus, dass die Ermordung der Medici gescheitert sein muss. Gut möglich zudem, dass eben dieser Alarm die Bauern in der Nähe der Armbrustschützen zu den Waffen greifen lässt.

Die Männer vom Land werden, wenn in Florenz Alarm gegeben wird, alle fremden Soldaten, die plötzlich bei ihnen auftauchen, als Feinde attackieren. Jedenfalls scheinen die Söldnerführer nicht gewillt zu sein, das Leben ihrer Männer in einem zweifelhaften Umsturz zu riskieren.

Allmählich erkennt Jacopo de' Pazzi, dass die Armbrustschützen des Papstes nicht kommen werden. Zugleich kann er den Palazzo della Signoria nicht erobern. Und er muss auch erfahren haben, dass Lorenzo nicht tot ist, ja dass er Bewaffnete um sich schart.

Jacopo de' Pazzi, der erfahrene Spieler, verliert die Nerven. Mit einigen Anhängern reitet er zum Tor von Santa Croce und flieht aus Florenz. Es ist der Nachmittag des 26. April. Das Mordkomplott der Pazzi ist gescheitert.

Und die Rache der Medici wird fürchterlich sein.

NOCH AM NACHMITTAG werden die bewaffneten Helfer der Pazzi im Palazzo della Signoria erschlagen oder lebendigen Leibes aus den Fenstern der oberen Stockwerke auf den Platz geschleudert – wo ein Mob, der inzwischen zusammengelaufen ist, die Leichen schändet. Francesco de' Pazzi wird nackt aus seinem Palazzo gezerrt und zur Signoria geschleift. Dort knüpft man ihn ohne Prozess an einem steinernen Fensterkreuz auf.

Auch einige Mitverschwörer hängen in den Fenstern. Der prominenteste ist der Erzbischof von Pisa, der sich nach einem Augenzeugenbericht im Todeswürgen in die Brust des neben ihm baumelnden Francesco de' Pazzi verbeißt.

In den folgenden Tagen treiben Klienten Lorenzos und Agenten der Otto systematisch die meisten Häupter der Verschwörung zusammen. Messer Jacopo wird am Tag nach dem gescheiterten Anschlag von Bauern in einem toskanischen Bergdorf gefasst, so schwer zusammengeschlagen, dass er nicht mehr gehen kann, nach Florenz zurückgebracht und am Tag darauf am Fenster des Palazzo della Signoria gehängt. Später schreitet niemand ein, als dessen Leichnam von einem Haufen schrecklich heiterer Jungen stundenlang geschändet wird.

Die beiden Geistlichen, die Lorenzo erdolchen wollten, werden bei den Benediktinern entdeckt, aus dem Kloster gezerrt, vom Mob verstümmelt und aufgeknüpft.

Und selbst Bandini Baroncelli – den Mann, der den ersten Stich führte – fassen die Häscher. Bis Konstantinopel zum Hof des Sultans ist er geflohen, doch die Diplomaten von Florenz erreichen bei dem Osmanenherrscher die Verhaftung und Ausweisung des Attentäters. Am 29. Dezember 1479 hängt auch er an einem Fensterkreuz – in wallenden türkischen Gewändern, um seine Schande noch zu erhöhen. Unten in der gaffenden Menge steht Leonardo da Vinci und zeichnet den Gehenkten.

In den Tagen nach dem Attentat werden, wie Niccolò Machiavelli später schreibt, „so viele Mordtaten verübt, dass die Straßen voll zerrissener Glieder lagen". Wohl 100 Männer lassen ihr Leben – darunter Pazzi, deren einziges Verbrechen darin besteht, dass sie Brüder oder Vettern der Verschwörer sind. Lorenzo ist entschlossen, die rivalisierende Familie auszulöschen. Wer von den männlichen Pazzi nicht erschlagen oder erhängt wird, der schmachtet im Kerker oder muss ins Exil.

Nach dem Anschlag eilen die Verschwörer zum Palazzo della Signoria (links), um dort die Regierung zu übernehmen

Agenten der Prioren und der Otto beschlagnahmen die Geschäftsbücher der Pazzi und versiegeln deren Anwesen. In den folgenden Monaten wird das riesige Vermögen der einstigen Medici-Rivalen penibel registriert – und dann zugunsten der Republik Florenz und der Gläubiger der Pazzi versteigert. Lorenzo selbst sichert sich, welch Triumph, einige der schönsten Schätze seiner Feinde.

Doch selbst Tod und Ruin seiner Gegner reichen Lorenzo noch nicht – ausgelöscht werden soll der Name der Pazzi, in den Schmutz gezerrt für immer ihr Andenken. Lorenzos Anhänger setzen demütigende Gesetze durch: Alle noch freien Pazzi – es sind nur noch entfernte, vergleichsweise arme Verwandte – müssen Namen und Familienwappen ablegen und neue wählen; alle Wappen sollen zerstört werden, wer ein neues Pazzi-Wappen herstellt, dem droht eine hohe Geldstrafe.

Heiratet ein Florentiner eine Nachfahrin des Vaters von Jacopo de' Pazzi, dann verliert er automatisch seine Wählbarkeit. So zeigen die Medici, dass sie jeden, der eine Pazzi ehelicht, fortan für einen Feind halten – was es allen Frauen aus der unterlegenen Sippe praktisch unmöglich macht, einen Gatten zu finden.

Per Gesetzesbeschluss erhält die „Ecke der Pazzi" einen neuen Straßennamen.

Einige Pazzi und andere Attentäter werden an den Fenstern des Palazzo della Signoria aufgehängt – auch Bernardo Bandini Baroncelli, einer der Mörder Giuliano de' Medicis. Bis zum Hof von Konstantinopel ist er geflohen, doch der Sultan liefert ihn aus. 1479 wird er gehenkt: in türkischer Kleidung, um die Schande noch zu erhöhen. Leonardo da Vinci ist Augenzeuge der Exekution und skizziert den Toten in seiner exotischen Tracht

Ohne Gnade vernichtet »der Prächtige« nach der Niederschlagung des Komplotts Verschwörer und Verdächtige, rund 100 Menschen sterben. Der Maler und Kunsthistoriker Giorgio Vasari verherrlicht ein Menschenalter später Lorenzo de' Medici als vergötterten Herrscher: umringt von Freunden, Bittstellern, Verehrern und gepriesen von Vertretern aller Erdteile

Und selbst Goldmünzen, welche die Pazzi zu ihrer Zeit als Münzmeister der Stadt hatten prägen und mit ihrem Wappen verzieren lassen, werden eingeschmolzen.

Einzig an einer Stelle wollen die Medici die Pazzi, den Erzbischof von Pisa und einige andere Verschwörer verewigt sehen: an den Wänden des Palazzo della Signoria. An solchen öffentlichen Plätzen werden von alters her die Porträts von Bankrotteuren und anderen, die Schande über sich gebracht haben, auf die Mauern gemalt, damit sie zum Gespött ihrer Mitbürger werden. Lorenzo persönlich ordnet an, die Pazzi und

NACH DEM ATTENTAT IST LORENZO MÄCHTIGER DENN JE

ihre Helfer an diese Schandmauer so lebensecht wie möglich malen zu lassen – sein mit 40 Florin dotierter Auftrag geht an Sandro Botticelli. Noch Jahre später werden die Porträts von Jacopo de' Pazzi und seinen Mitverschwörern sichtbar sein: langsam verblassende Gespenster einer düsteren Zeit.

Der Papst ist außer sich. Zwar schont Lorenzo den jungen, ahnungslosen Kardinal Riario und lässt ihn nach einigen Wochen frei, doch dem Großneffen von Sixtus IV. wird Zeit seines Lebens, so überliefern Chronisten, die Blässe der Todesangst aus jenen Tagen im Gesicht bleiben. Der Heilige Vater ruft Söldnerführer und den König von Neapel zum Krieg gegen Florenz, in dessen Mauern ein Erzbischof aufgeknüpft worden ist, er schleudert einen Kirchenbann gegen die ganze Stadt, er lässt Florentiner Geschäftsleute in Rom verhaften. Söldnerheere des Papstes und des Königs stehen nur Wochen nach dem Attentat etwa 30 Kilometer vor Florenz.

Und doch siegt am Ende Lorenzo: Der König von Neapel verliert die Lust am Krieg, je länger der Feldzug dauert. Sollte nämlich Florenz tatsächlich entmachtet werden, dann, so befürchtet er schließlich, werde der Papst bedrohlich erstarken. Der König lässt seine Söldner nicht weiter vorrücken.

Und dem Heiligen Vater fehlt das Geld, um allein die Soldaten anzuwerben, die nötig wären, die Republik am Arno zu unterwerfen. Ohne Verbündete kann er nicht gewinnen. So begnügt sich Sixtus IV. schließlich mit einer Geste: Abgesandte aus Florenz erscheinen in Rom, bitten demütig um Vergebung – die ihnen der Papst anschließend auch gewährt.

AUCH IM INNEREN SICHERT Lorenzo seine Macht: Seine schärfsten Rivalen sind besiegt. Da sein Bankhaus durch den langen Konflikt mit dem Papst und durch eine Wirtschaftskrise geschwächt ist, bedient er sich aus dem Vermögen der Pazzi – und aus der Staatskasse von Florenz, die durch den kostspieligen Krieg gegen den Papst und den König von Neapel so in Unordnung geraten ist, dass sich selbst riesige Unterschlagungen vertuschen lassen.

„Dieser Pazzi-Aufstand hob seinen Namen und sein Vermögen in solcher Weise", notiert ein Florentiner Chronist über den Herrn der Medici, „dass es, wenn man so sagen will, ein überaus glücklicher Tag für ihn war! Sein Bruder Giuliano, mit dem er seinen Reichtum hätte teilen müssen, starb, und so fiel ihm der gesamte Besitz zu. Seine Feinde wurden kraft der Regierung glorreich beseitigt."

Für die Macht opfert Lorenzo auch weiterhin gewaltige Summen – und sogar das Glück seiner Kinder. Als Sixtus IV. 1484 stirbt, söhnt sich Lorenzo mit dessen Nachfolger Innozenz VIII. aus.

Der neue Papst hat einen illegitimen Sohn, der trotz seiner 37 Jahre und des vom Vater verliehenen Grafentitels allerorts nur verächtlich Franceschetto genannt wird, „Fränzchen". Der ist „fett, langweilig, ständig betrunken", berichtet ein Augenzeuge.

Diesem Papstsohn, einem hemmungslosen Spieler, dient Lorenzo seine geliebte Tochter Maddalena als Ehefrau an – da ist sie 13 Jahre alt.

Aus Sicht des Patriarchen zahlt sich dieses Opfer aus. Dankbar erhebt Innozenz VIII. Lorenzos Sohn Giovanni zum Kardinal. Als Leo X. wird dieser 1513 zum ersten Pontifex der Medici.

DOCH DAS ERLEBT LORENZO nicht mehr. Denn Verschwörer und äußere Gegner mag Lorenzo besiegen, nicht aber den Feind in seinem eigenen Körper. Am 8. April 1492 stirbt der 43-Jährige, den das Volk noch immer „den Prächtigen" nennt, gequält von Gichtschmerzen in Gelenken und Knochen, im Magen, im ganzen Körper. An seinem Totenbett wacht Savonarola, der düstere Predigermönch, den Lorenzo selbst noch nach Florenz berufen hat.

Nur zu bald wird der Geistliche mithelfen, die ebenso kunstvolle wie anfechtbare Herrschaft der Medici, deren Geflecht Lorenzos unfähiger ältester Sohn und Erbe Piero nicht durchschaut, wie einen bösen Spuk zu vertreiben.

Die überlebenden Pazzi kehren ab 1494 nach Florenz zurück, werden sogar rehabilitiert. Von der einst so stolzen und mächtigen Sippe künden heute jedoch nur noch ihre Bauten.

Denn alle Porträts von Messer Jacopo de' Pazzi, von dessen Vorfahren, Neffen und allen anderen Verwandten hat Lorenzo nach dem Attentat vernichten lassen.

Wie viele Meisterwerke mag Lorenzo zerstört haben? Oder ließ der berühmteste Medici, der Prächtige, der große Mäzen, der Kunstkenner, nur die Namen der Dargestellten von den Bildern tilgen und die Wappen der Pazzi auf den Porträts übermalen?

Mag also sein, dass manches rätselhafte, anonyme Renaissancebildnis, das bis heute in einem der großen Museen die Zeiten überdauert hat, einen Pazzi darstellt – ein Mitglied jener Familie, die es gewagt hat, sich der Macht der Medici entgegenzustellen.

Die Justiz macht sich zuweilen selbst grausamer Ungerechtigkeiten schuldig – wie bei der Jagd auf vermeintliche Hexen. Merga Bien ist eine angesehene Fuldaer Bürgerin, bis sie im Jahr 1603 plötzlich angeklagt wird. Sie soll Menschen vergiftet haben, mehrere Zeugen versichern, sie könne fliegen. Und so wird sie das Opfer einer fanatischen Verfolgung

— TEXT: **CONSTANZE KINDEL**

SATAN

SWEIB

Um gemeinsam Satan zu huldigen, fliegen Hexen auf Besen, Ziegenböcken oder Forken zu ihren Treffen, so der Volksglaube, der um 1430 aufkommt. Die Schwarzmagierinnen feiern demnach mit dem Teufel (vorn links) Orgien und wollen durch bösen Zauber die Christenheit zerstören (Kupferstich, um 1626)

DER TAG, DER MERGA BIENS LEBEN IN ZWEI UNGLEICHE HÄLFTEN TEILT – in vielleicht 38 Jahre und einen letzten Sommer –, kommt im Juni 1603. Bis zu diesem Tag ist ihr Leben eines, das kaum Spuren hinterlässt, eines wie tausend andere ihrer Zeit. Bis zu diesem Tag ist Merga Bien eine Frau wie viele, nicht arm, nicht reich, vielleicht ein wenig bessergestellt als die meisten.

Und nun plötzlich: eine Ausgestoßene, mit dem Teufel im Bunde, eine tödliche Bedrohung, die zum Besten der Gemeinschaft, zum Schutz der ganzen Christenheit von der Erde getilgt werden muss.

An diesem 19. Juni 1603 lässt der Fuldaer Hexenrichter Balthasar Nuß die Ehefrau des ehrbaren Bürgers Blasius Bien verhaften, um sie als Hexe anzuklagen.

Weil die Gefängnisse überfüllt sind, sperrt man sie in eine Art Hundehütte. Auf allen vieren muss Merga Bien da hineinkriechen. Nicht einmal aufrecht stehen kann sie darin, keinen Arm ausstrecken, kaum das Ungeziefer abschütteln, das sich in Haaren und Kleidern festsetzt.

Den Hexen verleiht Satan magische Kräfte, heißt es. Und sie, die eine von ihnen sein soll, ein Teufelsweib, verschworen, die Welt zu vernichten, ist wehrlos gegen Flöhe und Läuse. Gefangen wie ein Tier im Käfig. Enge und Angst schnüren die Luft ab. Und die Ahnung von dem, was kommt.

Der Vorwurf der Hexerei führt für viele Verdächtige zum Tod. Einem grausamen Tod, entsetzlicher als alle Strafen für geringere Verbrechen. Hexen hängen nicht am Galgen, Hexen brennen.

Hat sie ihn kommen sehen, diesen Tag? Merga ist keine Fremde, keine Außenseiterin. Keine, die anders ist auf den ersten Blick, die Misstrauen weckt, verachtet wird, gehasst oder gefürchtet.

Albrecht Dürer schafft mit diesem Kupferstich um 1500 eines der ersten Bildnisse einer Hexe. Zu dieser Zeit setzt sich die Überzeugung durch, dass vor allem Frauen der teuflischen Sekte angehören, weil sie vom Satan einfacher zu beeinflussen seien

ANFANGS GELTEN AUCH

Aber das spielt keine Rolle. Denn es kann jede treffen.

Das Leben, aus dem die Hexenanklage Merga Bien herausreißt, ist ein gewöhnliches Leben. Um 1565 wird sie in Fulda geboren, als Tochter eines Gerbers. Das Handwerk der Löher, der Rotgerber, gilt als unrein, sie siedeln außerhalb der Stadtmauern, zumal sie dort Zugang zu dem Wasser haben, das sie für ihre Arbeit benötigen.

An ihren Werkstätten haftet der Gestank von Fett und Fleischresten, die sie von den rohen Häuten schaben. Die giftig verseuchten Abwässer der Gerbereien fließen in die Gräben hinter ihren Häusern, rot gefärbt von der Lohe, der gemahlenen Eichenrinde, mit der sie das Rindsleder bearbeiten.

In der Nähe der Häuserreihen zu beiden Seiten der Löhergasse ist Fuldas größte Vorstadt entstanden. Hier wächst Merga auf, vor dem Kohlhäuser Tor, das sich zur Fernstraße zwischen Frankfurt und Leipzig öffnet, über die im Sommer wie im Winter die Fuhrwerke der Händler ziehen und in Kriegszeiten die Heere.

MERGA KOMMT NICHT AUS EINEM ARMEN ELTERNHAUS. Die Arbeit der Löher ist nicht sehr angesehen, aber einträglich, viele von ihnen haben es zu Wohlstand gebracht, und sie verfügen über Einfluss in Fulda, einer Stadt der Handwerker, nicht der Kaufleute. Die Lohgerber gehören zu den acht großen Zünften, die im Rat der Stadt vertreten sind.

Die meisten Handwerker bewirtschaften nebenbei Äcker und Gärten und halten Vieh. Mergas Vater erntet mehr, als er braucht, um den eigenen Haushalt zu versorgen. Er verdient gut mit dem Bauernhandel, den er neben der Gerberei betreibt. Seiner Tochter gibt er eine großzügige Mitgift. Der Mann, den Merga heiratet, ist ein alter Witwer, Wilhelm Franck, ein Weißgerber.

Mergas Heirat bedeutet keinen Schritt in die Selbstständigkeit. Ein selbstbestimmtes Leben ist für Frauen ihrer Zeit nicht vorgesehen. Frauen aller Stände und Schichten, Adel oder Bürgertum, arm oder reich, stehen unter der Vormundschaft ihrer Väter oder Ehemänner. Mit der Heirat geht die Gewalt über sie von einem Mann auf einen anderen über.

Verheiratete Frauen stehen unter dem Schutz ihrer Ehemänner, sie schulden ihnen Gehorsam. Von Frauen der unteren Schichten wird erwartet, dass sie ihren Lebensunterhalt durch Arbeit selbst verdienen, aber Unabhängigkeit ist unerwünscht. Alleinstehende Frauen müssen mit Argwohn und Verachtung rechnen, ihr Leben gilt als Verstoß gegen die natürliche Ordnung der Dinge.

Nicht lange nach der Hochzeit stirbt Wilhelm Franck. Merga Bien hinterlässt er etwas mehr als 50 Gulden, in etwa so viel, wie der Fuldaer Stadtschreiber in einem Jahr verdient. Wahrscheinlich erbt sie auch die Weißgerberei und führt sie mit einem jungen Gesellen weiter.

Bald darauf heiratet sie erneut, den Krämer Christoph Orth. Mit ihm bekommt Merga zwei Kinder – doch wenig später ist sie wieder allein: Kurz nacheinander hat sie Mann und Kinder verloren an eine namenlose Krankheit.

In kaum fünf Jahren zweimal verwitwet, zwei Kinder geboren und begraben: ein schweres Schicksal, aber kein seltenes in einer Zeit, in der die Menschen daran gewöhnt sind, dass der Tod plötzlich kommt und unergründlich, und daran, auf Gottes Willen und Trost zu vertrauen.

Viele Kinder sterben noch vor ihrem ersten Geburtstag, in reichen Familien fast genauso häufig wie in armen. Kaum die Hälfte lebt bis ins Erwachsenenalter. Manche Frauen bringen über die Jahre insgesamt 20 Kinder zur Welt. Aber in den wenigsten Familien werden mehr als drei oder vier Kinder groß. Und jede vierte, fünfte neu geschlossene Ehe ist eine Wiederverheiratung von Verwitweten.

Um 1587 heiratet Merga ein drittes Mal. In den Jahren darauf folgt sie ihrem Ehemann von Ort zu Ort: Blasius Bien tritt 1591 in Michelsrombach, 15 Kilometer nördlich von Fulda, den Dienst als Schultheiß an, zuständig etwa für das Eintreiben von Abgaben für die Obrigkeit. Wenig später arbeitet er im gleichen Amt in der Nachbargemeinde Hünfeld, und im Jahr 1595 wird er von den Herren von Schlitz, den lokalen Adeligen, zum Samtschultheiß befördert. Er ist jetzt für ein größeres Gebiet zuständig und beaufsichtigt Untergebene.

Weshalb er schließlich den Dienst quittiert, ist unbekannt, vielleicht im Streit um eine Rechnung. Und womöglich macht er sich damit einflussreiche Feinde – Johann Eustachius von Schlitz ist einer der mächtigsten Männer im Fürstentum, zu dem Fulda gehört. Später wird er zu den vielen Zeugen zählen, die Merga der Hexerei beschuldigen.

MÄNNER ALS HEXEN

Das Ehepaar Bien zieht zurück nach Fulda, in eine der engen Gassen im Schatten der Burg. Von der dunklen Festung aus gebietet der Landesherr, der Fürstabt, über sein Territorium, das Hochstift Fulda, das aus Stadt und Umland besteht. Der Kaiser hat die Äbte des an die Burg grenzenden Benediktinerklosters zu Reichsfürsten erhoben.

Verdient Blasius Bien auch in Fulda sein Geld als Beamter in der Verwaltung? In jedem Fall ist er nach den Maßstäben seiner Zeit ein wohlhabender Mann. In Michelsrombach gehört ihm ein Hof, auch in Hünfeld hat er Land gekauft.

VOM ANSEHEN, DAS MERGA UND BLASIUS GENIESSEN, zeugen auch Fuldas Kirchenbücher, die Merga in den Jahren ihrer dritten Ehe gleich viermal als Taufpatin ausweisen. Die Aufgabe, ein Kind im Sinne der Kirche durchs Leben zu begleiten, wird nicht leichtfertig vergeben. Die meisten Eltern wählen zu Paten ihrer Kinder Männer und Frauen, die ihnen überlegen sind an Vermögen, Rang und Status. Und die Paten übernehmen ihr Amt mit Stolz, als Ausweis ihrer Geltung.

Wer würde eine Frau zur Patin seines Kindes bestimmen, von der es heißt, sie sei der Hexerei schuldig? Die im Ruf steht, sich Satan verschrieben zu haben?

Und so muss die Nachricht von Mergas Verhaftung im Sommer 1603 viele in Fulda treffen wie ein Schlag aus dem Nichts, unvorhersehbar, mit jäher Wucht.

Aber der Hexenrichter hat Zeugen für seine Anklage. Gleich drei Frauen aus Fulda, die er als Hexen hat verhaften lassen, haben unter der Folter ausgesagt, dass Merga Bien eine von ihnen ist. Hat der Richter ihnen womöglich Mergas Namen vorgesagt? Balthasar Nuß ist bekannt dafür, dass er Gefangene unter der Tortur drängt, andere zu belasten.

In der Dunkelheit schickt der Hexenrichter seine Knechte aus, die in den Gassen laute Drohungen verkünden gegen Menschen, die es als Nächste treffen wird, die bald geholt und gefoltert werden sollen. Und ihre Drohungen werden wahr – unausweichlich, als könnte der Richter voraussagen, gegen wen er Beweise finden wird. Als wüsste er, wen die Gefolterten in ihren Geständnissen bald als Mitschuldige nennen werden, als Hexen wie sie.

Zudem machen seine Helfer alle Aussagen, die er erpresst, überall bekannt. Um den Ruf der Gefolterten und anderer, die sie beschuldigen, zu zerstören, noch bevor sie verurteilt sind. Um Angst zu verbreiten in der Stadt.

Die Menschen in Fulda haben also jeden Grund, Balthasar Nuß zu fürchten.

Dabei ist die Zauberei seit Jahrhunderten in den Gesellschaften des Abendlandes in allen Schichten allgegenwärtig, gibt es selbst an Fürstenhöfen kaum jemanden, der nicht wenigstens irgendwann einmal in irgendeiner Notlage auf Magie vertraut hätte. Zauber sollen Unglück aller Art abwenden, Brände bannen, Geburten schützen, Krankheiten heilen bei Vieh und Mensch.

Truhen werden dafür mit Segenssprüchen bemalt, Pentagramme in Türen geritzt, Papierzettel mit Zauberformeln versehen, Amulette unter der Schwelle vergraben. Wahrsager lesen aus Spiegeln und Kristallkugeln, aus Handflächen oder dem Sternenhimmel.

Lange Zeit stand Magie für die meisten Menschen nicht im Widerspruch zu ihrem christlichen Bekenntnis: Wenn sie dem Guten diente, so glaubten sie, wirke sie nicht anders als die Anrufung mancher katholischer Heiliger, die Wünsche gewähren gegen Gebete oder eine Kerzenspende.

Und christliche Symbole, wie etwa das Kreuz, sollten ebenfalls gegen Schadenzauber schützen.

SOLANGE BESCHWÖRUNGEN UND ZAUBER für das Gute eingesetzt wurden, schien es daher keinen Grund zu geben, sie nicht zu tolerieren. Aber auch den Personen, die verdächtig waren, Zauberpraktiken auszuüben, die Schaden anrichten, drohte fast nie Bestrafung.

In vielen Dörfern lebten Familien, die über Generationen als zauberkundig galten. Vermeintlich Geschädigte forderten von ihnen Wiedergutmachung oder die Aufhebung eines Zaubers – die Obrigkeit aber riefen sie nicht zu Hilfe.

Inzwischen denken die Menschen jedoch anders über Taten der Schwarzen Magier. Sie sehen in ihnen nicht mehr Einzelne, die Übernatürliches vollbringen können, sondern eine Verschwörung vieler: von Hexen.

Von den Tälern der Westalpen aus hat sich seit etwa 1430 unter Gläubigen und Theologen die Angst vor einer Sekte ausgebreitet, deren überall verstreute Anhänger Schadenzau-

ES KANN BALD JEDE

ber anwendeten, sich dem Satan verschrieben hätten und gemeinsam das Christentum bedrohten.

Bald gibt es die ersten Prozesse gegen die vermeintlichen Teufelsanbeter. In der Lehre von der Hexensekte verschmelzen die Feindbilder von teufelshörigen Ketzern und brunnenvergiftenden Juden – sowie uralte Vorwürfe von Ritualmorden und geheimen nächtlichen Zusammenkünften.

Unwetter, schlechte Ernte, tödliche Krankheit oder Kinderlosigkeit: Alle Not lässt sich nun als Werk der Hexen erklären.

Auf Besen oder Ziegenböcken, so heißt es, fliegen sie zu ihren Treffen, bei denen sie dem Antichrist huldigen. Die Zusammenkünfte gipfeln in Banketten, bei denen Kinder verschlungen werden, und enden mit Orgien.

Anfangs trifft die Hexenverfolgung Männer ebenso wie Frauen. Bis sich um 1490 ein Traktat des deutschen Inquisitors Heinrich Kramer verbreitet: der „Hexenhammer", eine Abhandlung über die Hexenlehre. Kramer, päpstlicher Beauftragter für die Hexenverfolgung in zahlreichen süddeutschen Bistümern, beruft sich auf verschiedene Autoren des Mittelalters und erklärt Frauen für anfälliger für die Versuchungen des Teufels.

Denn sie seien von Natur aus schwächer, leichter zu beeinflussen, aufsässig auch und darauf bedacht, Männern zu schaden.

Der „Hexenhammer" ist ein Buch mit fataler Wirkung: In der Zeit nach seinem Erscheinen werden in Mitteleuropa insbesondere Frauen als Hexen hingerichtet.

Für die Prozesse sieht Kramer allerdings weniger kirchliche Tribunale als weltliche Gerichte für zuständig an. Wenn der Zauber der Hexen Menschen tatsächlich und sichtbar schade, ihrer Gesundheit, ihrem Leben, ihrem Eigentum, müssen dann nicht weltliche Richter ihr Tun verhandeln?

Vor allem aber: Vor den Inquisitionstribunalen haben reuige Sünder, anders als vor den weltlichen Richtern, Anspruch auf Milde und Vergebung. Kramer aber will, dass die Zauberinnen mit dem Tod bestraft werden – und tatsächlich obliegt im Reich der deutschen Kaiser die Verantwortung für den Kampf gegen die Hexen zu dieser Zeit bereits fast ausschließlich der weltlichen Justiz.

Anfangs fordern die Strafgesetze den Tod durch Verbrennen nur dann, wenn durch einen Zauber nachweislicher Schaden eingetreten ist. Aber bald lassen einige Landesfürsten im

Ob schlechte Ernten oder Kinderlosigkeit: Jede Art von Unglück wird auf das Treiben der Hexen zurückgeführt. Und so gibt es bald Zehntausende von Beschuldigten. Dieser Holzschnitt von 1510 zeigt vermutlich, wie zwei der Magierinnen Unwetter herbeizaubern

FRAU TREFFEN

Die bei Ketzern üblichen Foltermethoden wenden die Richter auch auf vermeintliche Hexen an: Peitschenhiebe etwa, die Streckbank, das Aufziehen am Seil. Denn die zumeist weltlichen Gerichte, die die Verfolgung der Schwarzmagierinnen übernehmen, führen die Prozesse nach dem Vorbild der kirchlichen Inquisition

CIA

Reich die Paragrafen gegen Hexerei verschärfen – etwa um sich im mittlerweile tobenden Krieg der Konfessionen besonders hervorzutun.

Denn inzwischen ist nach Martin Luthers Thesen von 1517 das Zeitalter der Reformation angebrochen, und in Mitteleuropa hat ein Ringen protestantischer und katholischer Fürsten um die religiöse Vorherrschaft begonnen. Nun gilt in etlichen Regionen beider Seiten nicht mehr allein ein erfolgter Schadenzauber als strafbar – sondern schon der Pakt mit dem Teufel, der Abfall von Gott.

Ob jemand mit dem Satan paktiert oder an einem Hexensabbat teilgenommen hat, lässt sich mit Indizien aber kaum beweisen. Daher erklären die Juristen in den deutschen Landen die Hexenprozesse zu Sonderverfahren. Die weltlichen Gerichte nehmen sich dabei die Ketzerprozesse der Inquisition zum Beispiel, die Geständnisse und Beschuldigungen gegen andere mit vorgefertigten Fragenkatalogen und Folterungen erzwingen können. Auch Feinde der Angeklagten dürfen als Zeugen angehört werden sowie Personen mit schlechtem Leumund.

Wer der Hexerei beschuldigt wird, hat nur wenige Möglichkeiten, sich zu verteidigen oder gegen ein Urteil Berufung einzulegen. Und es droht Folter, die grausamer ist und länger dauert als alle Torturen, die in gewöhnlichen Verfahren erlaubt sind. Justizirrtümer in Hexenprozessen, so ein Bischof, würde Gott sicher nicht zulassen.

Im Fall Merga Bien sammelt Hexenrichter Balthasar Nuß nun Aussage um Aussage, türmt immer neue Beschuldigungen auf für seine Anklage.

Eine Magd hat bei vornehmen Leuten erzählt, dass Merga als Witwe nachts Besuch bekam von einem jungen Gesellen, mit dem sie Unzucht getrieben haben soll.

Johann Hartmann, der nach Blasius Bien der Schultheiß war im Ort Michelsrombach, sagt aus, ihm seien nach dem Wegzug der Biens zwei Kühe gestorben und ein weiteres Tier sei krank geworden.

Ein Bader und ein Müllersknecht aus Hünfeld behaupten, gesehen zu haben, wie Merga über den Stadtgraben geflogen sei. Ein Dritter hat beobachtet, wie sie beim Flugversuch mit einem Rechen in eine Hecke gefallen sei und sich an der Hand verletzt habe.

Der mächtige Johann Eustachius von Schlitz erklärt, Merga Bien habe ihm eine schwere Krankheit zugefügt. Und den Tod ihres zweiten Ehemanns sowie ihrer beiden Kinder soll sie selbst herbeigeführt haben, mit Giftmischerei, einer Zaubersalbe.

Die Folter darf in Hexenprozessen länger dauern und schwerer sein als bei gewöhnlichen Verfahren, weil Schwarze Magie als besonders abscheuliches Verbrechen gilt. Doch immer mehr Kirchenmänner bezweifeln, dass die Qual und der Tod so vieler Beschuldigter wirklich in Gottes Sinne sein kann

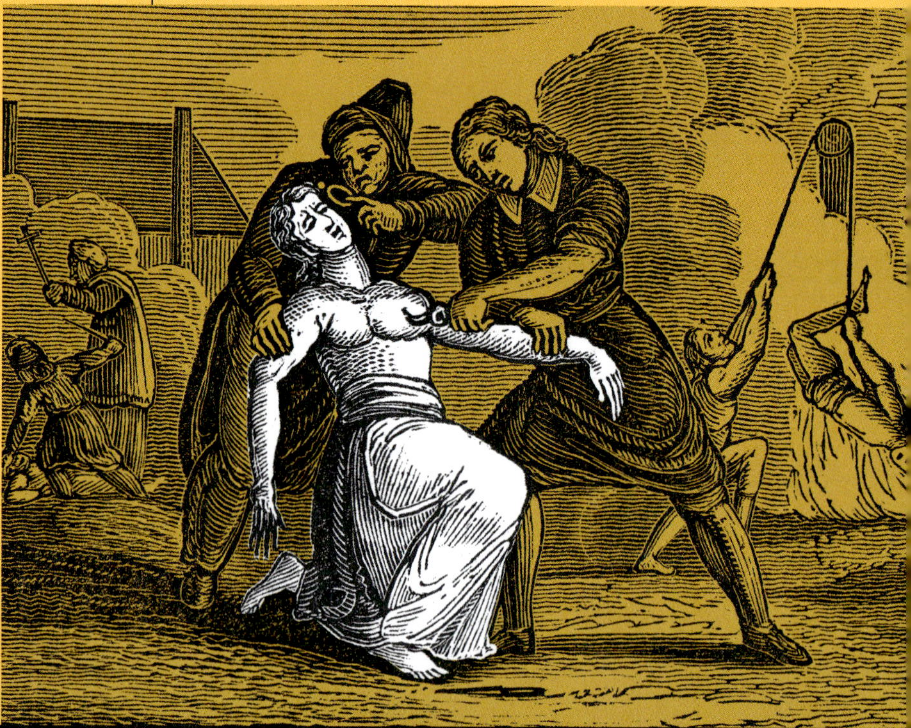

DER VATIKAN MAHNT

Merga Bien ist eine von Unzähligen, gegen die sich plötzlich solche Vorwürfe auftun. In vielen Regionen wenden sich Nachbarn, ganze Gemeinden gegen Frauen aus ihrer Mitte. Erkennen in einer der ihren den ärgsten Feind.

Die Theologen haben die Hexenlehre geschaffen, die weltlichen Gerichte Anklage und Aburteilung übernommen. Ihren Verfolgern ausgeliefert aber werden die Hexen von Menschen, mit denen sie leben.

DIE ZEIT DER MASSENPROZESSE beginnt lange nachdem der Glaube an die Hexensekte in den Köpfen festgefügt ist. Um das Jahr 1560 bricht sie an, quer durch Europa, vielleicht 50 000 Menschen wird sie bis Mitte des 17. Jahrhunderts das Leben kosten. Fast die Hälfte der Hinrichtungen entfällt auf die Regionen, die heute in Deutschland liegen. Die letzte angebliche Hexe stirbt 1782 in der Schweiz.

In Südfrankreich hingegen, in Spanien und Italien, den Machtzentren der Inquisition, ist die Hexenverbrennung nur eine Randerscheinung, weil sie wenig mit tatsächlicher Andersgläubigkeit zu tun hat. Die Kirchenoberen im Vatikan äußern zunehmend Zweifel an der Massenverfolgung der Hexen, fordern gar Mäßigung. Aber im konfessionell zersplitterten Mitteleuropa hört man nicht auf sie.

Die ersten besonders schweren Verfolgungswellen gibt es in katholischen wie protestantischen Gebieten um 1590 – in einer Zeit, die wie kaum eine andere nach Erklärungen, nach Schuldzuweisungen verlangt.

Denn über Mitteleuropa hat sich die Kälte der Kleinen Eiszeit gelegt, eine anhaltende Klimaverschlechterung, mit harten Wintern und Frost bis weit ins Frühjahr, mit kühlen, regennassen Sommern, Unwettern und Hagelstürmen, die ganze Ernten vernichten. Missernten machen das Lebensnotwendigste knapp und teuer. Der Mangel bringt Hunger, Krankheiten und Seuchen.

Das Leben ist unsicher, zerbrechlicher noch als sonst. Und die Menschen sind anfällig für die Art von existenzieller Angst, die auf Abwehr bedacht ist, die nach Sündenböcken sucht.

Am schwersten trifft der Wetterwandel im deutschsprachigen Raum die Weinregionen im Südwesten, da die Reben sehr witterungsanfällig sind. Hier wütet die Hexenverfolgung am schlimmsten.

IN JEDEM UNGLÜCK, das sie befällt, sehen die Menschen nun Schadenzauber. In Fehlgeburten, Viehsterben, dem Verlust von Hab und Gut. In vielen Gegenden wählen Dörfer Hexenausschüsse, die belastende Beweise gegen Verdächtige sammeln sollen. Oft gehen den Verdächtigungen jahrelange Spannungen, Konflikte, Rivalitäten voraus: Erbstreitigkeiten, Familienfehden, Auseinandersetzungen zwischen verfeindeten Nachbarn. Und vor allem sind es seit dem Erscheinen des „Hexenhammers“ Frauen, die unter Verdacht geraten.

Manche sind besonders gefährdet. Weil sie Fremde sind oder Außenseiterinnen, arm, alt, alleinstehend, weil sie auffallen durch ihr Äußeres oder ihr Verhalten. Weil sie, zufällig oder nicht, gerade in der Nähe sind, wenn das Schicksal sich für andere zum Schlechten wendet. So sind etwa unter denen, die als Hexen angeklagt werden, besonders viele Hebammen. In Aschaffenburg werden 1592 gleich drei hingerichtet.

Einer von ihnen wirft die Anklage Zauberei vor, nachdem bei einer Geburt, bei der sie helfen sollte, das Kind erst dann zur Welt kam, als nach Stunden Nachbarsfrauen eingriffen. Das Neugeborene war tot, aber äußerlich seltsam unversehrt.

Im Verhör gesteht die Hebamme, das tote Kind zu Zaubersalbe verarbeitet zu haben, auch wenn andere bezeugen können, dass es auf dem Kirchhof begraben worden ist. Die Angeklagte stirbt als Hexe. Ihre Nachfolgerin als Hebamme wird jene Frau, die sie beschuldigt hat.

In der süddeutschen Grafschaft Werdenfels steht 1589 die Bauernwitwe Elisabeth Schlamp aus Garmisch als Hexe vor Gericht. Sie ist über 80 Jahre alt und wohl auch wegen ihres seltsamen Äußeren verdächtig. Mit ihr verhaftet man ihre ledige Tochter sowie eine Zuwanderin aus Tirol.

Durch ihre Aussagen unter der Folter reißen die Frauen andere mit in den Tod. Binnen drei Jahren fallen in der Grafschaft 51 Menschen den Hexenverfolgungen zum Opfer.

Fast jede Beschuldigung zieht andere nach sich. Aus dem kleinsten Verdacht, den ein Einzelner hegt, kann eine

ZUR ZURÜCKHALTUNG

ganze Welle von Verfolgungen, Prozessen, Hinrichtungen erwachsen. Oft greift die Hexenjagd von einem Ort auf den nächsten über. Landesherren und ihre Behörden geben den Forderungen ihrer Bürger nach, die Hexen zu bekämpfen, um sich so als gute und gerechte Herrscher zu erweisen – und die Wut und Angst, die aus der Not gewachsen sind, einzudämmen und dem allbeherrschenden Wunsch zu folgen, Schuldige zu finden.

Manche der Herrscher treiben die Verfolgung aus tiefer Überzeugung selber voran, oder um ihre Macht zu sichern.

BESONDERS HEFTIG ERFASST DER HEXENWAHN GEBIETE, die zwischen dem katholischen und dem neuen protestantischen Glauben stehen, in denen die Menschen nach dem Willen ihres Herrschers die Religion wechseln mussten oder Grund haben zu fürchten, dass ihnen ein anderer Glaube aufgezwungen werden soll.

Das Hochstift Fulda ist eines dieser Territorien, die zwischen beiden Religionen schwanken. Die Mehrheit der Einwohner hängt den Lehren Luthers an, vor allem Angehörige der Oberschicht: Stadträte, Bürgermeister, Ritter mit Besitzungen im Umland der Stadt. Doch ihr Herr, der Fürstabt, ist katholisch.

Missernten, Hunger, Teuerungen machen hier zudem, wie anderswo im Reich, das Leben mühsam, erschweren die Versorgung von immer mehr Menschen.

Die Bevölkerung der Residenzstadt Fulda ist von 1570 bis 1600 von gut 5300 auf mehr als 6200 Menschen angewachsen und versucht nun, sich abzuschotten. Die Stadtoberen erschweren Fremden den Zuzug, Neubürgern den Eintritt in die Zünfte, neuen Familienverbänden den Zugang zur Macht, indem sie ihnen die Beteiligung am Stadtregiment verwehren. Auf den Dörfern nimmt die Zahl der Ärmsten, der Landlosen und Tagelöhner, immer weiter zu.

Auch in Fulda findet die Hexenangst also ihre Gründe – vor allem aber eine Obrigkeit, die gewillt ist, sie zu schüren. Hier trifft ein Richter, der sich an den Prozessen hemmungslos bereichert, auf einen Landesherrn, dem die Verfolgung zumindest gelegen kommt.

Der Hexenrichter Balthasar Nuß, Merga Biens Ankläger, ist ein Vertrauter des Fürstabts Balthasar von Dernbach, der mit missionarischem Eifer danach strebt, das Stift zum katholischen Glauben zurückzuführen. Nach seinem Amtsantritt im Jahr 1570 hat sich der Fürstabt schnell Feinde gemacht mit seinem Glaubenseifer, seinen hartnäckigen Bekehrungsversuchen. Bereits nach wenigen Jahren wird er von seinen Gegnern zur Abdankung gezwungen und erst 1602 nach zähen Verhandlungen um sein Territorium vom Kaiser als Regent wieder eingesetzt.

Der Hexenrichter Balthasar Nuß ist in dieser ganzen Zeit treu an der Seite des zwischenzeitlich entmachteten Landesherrn geblieben, belohnt mit Posten, zunächst als Oberförster und Stallmeister, schließlich als sogenannter Zentgraf, der den Vorsitz führt über die Gerichtsbarkeit des gesamten Bezirks.

Nuß sei nicht qualifiziert für sein Amt, heißt es unter den Räten am Hof, er habe nichts anderes gelernt in seinem Leben, als Sättel zu wischen, Pferde zu striegeln und ihren Mist aufzukehren. Und er gilt als Mann, der keine moralischen Bedenken kennt. Jahre zuvor hat er als Diener eines protestantischen Ritters in dessen Auftrag einen ehemaligen Pfarrer erschossen. Am Fürstenhof nennt man ihn „Lügen-Balzer".

SCHON SEIN VORGÄNGER IM AMT DES ZENTGRAFEN hat Hexen vor Gericht gebracht. Unter Nuß aber beginnt eine Verfolgungswelle, wie es sie in der Stadt so zuvor nicht gegeben hat. Die ersten Verhaftungen und Prozesse vor dem Stadtgericht in Fulda stützt er auf Beschuldigungen, die er an seinem früheren Dienstort erpresst hat – mithilfe der Folter.

Der Weg zum Geständnis führt über gebrochene Körper. Über Qualen, schlimmer als der Tod. Die blutigen Wunden, die ihre Tortur hinterlässt, die verrenkten Leiber, die berstenden Knochen gelten Richtern wie Balthasar Nuß als notwendige Folgen der Beweisfindung.

Der Gewalt, die Geständnisse hervorbringt, sind bei Hexen kaum Grenzen gesetzt. Und Nuß ist oft anwesend, wenn der Scharfrichter zur Marter anhebt.

Vier Grade kennt die Peinigung in Fulda, angefangen mit dem Auspeitschen auf dem Vorplatz des Stockhauses in der Judengasse. Auf die Peitsche folgen die Daumenschrauben, dann die Spanischen Stiefel – Beinschrauben aus Eisen-

DIE FOLTER KENNT

platten, angelegt und immer fester gezogen, bis Blut fließt und Knochen brechen.

Am Ende droht die Streckbank. Oder das Aufziehen an einem Tau, der Chorda: Das Seil hängt von einem Haken an der Decke und die Hexe mit den hinterm Rücken gefesselten Händen am Seil, die Füße mit Steinen beschwert. Dann zieht der Scharfrichter sie nach oben, durch das Gewicht renken sich die Schultern aus, der Körper gekrümmt vom Schmerz bis zur Ohnmacht.

Die Chorda ist Balthasar Nuß unter allen Folterinstrumenten das liebste. Manchen seiner Gefangenen lässt er zudem noch die Füße anbrennen, während sie am Seil schwingen. Steht schreiend daneben mit seinem Richterstab und fordert sie auf, ihre eigene Schuld zu bekennen und die von anderen, die er ihnen vorsagt, mit Namen und den Gassen, in denen ihre Häuser stehen. Und droht damit, dass der Scharfrichter zu Würzburg ihn einen Trank gelehrt habe, der jeden zum Geständnis bringe. Manchmal lässt er den Frauen mit Gewalt Weihwasser einflößen.

Niemand weiß, ob auch Merga Bien bereits in den ersten Tagen nach ihrer Anklage gemartert wird. Dutzenden Peinigungen anderer aber wohnt Balthasar Nuß sicher bei. Einige Opfer sterben noch während der Folterungen oder bald danach. Die wenigen, die nicht gestehen und die überleben, werden als Krüppel aus der Haft entlassen.

Die übrigen brennen nach dem erzwungenen Geständnis auf dem Scheiterhaufen, bei lebendigem Leibe, wenn man sie nicht zuvor erwürgt oder enthauptet hat.

Für die Jesuitenpatres, die den Fürstabt in seinem Bemühen unterstützen, Fulda wieder katholisch zu machen, fördern die vielen Todesstrafen die Sache der Kirche. Denn die Hexenjagd führt Tausende zurück zum alten Glauben.

Nach den Hinrichtungen treibt Balthasar Nuß bei den Familien der vermeintlichen Hexen die Gebühren ein für die Vorladung der Schöffen, Beisitzer und Zeugen, für die Verpflegung von Richter, Schreiber, Henker und Handlanger. Wein und Bier, die er vorgeblich für die Ver-

Die unter Schmerzen geständigen Hexen werden erwürgt, geköpft oder lebendig verbrannt (links eine legendenhafte Foltermethode, bei der der Beschuldigte in einer Bronzeskulptur erhitzt wird). Den Angehörigen stellt der Richter in Fulda die Prozesskosten in Rechnung. Mitunter müssen sie sogar das Holz, Reisig und Stroh für den Scheiterhaufen zahlen (Kupferstich, 1533)

MEHRERE STUFEN

köstigung seiner Helfer bestellt und berechnet, liefern die Wirte bisweilen gleich direkt ins Haus des Hexenrichters statt ins Gericht.

Oft lässt Nuß die Angehörigen das Doppelte der tatsächlichen Kosten zahlen. Selbst Holz, Reisig und Stroh für die Scheiterhaufen, die er kostenlos aus den Wäldern und Ländereien des Stifts erhält, stellt er in Rechnung. Die Hälfte aller Einnahmen aus den Prozesskosten unterschlägt er. Manche der beschuldigten Frauen entlässt er gegen Bestechungsgelder aus der Haft, oder er verzichtet gleich auf ihre Verfolgung.

WAS ABER BLEIBT VON EINEM LEBEN, dem erst einmal der Verdacht der Zauberei anhaftet? Geld kann die Freiheit wiederbringen, jedoch keinen Vorwurf aus der Welt schaffen. Muss nicht, wer einmal als Hexe galt, für immer mit dem Misstrauen seiner Nachbarn leben?

Vielleicht kann Blasius Bien sich damit nicht zufriedengeben. Er versucht nicht, seine Ehefrau freizukaufen: Er will ihr Gerechtigkeit verschaffen. Der Anwalt, den er beauftragt, legt Widerspruch gegen die Inhaftierung ein beim Reichskammergericht in Speyer, zumindest das ist trotz der begrenzten Rechte der Angeklagten möglich.

Tadellos seien der Ruf und der Lebenswandel seiner Mandantin, einer Frau, die gottesfürchtig großgezogen worden und von Jugend an tugendsam gewesen sei, eine fromme Kirchgängerin, die Freundschaften ausnahmslos mit ehrlichen und achtbaren Leuten pflege, so argumentiert der Anwalt.

Die Teufelsweiber dagegen, die sie wohl unter der Folter beschuldigt haben: getrieben vom Neid auf Mergas Vermögen und ihr deshalb spinnefeind. Ihre Aussagen voller Widersprüche, mal wollen sie Merga Bien beim Hexentanz in einem Garten bei der Wiesenmühle gesehen haben, dann in einem Kleegarten, dann auf dem Rasen vor dem Neuenberg, zu Zeiten, als sie nicht in Fulda, sondern in Michelsrombach gelebt hat.

Der Hexenrichter habe gegen geltendes Recht verstoßen, weil er Merga keine Möglichkeit zur Verteidigung gegeben habe, keinen der vielen Zeugen angehört, die für sie sprechen könnten. Stattdessen sollen Schöffen und Beisitzer in Fulda durch die Gassen gegangen sein, um andere zu finden, die Anschuldigungen gegen sie vorbringen.

Weder Merga noch ihr Ehemann wissen, was genau man ihr vorwirft. Ihr Anwalt darf sie weder besuchen noch die Protokolle der Aussagen einsehen, auf denen die Beschuldigungen gründen.

Nichtig sei die Anzeige, wenn Ort und Zeit des Verbrechens nicht genau genannt werden könnten, so der Anwalt. Die Zeugen: unglaubwürdig. Die Beweise: nicht eindeutig. Die Verdächtigungen: erlogen. Das Gericht habe kein Recht, seine Mandantin weiter gefangen zu halten, viel weniger noch, sie zu foltern. Er bitte dringend, Merga Bien in Ehren und mit gutem Leumund unverzüglich aus der Haft zu entlassen.

Am 27. Juli 1603, fünf Wochen nach Mergas Verhaftung, erlässt das Reichskammergericht ein Urteil, das in Fulda bei Gericht vor allen Schöffen und Beisitzern verlesen wird. Die Angeklagte ist unverzüglich in ein anderes Gefängnis mit besseren Haftbedingungen zu verlegen und soll für ihre Verteidigung Kontakt zu Freunden und Anwälten aufnehmen dürfen.

Dem Stadtgericht wird untersagt, Merga Bien zu foltern, ohne dass erhebliche und zulässige Beweise gegen sie vorliegen, vor allem, weil sie vermutlich schwanger sei (möglicherweise hat die Angeklagte diese besonderen Umstände bei ihrer Festnahme nur behauptet, weil sie sich Milde erhoffte). Sollte sich ihre Unschuld herausstellen, sei sie unverzüglich freizulassen. Halte sich das Fuldaer Gericht nicht an die Auflagen, sei eine Strafe von umgerechnet 2300 Gramm purem Gold fällig.

Vielleicht kommt Merga nach dieser Anordnung tatsächlich für einige Tage frei. Blasius Bien will mit einer Nichtigkeitsklage das Verfahren gegen seine Frau endgültig aufheben lassen. Vielleicht setzt er zu viel Vertrauen in die Macht des Reichskammergerichts. Vielleicht unterschätzt er seinen Gegner.

Denn der Hexenrichter lässt seinen Vertreter in Speyer alle Anschuldigungen auflisten und gleichzeitig versichern, man wolle die Angeklagte weder der Folter unterziehen noch verurteilen. Einen einzigen Tag nur habe sie im Hundestall verbringen müssen, fügt Nuß hinzu, weil die Gefängnisse überfüllt gewesen seien, dann habe man ihr eine eigene Kammer zugewiesen, um die andere Inhaftierte sie beneidet hätten. Und wann immer es Fleisch gegeben habe, sei ihr zweimal täglich Gebratenes gebracht worden sowie frisches Leinen, um sie vor Ungeziefer zu schützen. Jederzeit hätten Ehemann und Anwalt sie besuchen können.

Gegenüber Blasius Bien behauptet der Hexenrichter, Merga habe die Vorwürfe längst bereitwillig gestanden. Und für den Fall, dass er sich weiterhin einmische, bekomme er es mit dem Fürstabt zu tun, dem Landesherrn.

Diese unverhohlene Drohung verfehlt ihre Wirkung nicht. Blasius Bien gibt auf.

Schon am 4. August wird Merga erneut verhört, diesmal in ihrem eigenen Haus neben der Zunftherberge der Seiler, dem Gasthaus „Zum Güldenen Stern". Selbst ihre Schwangerschaft, aus Verzweiflung vorgetäuscht oder nicht, wird gegen sie ausgelegt. In 14 Jahren Ehe hat sie kein Kind zur Welt gebracht – vielleicht trägt sie nun ein Teufelsbalg, den Antichrist selbst, im Leib?

Balthasar Nuß lässt sie jetzt auf jeden Fall foltern. Der Schmerz frisst sich durch den Körper, verdrängt allen Willen, alle Vernunft.

Am Ende ist es ganz einfach, sich gegen den Schmerz zu entscheiden, ganz selbstverständlich, zu gestehen. Wenige Worte nur, und es ist vorbei. „Ach Gott, so will ich es getan haben", sagt Merga Bien. Und sie gibt andere preis, die Hexen seien wie sie.

In ihren letzten Tagen vor Gericht erklärt sie, ihr Geständnis sei falsch, ebenso die Beschuldigungen und Namen, nur unter den Qualen der Folter genannt. Als man sie fragt, weshalb sie ihre Aussagen nicht offiziell zurücknehme, antwortet sie rätselhaft: Was man an diesem Ort einmal bekannt habe, dürfe man nicht widerrufen. Vielleicht ist diese Entscheidung die einzige, die ihr bleibt: Die Wahl, das alles zu beenden, indem sie das Urteil hinnimmt.

Nach 14 Wochen Haft entlässt der Hexenrichter Merga Bien in den Tod.

Im Herbst 1603 stirbt sie auf dem Scheiterhaufen – eine von 60 Frauen, die in diesem Jahr in Fulda brennen. Wochen zuvor sind auch Mergas Mutter und Tante als verurteilte Hexen ins Feuer gegangen.

Jesuitenpatres begleiten die Hexen auf dem Weg zum Hinrichtungsplatz vor der Stadt. Tausend stolpernde Schritte, allen Blicken preisgegeben, in denen Abscheu liegt, Furcht und Ekel und manchmal Mitleid.

Als abstoßende Gestalten führt man sie den Zuschauern vor, verdreckt und übel riechend von Tagen und Wochen der Haft. Die Gesichter verzerrt, die Körper gezeichnet, die Kleider starr vom Schmutz der Kerker. Todgeweihte, von denen am Ende, wenn das Feuer verlischt, nicht mehr als Aschestaub und Knochensplitter bleiben, die man ins Wasser wirft wie Unrat.

Am 22. März 1604 begleicht Blasius Bien die Rechnung, in der Balthasar Nuß die Kosten für die wochenlange Haft und den Prozess verzeichnet hat. Mit dem Entgelt für den Scharfrichter, der sie gefoltert hat, und der Gebühr für Reisig und Stroh für ihren Scheiterhaufen zahlt Blasius für die Qual und die Hinrichtung seiner Frau 91 und einen halben Gulden und fünf Batzen. Für diese Summe hätte er fünf Pferde kaufen können oder 45 Schweine.

Zwischen 1603 und 1606 lässt Balthasar Nuss in Fulda rund 250 Menschen als Hexen hinrichten. Erst der Tod des Fürstabts macht seinem Treiben ein Ende. Kaum einen Monat regiert der neue Landesherr, als Dutzende Bürger eine Klageschrift gegen den Zentgrafen einreichen.

Der neue Fürstabt lässt Nuß im April 1606 absetzen und ordnet eine Untersuchung an. Drei Monate später wird Nuß verhaftet, erhebt das Fuldaer Gericht Anklage gegen den in Ungnade Gefallenen.

Das Verfahren zieht sich hin. Im 13. Jahr seiner Haft fällt schließlich das Todesurteil gegen den Hexenrichter. Am Nikolaustag 1618 wird er mit einem Karren zum Gericht gefahren und enthauptet.

Hingerichtet wird er wegen Unterschlagung und Verstößen gegen die Prozessvorschriften. Selbst in den Klageschriften der Bürger, die den Prozess gegen ihn betrieben haben, findet sich als Vorwurf nur, dass er ihre Frauen, Mütter, Schwestern unrechtmäßig schnell abgeurteilt und horrende Kosten in Rechnung gestellt hat.

Aber kein Wort darüber, dass all diese Frauen eines gemein hatten: Sie waren unschuldig.

FORDERT 50 000 TOTE

TOX

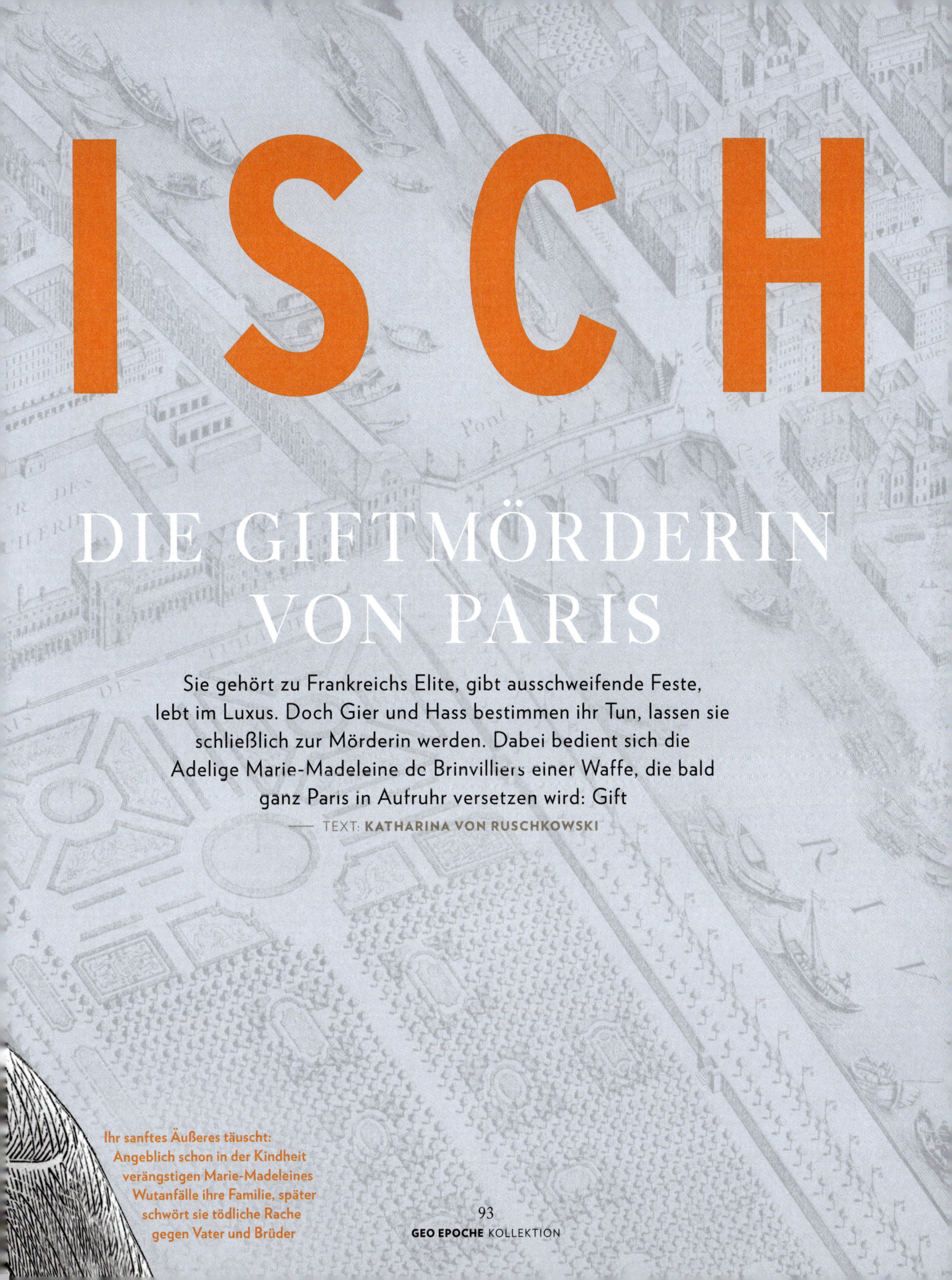

ISCH

DIE GIFTMÖRDERIN VON PARIS

Sie gehört zu Frankreichs Elite, gibt ausschweifende Feste, lebt im Luxus. Doch Gier und Hass bestimmen ihr Tun, lassen sie schließlich zur Mörderin werden. Dabei bedient sich die Adelige Marie-Madeleine de Brinvilliers einer Waffe, die bald ganz Paris in Aufruhr versetzen wird: Gift

— TEXT: **KATHARINA VON RUSCHKOWSKI**

Ihr sanftes Äußeres täuscht: Angeblich schon in der Kindheit verängstigen Marie-Madeleines Wutanfälle ihre Familie, später schwört sie tödliche Rache gegen Vater und Brüder

SIE KOMMEN! Im Nu pflanzt sich die Nachricht unter den Wartenden fort. Die Notre-Dame-Brücke hat der Henkerskarren schon passiert. Nun rollt das knarrende Gefährt Richtung Rathaus, schiebt sich mühsam durch die tobende Menge. Und obenauf sitzt: das Ungeheuer.

Zehntausende sind an diesem 17. Juli 1676 zur Place de Grève vor dem Pariser Rathaus geeilt. Anwohner haben ihre Fensterplätze gegen Geld an Gaffer abgetreten. Viele Schaulustige verharren dort seit Stunden. Nun liegt der Platz, auf dem sich mittig ein Schafott und ein schon brennender Scheiterhaufen erheben, in der Abendsonne. Straßenverkäufer zwängen sich durch die Massen, versorgen die Hungrigen und Durstigen. Keiner geht, alle wollen das Ungeheuer sterben sehen: diese hinterhältige, habgierige Mörderin, die das Stadtgespräch seit Wochen beherrscht.

Zärtlich soll sie den siechenden Vater mit der einen Hand gestreichelt haben, während sie mit der anderen Gift in seine Suppe goss. An nahezu ihrer gesamten Familie habe sie sich vergangen. Und um die Wirkung ihres toxischen Gemisches zu testen, soll sie vergiftete Kekse an die Kranken in den Spitälern verteilt haben!

Wie kann eine Frau nur dazu in der Lage sein, zumal eine von Rang? Denn Marie-Madeleine de Brinvilliers ist eine Marquise, eine Adelige! Eine Serienmörderin – das widerspricht in geradezu monströser Weise dem klassischen Idealbild vom schönen, friedvollen Wesen des weiblichen Geschlechts. Und das umso mehr, als sie nicht etwa aus Not oder Verzweiflung tötete. Welcher Teufel ist nur in dieses Weib gefahren?

„Vatermörderin!“, „Hexe!“, „Giftmischerin!“, brüllen die Schaulustigen der Marquise entgegen. Das Geschrei schwillt an, je näher die Todgeweihte der Richtstätte kommt. Die Menschen schieben, stoßen, schubsen. Wer es bis nah an den Karren schafft, mag aber vielleicht kaum glauben, dass mit all den Flüchen diese Frau gemeint ist.

Die Marquise, die auf den strohbedeckten Brettern hockt, wirkt zierlich, zart, harmlos. Wie üblich bei Verurteilten ist sie in ein grobes, bodenlanges Leinengewand gehüllt. Eine Haube bedeckt ihr Haar, ein Strick ist als Schlinge um ihren Hals gelegt.

Sie sei Opfer einer Hetzkampagne, hatte ihr Verteidiger behauptet. Um eine Frau ihres Ranges anzuklagen, brauche es vollkommen eindeutige Beweise. Die Richter aber überzeugte er damit nicht. Hatte ihnen

Tödliche Substanzen bekommt die Marquise aus dem Labor ihres Geliebten. Vielleicht trägt sie wie die Frau in dieser Darstellung dort eine gläserne Maske gegen giftige Dämpfe

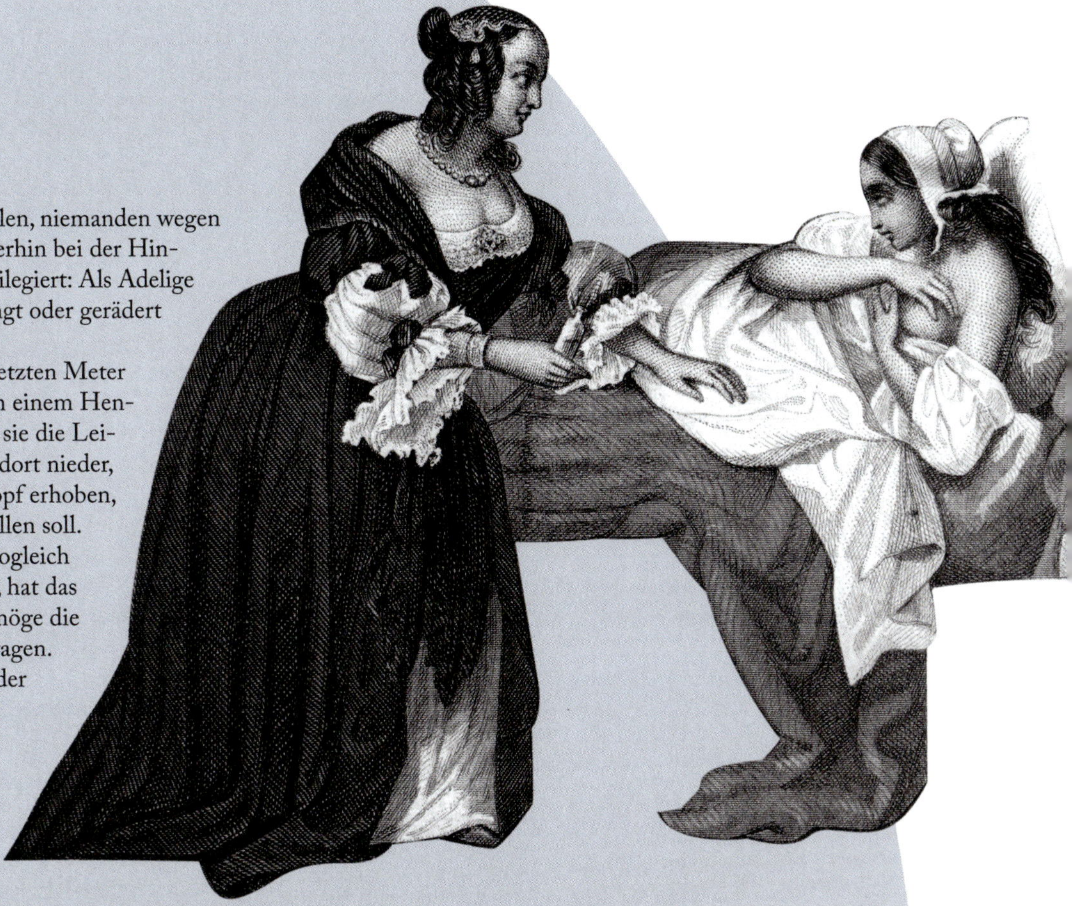

nicht der König persönlich befohlen, niemanden wegen seines Standes zu schonen? Immerhin bei der Hinrichtungsart ist die Marquise privilegiert: Als Adelige wird sie enthauptet – nicht gehängt oder gerädert wie das normale Volk.

Und so schreitet sie nun die letzten Meter zu Fuß zum Schafott, geführt von einem Henkersgehilfen. Ohne Hilfe klettert sie die Leiter zum Podest empor und kniet dort nieder, den Oberkörper aufrecht, den Kopf erhoben, der gleich von ihren Schultern rollen soll.

Der Leichnam solle danach sogleich auf dem Scheiterhaufen brennen, hat das Gericht angeordnet. Der Wind möge die Aschereste der Marquise davontragen. Nichts werde von dieser Frau in der Stadt zurückbleiben.

Doch die Richter irren. Sie werden bald einsehen müssen, dass die Marquise de Brinvilliers für manchen Pariser zum Vorbild geworden ist. Und ihre Art zu morden eine Mode.

Marie-Madeleine d'Aubray, geboren am 22. Juli 1630, fällt auf, von Anbeginn. Sie mag keine bemerkenswerte Erscheinung sein mit ihrer kleinen Gestalt, dem runden Gesicht, den warmen blauen Augen. Ihr Charakter aber ist außergewöhnlich, vor allem für ein Mädchen jener Zeit.

Die Wirkung der Gifte, so geht das Gerücht, testet die Marquise an Patienten in Spitälern. Obwohl nie bewiesen, festigt der Verdacht ihren Ruf als Ungeheuer

Marie-Madeleine, so erzählt man später, ist als Kind mutig und wild. Bei gemeinsamen Unternehmungen übertrifft sie angeblich ihre jüngeren Brüder an Kühnheit. Missfällt ihr irgendetwas, duldet sie keine Widerrede: Jeder in der Familie fürchtet ihre Wutanfälle. Für ihre baldige Einsamkeit aber sind solche Ausbrüche nicht verantwortlich: Die Mutter stirbt früh; die zwei Brüder erhalten daraufhin einen eigenen Erzieher; die beiden Schwestern übergibt man der Obhut von Nonnen. Marie-Madeleine bleibt als einziges Mädchen im Haus des Vaters zurück, beinahe sich selbst überlassen.

Denn Antoine Dreux d'Aubray hat keine Zeit, sich um seine Älteste zu kümmern. Er ist Zivilleutnant von Paris, ein hochrangiger, für seine Verdienste geadelter Amtsträger. Alles, was er seiner Tochter zu bieten hat, ist materielle Sorglosigkeit. Mit ihr bewohnt er ein prächtiges Haus im Pariser Zentrum. Aus den Dachfenstern des Gebäudes schweift der Blick über die Stadt, doch die Metropole ist kaum zu überblicken. Endlos wogt das Dächermeer. Luxus und Not liegen vielerorts nur einen Straßenzug voneinander entfernt.

Mehr als 400 000 Einwohner zählt Paris zur Mitte des 17. Jahrhunderts. Und täglich strömen weitere herbei: Tagelöhner, Wissenschaftler, Künstler, Glücksritter. Viele hausen in eilig errichteten Mietshäusern. Etliche Gassen sind so eng bebaut, dass kaum Licht und Frischluft hineingelangen. Dazu der Dreck und Abfall auf dem Pflaster! Wer nach Hause watet, muss stets fürchten, den Inhalt der Nachttöpfe abzubekommen, den die Einwohner einfach aus dem Fenster kippen.

Bessergestellte wie die d'Aubrays queren diese Quartiere – wenn überhaupt – nur in der *carrosse*, der geschlossenen Kutsche. Vornweg eilt ein Läufer, der das niedere

Um an sein Erbe zu gelangen, mischt Marie-Madeleine ihrem Vater ein Toxikum ins Essen. Immer nur kleine Dosen, damit sein Tod nicht verdächtig plötzlich kommt

Volk beiseitetreibt und bei Gegenverkehr die Vorfahrt klärt, manchmal sogar mit Fäusten.

Aus der Kutsche heraus beobachtet Marie-Madeleine das Leben auf den Straßen, die Bauern, die Tiere zum Markt treiben, die Sänftenträger, die Wirte, die Fässer in ihre Gaststuben rollen.

Die Ausfahrten sind vermutlich seltene Höhepunkte in ihrem leeren Alltag. Denn das Haus darf Marie-Madeleine nur selten verlassen, so hat es der Vater wohl aus Sorge um seine abenteuerlustige Tochter bestimmt. Sehnlich blickt sie daher dem Tag ihrer Hochzeit entgegen. Durch die Ehe, so hofft sie wahrscheinlich, vermag sie endlich dem väterlichen Gefängnis zu entkommen.

Am 20. Dezember 1651 ist es so weit: Marie-Madeleine heiratet Antoine Gobelin. Er ist hoher Offizier und Spross einer angesehenen Pariser Färberdynastie. Wie in gehobenen Kreisen üblich, hat der Brautvater den Gatten ausgewählt. Die Tochter gibt sich mit ihm zufrieden. Gobelin ist eine gute Partie, sein Vermögen beträchtlich, und für seine Verdienste beim Militär ist er vom König in den Adelsstand erhoben worden, trägt den Titel Marquis de Brinvilliers.

Offenbar führen sie einige Jahre lang eine harmonische Ehe. Zwei gemeinsame Kinder kommen zur Welt. Und Marie-Madeleine genießt die Freiheiten, die ihr das neue Leben als Marquise de Brinvilliers bietet. Nächtens flaniert sie womöglich auf dem von Fackeln erleuchteten Cours-la-Reine, der Gartenpromenade entlang der Seine. Zwischen den Ulmen, die den Spazierweg säumen, spielen Musiker auf, tauscht die Noblesse den neuesten Tratsch.

Und Marie-Madeleine kehrt in die Pariser Salons ein – oder lädt selbst zu Empfängen, bei denen sie in teuren Kleidern, gepudert und von blumigen Parfümnoten umwabert auftritt. Sie will beeindrucken – nicht allein, weil es ihr gefällt.

AUCH DIE BRÜDER DER MARQUISE STERBEN EINES MYSTERIÖSEN TODES

Wer im Frankreich des 17. Jahrhunderts Macht zeigen und mehren will, der strotzt und prasst, selbst wenn er sich damit finanziell ruiniert. Bescheidenheit bedeutet Ohnmacht.

1658 aber nimmt das Leben der Marquise eine schicksalhafte Wendung. Der eigene Gatte stellt ihr einen Bekannten vor: Jean-Baptiste Godin de Sainte-Croix, einen schönen und schamlosen Kavallerieoffizier. Er umwirbt die Frau seines Freundes, wird ihr Geliebter. Marie-Madeleine verfällt diesem Mann, der sich fortan von ihr aushalten lässt.

Sainte-Croix, inzwischen aus der Armee ausgetreten, ist leidenschaftlicher Alchemist – zumindest gibt er sich den Anschein. Auf dem linken Seineufer mietet er zwei Zimmer und richtet sich dort ein Labor ein. Hier sucht er angeblich nach dem „Stein der Weisen", einer Substanz, die unedle Metalle in Silber oder Gold verwandeln soll.

Womöglich dient ihm die Alchemie aber nur als Deckmantel für eine Verwandlung ganz anderer Art. Er beginnt, falsche Geldstücke herzustellen, indem er mithilfe von Quecksilber einen Silberüberzug auf billige Metalle aufträgt; ein Komplize bringt die Falschmünzen in Umlauf.

Es ist ein weitverbreitetes Verbrechen in diesen Jahren, denn die Qualität der echten Silbermünzen ist so schlecht, dass sich die falschen kaum von ihnen unterscheiden lassen.

Unweit des Labors nimmt sich die Marquise bald eine Wohnung, in der sie Sainte-Croix empfängt, unverblümt, am helllichten Tag. Mindestens zwei weitere Kinder haben wohl Sainte-Croix zum Vater. Ihren Ehemann stört es offenbar nicht. Vermutlich haben sie sich schon seit Längerem auseinandergelebt, ist er selbst untreu.

Doch auch Marie-Madeleines Familie weiß Bescheid. Ihre Brüder und ihr Vater sehen die Familienehre befleckt. Der nutzt seine hochrangige Stellung und erwirkt einen lettre de cachet, eine versiegelte Anordnung im Namen des Königs, mit dem er Sainte-Croix ohne Prozess einsperren lassen kann. Dreux d'Aubray will ihn auf diese Weise für einige Zeit hinter Gitter bringen und Marie-Madeleine zur Besinnung.

Am 19. März 1663, die Marquise und ihr Geliebter kutschieren gerade durch das frühlingserwachende Paris, halten Wachmänner das Gefährt an und bringen Sainte-Croix in die Bastille, das königliche Gefängnis für Angehörige der Oberschicht. Marie-Madeleine, den Blicken der herbeieilenden Gaffer ausgesetzt, bebt. Und schwört Rache – so wird sie es in späteren Verhören erzählen.

Vielleicht aber wäre es bei ihrem Zorn geblieben, hätte ihr Geliebter nicht die folgenden Wochen in der Bastille verbracht. Denn dort lernt Sainte-Croix wohl einen italienischen Häftling kennen, der in Diensten der früheren Königin von Schweden steht. Dieser, so wird später gemutmaßt, sei in der Kunst des Giftmischens äußerst bewandert – und habe auch Sainte-Croix dafür begeistert.

Sicher ist: Nach sechswöchiger Haft wird der aus der Bastille entlassen, und in der Folge hegt er ein nachdrückliches Interesse an toxischen Substanzen. Es ist für ihn ein Leichtes, in Paris an giftige Stoffe zu gelangen. Er muss sich nur an die zahlreichen Wahrsagerinnen und Quacksalber wenden, die meist draußen in den Vorstädten Heilmittel aus Zutaten wie Schierling, Tollkirsche oder Krötengift brauen. Und Substanzen wie Quecksilberchlorid oder Arsenik sind in beinahe jeder Apotheke zu haben.

In dieser Zeit, in der die Kenntnisse in Physik, Mathematik oder Medizin erhebliche Fortschritte machen, wächst auch das Wissen über Stoffe und ihre Reaktionen: Die Chemie löst sich von den überkommenen Vorstellungen der Alchemie und entwickelt sich zur experimentellen Naturwissenschaft. Und wie die anderen Disziplinen profitiert sie gerade in Frankreich von der Förderung durch Ludwig XIV., der Paris zum Zentrum der Wissenschaften machen will.

So werden im Laboratorium des Königlichen Botanischen Gartens öffentliche Chemievorlesungen abgehalten. Interessierte Pariser sitzen hier um einen großen Tisch, staunen über die darauf durchgeführten Experimente und lauschen den Ausführungen von Christophe Glaser. Der angesehene Apotheker, dessen Dienste auch der König selbst in Anspruch nimmt, hat 1663 eine wissenschaftliche Abhandlung über die Chemie publiziert, in der er sich unter anderem über heilende und tödliche Mixturen auslässt.

Solche Themen sind es vermutlich, die Sainte-Croix veranlassen, einige der Vorlesungen zu besuchen. Er will offenbar Gift herstellen – für seine auf Rache gesinnte Geliebte? Oder wittert er größere Geschäfte? Später werden Ermittlungen wahre Abgründe in der Stadt bloßlegen.

Sainte-Croix nimmt wohl Kontakt mit Glaser auf, bezieht Komponenten für Gifte von dem Apotheker und angeblich auch geheime Rezepte – so wird es zumindest die Marquise später erzählen. Ihr Geliebter tüftelt vermutlich im eigenen Labor, verkocht und destilliert etwa die Körpersäfte zuvor mit Arsenik vergifteter Tiere, um ein flüssiges Toxikum zu gewinnen: durchschlagender und schneller wirksam als das pulverförmige Gift.

Als Ermittler Gift in der Wohnung ihres Geliebten finden, setzt sich die Marquise ins Ausland ab – und wird nach jahrelanger Flucht schließlich in Lüttich gefasst

Auch die Marquise scheint bald äußerst interessiert an diesen Substanzen. Überlegt sie, dass das Gift ihrem Wunsch nach Rache dienen könnte? Oder reift in ihr der Gedanke, damit auch ihre finanziellen Probleme zu lösen? Denn Marie-Madeleines Gatte hat über die Jahre große Teile des einstigen Vermögens durchgebracht, verschwendet, verspielt, durch Inkompetenz in Geldfragen verschleudert. Um wenigstens einiges von dem Geld, das sie selbst in die Ehe eingebracht hat, zu sichern, ist es ihr gelungen, eine Trennung der Besitztümer zu erreichen.

Doch was ihr geblieben ist, wird kaum ausreichen, ihre aufwendige Lebensführung fortzusetzen und zudem den anspruchsvollen Geliebten bei Laune zu halten, ganz zu schweigen davon, ihren Kindern eine standesgemäße Zukunft zu ermöglichen. Dabei könnte sie doch eigentlich eine wohlhabende Frau sein. Schließlich müsste ihr ein beträchtliches Erbe zustehen. Wenn nur ihr Vater stürbe …

Bloß: Antoine Dreux d'Aubray ist bei bester Gesundheit. Sein plötzlicher Tod könnte den Verdacht der Ärzte erregen. Andererseits werden Tote in Paris zwar ab und zu obduziert, doch den Medizinern fehlt das Wissen und die Technik, um Rückstände von Gift im Leichnam nachzuweisen. Belege für einen Giftmord können sie nur erbringen, indem sie verdächtige Substanzen an Tieren nachträglich testen.

Und so fasst die Marquise irgendwann, wohl um den Jahresbeginn 1666, den Plan, den eigenen Vater mit Gift zu töten.

Dass sie die Toxika vorab in den Pariser Spitälern testet, wie man später raunt, stimmt vermutlich nicht. Aber in jedem Fall heuert Sainte-Croix einen Hausdiener an, den Marie-Madeleine an ihren Vater vermittelt.

Über ihn verschafft sich die Marquise Zugang zur Küche des Vaters. Monatelang liefert sie dem Handlanger Gift, das dieser dem Opfer ins Essen streut, in Wein und Suppe auflöst. Es sind stets kleine Dosen, damit Dreux d'Aubray nicht auffällig schnell stirbt, sondern langsam abbaut. Nach einigen Monaten übernimmt Marie-Madeleine die Sache selbst.

EIN FRÜHSOMMERTAG 1666: Eine Kutsche rollt vor das Schloss Offémont, rund 80 Kilometer nordöstlich von Paris gelegen, heraus steigt die Marquise. Die mittlerweile 35-Jährige ist zum Landgut des Vaters geeilt. Dessen Anblick muss die Tochter erfreuen – denn er ist entsetzlich. Vor Monaten noch wohlgenährt und kraftvoll, liegt Antoine Dreux d'Aubray nun hohlwangig und schwach da. Der Rückzug aufs Land soll die Genesung bringen.

Der Kranke freut sich über die Freundlichkeit seiner Tochter: Sie liest ihm vor, richtet seine Kissen, serviert ihm die Mahlzeiten. Dreux d'Aubray ahnt nicht, womit sie ein ums andere Mal seine Speisen gewürzt hat: vermutlich arsenhaltige Substanzen, als Pulver oder in flüssiger Form, insgesamt wohl an die 30 Dosen.

Und das Gift zeigt seine Wirkung: Fortgesetzt muss sich der Vater übergeben. Unheimlicher Schmerz in seinem Magen martert ihn, zudem ein merkwürdiges Brennen in den Eingeweiden. Immer weiter verschlimmert sich sein Zustand. Er lässt sich zurück nach Paris bringen, doch es ist zu spät für jede Hilfe.

Dreux d'Aubray stirbt am 10. September 1666 – eines natürlichen Todes, wie es offiziell heißt. Die Mediziner des Verstorbenen sind ratlos, vermuten ein erneutes Auftreten der Gicht, an der er seit Jahren immer wieder litt. Niemand spricht von Gift.

Das Vermögen des Vaters fällt allerdings zum größten Teil an die beiden Söhne. Marie-Madeleines Anteil am Erbe ist kleiner als von ihr erhofft.

Aber die Marquise mag sich nun fähig zur Lösung all ihrer Probleme fühlen, ausgestattet mit einer gleichsam unsichtbaren Waffe. Die setzt sie angeblich in den folgenden Jahren gleich mehrfach gegen ihren Ehemann ein. Je nach Version der Erzählung überlebt er, weil Marie-Madeleine selbst oder aber Sainte-Croix ihm rechtzeitig ein Gegengift verabreichen. Um dieses auszutesten, soll die Marquise sogar der eigenen Tochter einmal Gift gegeben haben.

Ihren zwei Brüdern jedoch – und das ist durch erhaltene Dokumente gesichert – lässt sie keine Chance.

Im Jahr 1670, vier Jahre nach dem Mord an ihrem Vater, benötigt Marie-Madeleine offenbar wieder dringend Geld. Beide Brüder sind vermögend und kinderlos, ein Teil ihres Nachlasses ginge vielleicht an die Schwester.

Die eher ungewisse Aussicht auf eine Erbschaft dürfte aber nicht das einzige Motiv sein: sondern auch unbändiger Hass, ausgelöst vielleicht durch das Gefühl, schon seit Kindertagen benachteiligt worden zu sein, und genährt durch die Erinnerung, dass sich die Brüder einst wie der Vater gegen Sainte-Croix gestellt hatten.

Der tut einen Lakai auf, der bei den Brüdern (beide wohnen im Pariser Haus der Familie) eingeschleust wird, und liefert das Gift, das der Diener

Durch ein Kuhhorn flößen Folterer der bereits Verurteilten fast 20 Liter Wasser ein – doch die verrät weder etwaige Komplizen noch weitere Täter

den Opfern wieder über das Essen verabreicht – erst Antoine, dem älteren Bruder, dann dem jüngeren François. Im Abstand von drei Monaten sterben die beiden.

Nach nunmehr drei mysteriösen Todesfällen in der Familie d'Aubray, alle verbunden mit den gleichen qualvollen Symptomen, gehen in Paris wohl bald Gerüchte um. Zumal die Obduktion des Leichnams von Antoine d'Aubray Grauenhaftes offenbart hat: Magen und Zwölffingerdarm des Verstorbenen sind schwarz, die Eingeweide zerfallen bei Öffnung des Körpers förmlich in Stücke, wirken wie verbrannt.

Und tatsächlich mutmaßen die Experten, dass Gift im Spiel sein könnte – sicher sind sie sich jedoch nicht. Echte Beweise für einen Giftanschlag gibt es nicht. Auf den eingeschleusten Diener fällt kein Verdacht – und schon gar nicht auf die Marquise.

Dann aber stirbt am 30. Juli 1672 ihr Geliebter Sainte-Croix an einer langwierigen Krankheit. Sein Tod, das legen spätere Dokumente nahe, vereitelt weitere, wohl bereits geplante Vorhaben der beiden: die alleinstehende Schwester der Marquise sowie die Witwe des älteren Bruders zu vergiften, um so vielleicht doch noch das gesamte Familienvermögen erben zu können.

Damit nicht genug: Sainte-Croix war hoch verschuldet. Um den Ansprüchen der Gläubiger nachzukommen, versiegelt die Polizei seine Wohnung, sein Besitz wird kurz darauf behördlich durchgesehen.

Kurz bevor der Scharfrichter sie enthauptet, soll die Marquise noch flüstern, dass es viele Schuldige gebe – und tatsächlich endet die Giftaffäre mit ihrem Tod nicht

Dabei stoßen die Ermittler auf eine Schatulle. Darin Dutzende Päckchen und Phiolen. Schnell wird klar, dass es sich um Gifte handelt. Etliche Tiere – Hunde, eine Katze, Hühner und Tauben –, die die Substanzen zu Untersuchungszwecken fressen müssen, sterben binnen Stunden.

Obenauf in der Schatulle liegt ein Schreiben von Sainte-Croix: Im Falle seines Todes solle die Kassette der Marquise de Brinvilliers übergeben werden, alles darin gehöre ihr und ginge nur sie an. Weiterhin finden sich glühende Liebesbriefe sowie ein Schuldschein der Marquise an Sainte-Croix, ausgestellt einige Monate vor dem Tod des älteren Bruders: belastende Indizien – zumal sich zeitgleich herausstellt, dass ebenjener Lakai, der zur Zeit von Krankheit und Tod der Brüder in deren Haushalt tätig war, engen Kontakt zu Sainte-Croix pflegte.

Daraufhin erhebt die Witwe des älteren Bruders Klage gegen den Diener. Er wird festgenommen und im März 1673 wegen des Mordes an Antoine und François d'Aubray hingerichtet.

Da hat die Marquise Frankreich längst verlassen. Bereits kurz nach Sainte-Croix' Tod flieht sie nach England, bricht dann nach Holland auf und weiter in die Spanischen Niederlande (in etwa das heutige Belgien), kommt in abgelegenen Gasthäusern und kleinen Klöstern unter, immer nur für kurze Zeit, um ihre Verfolgung zu erschweren.

Gut drei Jahre lang verkriecht sie sich so. Im Frühjahr 1676 aber, die Marquise weilt in einem Lütticher Frauenkloster, wird sie gefasst. Das Fürstbistum Lüttich ist zu dieser Zeit mit Frankreich verbündet, die Zitadelle der Stadt von Soldaten Ludwigs XIV. besetzt.

Die erfahren von der Anwesenheit der Marquise – und die Stadtherren stimmen schließlich der Festnahme durch französische Abgesandte zu. Als diese ihr Zimmer im Kloster durchsuchen, finden sie eine schriftliche Beichte der Marquise. Hatten die Nonnen sie dazu aufgefordert? Wollte sie sich selbst erleichtern? Jedenfalls gesteht die Marquise darin Ehebruch, Abtreibungen sowie, den Vater und die beiden Brüder ermordet zu haben.

Eine stattliche Militäreskorte geleitet Marie-Madeleines Gefangenenwagen nach Frankreich – der Weg führt über das feindliche Territorium der Spanischen Niederlande. Man fürchtet vielleicht aber auch Befreiungsversuche. Möglicherweise gibt es Mitwisser, Mittäter, die ein Interesse daran haben, dass die Marquise nicht vor Gericht aussagt.

So ist schon längst ein mächtiger Finanzbeamter in Verdacht geraten: Pierre-Louis Reich de Pennautier.

Als Ermittler die Wohnung des Giftmischers Sainte-Croix durchsuchten, stießen sie in der Schatulle auch auf ein an jenen adressiertes Bündel; darin Dokumente über gemeinsame Geschäfte mit der Marquise und ihrem Ehemann. Und ganz offensichtlich hatte Pennautier ja Bekanntschaft zu Sainte-Croix geknüpft. Belieferte der auch diesen Mann, der seine jetzige Position erlangte, nachdem seinen Vorgänger ein plötzlicher Tod ereilt hatte?

Der mutmaßliche Kundenstamm des Giftmischers vergrößert sich von Tag zu Tag: Die Gerüchte, wer nicht alles einen Rivalen, die Angetraute oder andere Familienmitglieder vergiftet habe, überschlagen sich. In Paris scheint es nur noch ein Gesprächsthema zu geben.

Ludwig XIV. verlangt Aufklärung. Doch die Marquise sperrt sich, mögliche Verbindungen preiszugeben. Selbst als man sie nach Verkündigung des Todesurteils noch einer stundenlangen Folter unterzieht, bei der man ihr über ein zwischen die Zähne gestecktes Kuhhorn fast 20 Liter Wasser in den Körper zwängt, gesteht sie kaum mehr als das, was schon bekannt ist: Sie hat Vater und Brüder ermordet.

Erst als sie am 17. Juli 1676 auf der überfüllten Place de Grève zur Richtstätte hinaufsteigt, wollen Umstehende sie flüstern hören, dass es viele Schuldige gebe. Bloß: Wer? Dieses Wissen – sofern sie es tatsächlich besaß – nimmt Marie-Madeleine mit in den Tod.

Es ist wohl gegen acht Uhr abends, da trennt der Scharfrichter den Kopf der Marquise mit einem Hieb ab, ihr Leichnam wird auf den Scheiterhaufen geworfen. Die Marquise de Brinvilliers, eine der bekanntesten Giftmörderinnen der

Geschichte, ist tot – doch ihr Erbe lebt fort.

Schon bald melden die Beichtväter von Notre-Dame, sie müssten immer mehr Giftmördern lauschen. In einer Kirche taucht gar ein Zettel mit der Ankündigung auf, man werde den König und dessen Sohn vergiften.

Paris gerät in Panik: Bei jedem ungeklärten Tod denken die Menschen an ein Toxikum. Ermittler stoßen auf ein Netzwerk aus Wahrsagerinnen, selbst ernannten Zauberern und anderen dubiosen Personen, alle mit kleinen Laboratorien ausgestattet. Mit Gift, so zeigt sich nun, lässt sich offenbar gutes Geld verdienen.

Ludwig XIV. setzt ein Sondergericht ein, das Hunderte Personen wegen ihrer Verstrickung in mutmaßliche Giftmorde festnehmen lässt – und zahlreiche Fälle verhandelt, die bis in höchste Kreise des französischen Adels reichen.

1682 schließlich beschränkt der König per Gesetz den Handel mit toxischen Substanzen: Diese dürfen nur noch an zertifizierte Vertreter bestimmter Berufsgruppen abgegeben werden, jeden Verkauf muss der Händler in einem speziellen Register schriftlich festhalten. So bekommt der Staat allmählich die Giftaffäre in den Griff.

Die Marquise de Brinvilliers aber bleibt ein düsteres Idol. Ihre Taten, so scheint es, inspirieren andere Frauen. Denn Frauen sind es vor allem, die Gift verwenden – etwa um ihre gewalttätigen Ehemänner aus dem Weg zu schaffen.

Aber die Marquise bringt auch Dichter auf Ideen, wird zur Vorlage der bald populären literarischen Figur der hinterhältigen Giftmörderin, die eben kein Opfer ihrer Umstände sein will.

Und mit wohligem Grauen sprechen Franzosen bis heute davon, jemandem etwas „à la Brinvilliers" zu geben, wenn sie „vergiften" meinen.

FINSTERE

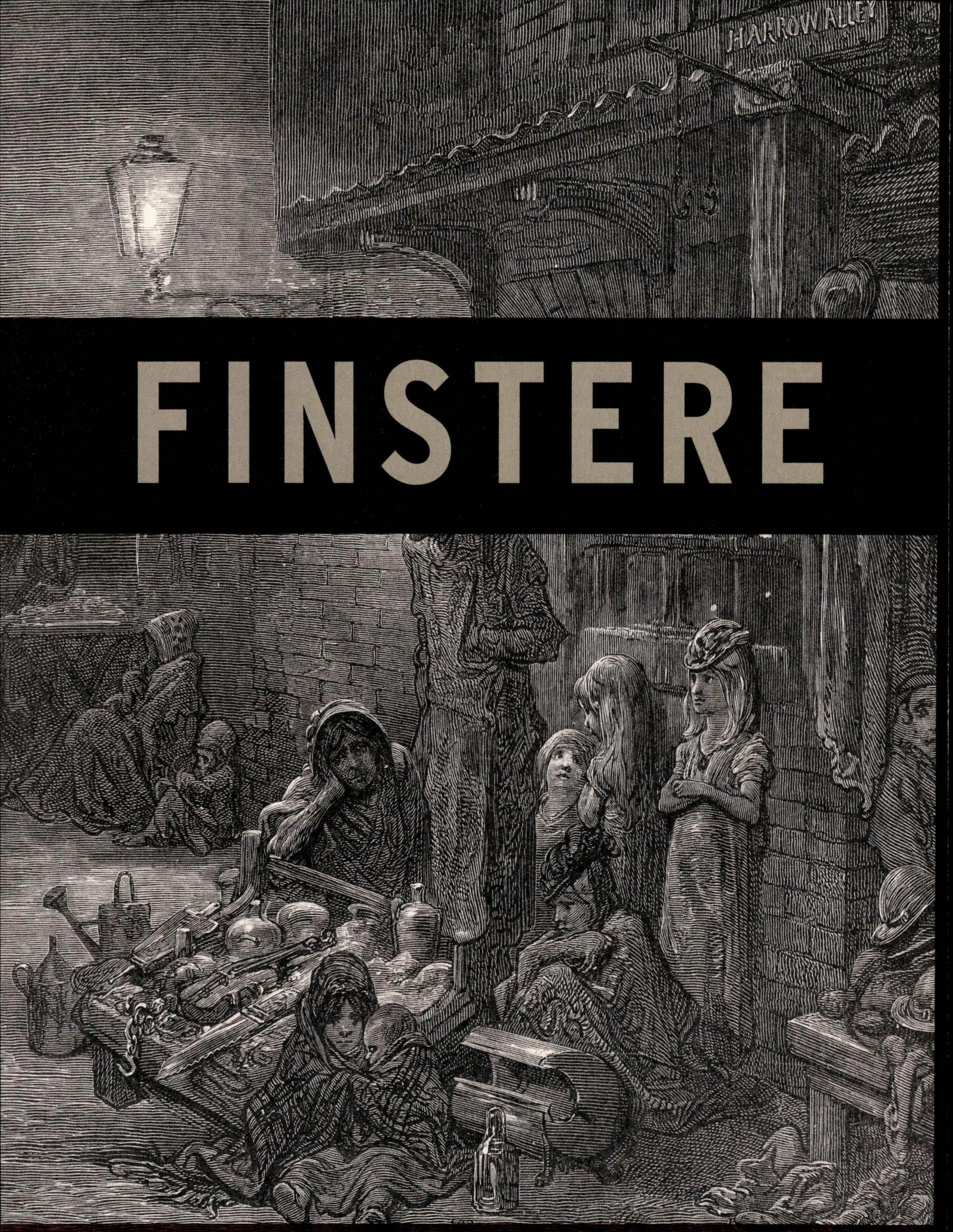

Wer in den Slums überleben will, muss jede Arbeit annehmen – auch als Straßenhändler

Die **BODY SNATCHERS** verbinden das moderne, der Zukunft zugewandte London mit der düsteren Schattenwelt der Metropole: Es sind Leichendiebe, welche die

GESCHÄFTE

Ärzte der anatomischen Fakultäten versorgen. Mehr als 1000 Tote sezieren die Mediziner im Jahr – und sie zahlen gut für jeden Körper, der ihnen geliefert wird. Gut genug jedenfalls für einige Männer aus den Elendsvierteln, in denen immer wieder Seuchen ausbrechen und die Lebenserwartung nur 22 Jahre beträgt. Und so werden zum Nutzen der Wissenschaft in der Kapitale des British Empire, wo so viele Arme leben wie an keinem anderen Ort der Welt, Tote entführt, von Friedhöfen etwa oder aus Leichenhäusern – und schließlich sogar Lebende. Bis zu einem spektakulären Prozess im Jahr 1831

— TEXT: **SUSANNE FRÖMEL** ILLUSTRATIONEN: **GUSTAVE DORÉ**

John Bishop erwacht vor Morgengrauen in seiner Zelle aus kurzem, tiefem Schlaf. Er fährt sich mit der Hand durch das Haar und sagt, so erinnert sich später der Wärter: „Ich verdiene, was auf mich zukommt.“ Dann nimmt er eine letzte Mahlzeit zu sich, etwas Toast und Tee, scheinbar gleichgültig.

In seinem Kerker nebenan fleht Thomas Williams verzweifelt um Vergebung. Er stammelt den Anfang eines Gebetes, bricht ab, beginnt ein anderes, dessen Text er aber ebenfalls vergessen hat. So geht es eine Weile. Mit jedem Stocken der Worte wächst seine Furcht. Als er herausgeführt wird, muss er gestützt werden.

So gehen John Bishop und Thomas Williams, Leichendiebe und Mörder, dem Galgen entgegen. Der eine entrückt und beinahe in Trance, der andere zitternd vor Angst.

Draußen treibt ein kalter Wind Nebelschwaden durch die Straßen der Stadt. Dennoch haben sich seit fünf Uhr morgens mindestens 30 000 Schaulustige vor Old Bailey, dem Strafgericht, versammelt, wo die beiden Mörder gehängt werden sollen. Die besten Plätze sind längst verkauft. Zehn Pfund und mehr – das Jahresgehalt eines Seidenwebers – zahlen Herren in feinen Kleidern für einen Fensterplatz in einem der umliegenden Häuser. Der „King of Denmark“, ein Pub gleich gegenüber dem Schafott, macht seit den Morgenstunden beträchtlichen Umsatz, weil der Wirt die herandrängenden Zuschauer nur gegen eine Gebühr in sein Gasthaus lässt. Doch nun ist das Lokal überfüllt. Nicht einmal Reporter kommen jetzt noch nahe an den Galgen heran.

Es ist der 5. Dezember 1831. Niemand kann sich daran erinnern, jemals eine solch aufgewühlte, wütende Menge bei einer Hinrichtung erlebt zu haben. Gesühnt wird der Tod eines Straßenkindes wahrscheinlich italienischer Herkunft, das in den Zeitungen unter dem Namen „The Italian Boy“ bekannt geworden ist. Es ist von John Bishop und Thomas Williams ermordet worden, die seinen Körper anschließend an die anatomische Fakultät des King's College verkaufen wollten – zu Lehrzwecken.

Der Tod des Jungen ist ein Medienereignis. Die Zeitungen sind voller Zeichnungen des schönen kleinen Knaben, voller Geschichten über dessen angebliche Herkunft und sein Leben als Vagabund in den Straßen.

Oft muss ein Blumenmädchen nicht nur Veilchen verkaufen – sondern auch seinen Körper. Es wird geschätzt, dass 80 000 Frauen in der Metropole als Prostituierte arbeiten

Gegen acht Uhr verstummt das Gemurmel der Menge. William Calcraft, der Henker, betritt mit seinem Assistenten das Schafott. Er ist dafür bekannt, sich vor öffentlichen Auftritten mit Brandy zu betäuben – und auch dafür, die Fallhöhen schlecht zu berechnen: Mehr als einmal schon hat er sich an den Rücken eines Verurteilten klammern müssen, damit dessen Genick auch tatsächlich brach.

James May, einem dritten Leichenräuber und Komplizen von Bishop und Williams, bleibt der Strick erspart – er war an dem Mord nicht beteiligt und wird zwei Wochen später mit der „Justitia“ in die australische Verbannung segeln.

John Bishop betritt das Gerüst über eine Treppe. Sofort beginnen die Zuschauer zu kreischen und Verwünschungen auszustoßen. Bishop nimmt dies hin, ohne sich zu bewegen. Als Calcraft ihm den Sack über den Kopf zieht und die Schlinge um den Hals legt, geht ein Jubelschrei durch die Menge. Bishop steht ruhig da und wartet.

Zwei Minuten später wankt Thomas Williams auf das Schafott. Obwohl sein Körper bebt, verbeugt er sich vor den Massen wie ein Schauspieler nach einer gelungenen Premiere. Schließlich legt Calcraft auch ihm die Schlinge um den Hals. Dann öffnen sich die Falltüren mit einem Knacken.

Bishop ist sofort tot. Aber Williams strampelt und kämpft. Fünf schreckliche Minuten dauert es, bis auch sein Körper reglos am Galgen hängt. Das Publikum ist entzückt.

London 1831: Die größte und wohlhabendste Stadt der Welt ist auch eine der unruhigsten. Regelmäßig machen die Armen ihrer Wut über Preiserhöhungen in Tumulten und Plünderungen Luft. Drei Viertel der Bevölkerung sind verelendet. Trotz staatlicher Lohnzuschüsse müssen schätzungsweise mehr als die Hälfte der Familien mit einem Jahreseinkommen von weniger als 25 Pfund auskommen; damit leben sie unter dem Existenzminimum. Schon ein geringer Anstieg der Lebensmittelpreise, beispielsweise nach Missernten, führt dazu, dass sie sich noch nicht einmal mehr mit Grundnahrungsmitteln versorgen können.

Doch auch in besseren Jahren reicht ihr Einkommen kaum aus, um etwa frisches Obst kaufen zu können. Mangelkrankheiten wie Skorbut sind die Folge: Den Kranken fallen die Zähne aus, ihre Gelenke entzünden sich, sie leiden unter Muskelschwund und können schließlich nicht mehr arbeiten. Zwar steht schwer

Männer beladen die Speicher am Hafen. Zwei Drittel der Londoner Arbeiter sind Tagelöhner, die jeden Morgen aufs Neue um einen Job anstehen müssen. Abends treffen sie sich in Pubs wie dem »Fortune of War«, wo auch die Leichenhändler verkehren.

In den Energiefabriken der Stadt wird aus Kohle Gas hergestellt. **Die Bezirksverwaltungen wollen die Straßen besser erhellen – auch, um Verbrechern das Leben zu erschweren – und stellen daher seit 1807 auf die neue Gasbeleuchtung um.**

Kranken und Behinderten eine geringe Unterstützung aus der kommunalen Kasse zu, doch weil die Zahl der Arbeitsunfähigen stetig steigt, verweigern die Behörden oft auch Gebrechlichen jede Hilfe, sodass sie ihren Lebensunterhalt durch Betteln bestreiten (was verboten ist) oder in einem der städtischen Arbeitshäuser Zuflucht suchen müssen.

Dennoch leben Zehntausende Londoner auf der Straße; ihnen bleibt lediglich die Hoffnung, ein paar Nächte in einem der von karitativen Organisationen bewirtschafteten Obdachlosenheimen zu schlafen.

Weil das Trinkwasser ungefiltert aus der Themse gepumpt wird, grassieren in den dicht besiedelten Armenvierteln zudem Durchfallkrankheiten wie die oft tödlich verlaufende Ruhr. In diesen Stadtteilen stirbt ein Fünftel der Kinder noch vor dem ersten Geburtstag. Die dort wohnenden Arbeiter haben eine Lebenserwartung von 22 Jahren, während Angehörige der Oberschicht durchschnittlich 45 Jahre alt werden.

DENNOCH WÄCHST DIE STADT explosionsartig: Seit der Jahrhundertwende hat sich die Zahl der Einwohner im Großraum London auf rund zwei Millionen fast verdoppelt – vor allem durch den Zuzug von Landarbeitern und Kleinbauern, deren Höfe nicht mehr rentabel waren.

Nur langsam beginnen Politiker und Versorgungsunternehmen mit der Modernisierung der Region. Die Chelsea Waterworks etwa reinigen das Themsewasser seit 1829 mit einem Sandfilter, in dem die gröberen Verunreinigungen hängen bleiben. Doch pro angeschlossenes Haus verlangt das Unternehmen jährlich eine Gebühr von zehn Pfund.

1826 wird das University College gegründet, die erste öffentliche Universität Londons, zwei Jahre später folgt das King's College. 1831 studieren allein 800 Medizinstudenten an 21 – meist privaten – anatomischen Lehranstalten: so viele wie nie zuvor, doch zu wenige, damit auch künftig eine angemessene ärztliche Versorgung für die Unterschicht gewährleistet werden kann.

Um die Grundbegriffe der Anatomie und die notwendigen Operationstechniken zu erlernen, müssen die Studenten an Leichen üben; insgesamt werden mehr als 1000 Tote pro Jahr benötigt. Doch die einzigen Leichname, die den Medizinern per Gesetz zur Verfügung stehen, sind die von hingerichteten Mördern.

Im Jahr 1831 sind das genau zwölf Leichen in ganz England und Wales – zu wenige. Und so ist in der Halbwelt ein neuer, für Angehörige der Unterschicht attraktiver Wirtschaftszweig entstanden: *Resurrection men*, „Männer, die die Toten wiederauferstehen lassen", stehlen Verstorbene aus frischen Gräbern, von Totenwachen und aus Krankenhäusern und verkaufen die Leichen für acht bis zwölf Pfund pro Stück an Anatomen und Chirurgen der Stadt.

Männliche Leichen haben einen höheren Marktwert als weibliche, weil deren Muskulatur anschaulicher ausgebildet ist; zur Not akzeptieren die Chirurgen auch Babyleichen. Spitzenpreise erzielen die verstorbenen Insassen von Psychiatrien. Für die Leiche eines jungen Geisteskranken bieten Chirurgen, wohl auf seltsame Verformungen des Gehirns hoffend, schon mal 20 Pfund. Eine enorme Summe – fast das halbe Jahresgehalt eines gut bezahlten Dieners.

UM EINE LEICHE ZU STEHLEN, BENÖTIGT EIN GUTER BODY SNATCHER NUR 30 MINUTEN

Auf Londoner Plätzen kämpft um Aufmerksamkeit, wer etwas verkaufen will: dieser Limonadenhändler ebenso wie Straßenkinder mit dressierten Affen

Bei den Preisen, die von den Ärzten für Leichen gezahlt werden, ist die Versuchung für die Resurrection Men groß, selbst für Nachschub zu sorgen

Es ist unklar, wie viele Leichenräuber 1831 ihrer Arbeit nachgehen. Möglicherweise sind es mehr als 200, die gelegentlich ein „Ding", wie sie es nennen, verkaufen, ansonsten aber gewöhnliche Diebe und Betrüger sind. Ein guter *body snatcher* benötigt für die Bergung einer Leiche etwa 30 Minuten. Auf manchen Friedhöfen liegen die Leichen so dicht unter der Erdoberfläche, dass die Arbeit schon fast der eines Pilzsammlers gleicht.

Der Kirchhof der St Clement Danes Church etwa, südlich des Clare Market, ist chronisch überfüllt. Die frisch beerdigten Toten liegen meist nur 30 Zentimeter unter der Oberfläche. Es ist nicht

Wer kein Zuhause hat, **schläft schutzlos im Freien. Eine obdachlose Frau und zwei Jungen gehören zu den Opfern der Leichenbeschaffer**

ungewöhnlich, dass Besucher der Kirche in Ohnmacht fallen, betäubt von dem Gestank, welcher der Krypta entweicht, wo 12 000 Körper in Stapeln bestattet sind.

Wirkliche Spezialisten, denen die Anatomen vertrauen und die ihre Ware pünktlich liefern, gibt es vielleicht zehn in der Stadt. Gut möglich, dass John Bishop und Thomas Williams dazu zählen. Bis zu seiner Verhaftung hat John Bishop zwischen 500 und 1000 Leichen an die medizinischen Lehranstalten Londons geliefert.

Am 5. November 1831 präsentieren die beiden gemeinsam mit James May den Ärzten des King's College die Leiche eines etwa 14-jährigen Jungen. Doch der Körper, der aus einem Sack auf den steinernen Boden gleitet, macht einen verdächtig frischen Eindruck.

Einen Tag zuvor haben sich die zwei schon morgens von ihrem winzigen Cottage im Viertel Nova Scotia Gardens auf den Weg in ihre Stammkneipe „Fortune of War" gemacht, wo sich Londons Leichenräuber mit ihren Informanten und Trägern treffen, um Details über bevorstehende Todesfälle oder Beerdigungen auszutauschen. Bishop, 33 Jahre alt, ein wenig untersetzt, hat eine spitze, gekrümmte Nase und leicht hervorquellende, grüngraue Augen. Darüber dichtes dunkles Haar, das sich an den Wangen zu buschigen Koteletten kräuselt. Williams ist Ende 20, sein Gesicht wird von schmalen, verkniffenen Lippen bestimmt.

NEBEN ANATOMEN FRAGEN AUCH ZAHNÄRZTE UND PERÜCKENMACHER NACH DER WARE MENSCH

Ein lehmiger Pfad führt von Nova Scotia Gardens westwärts in Richtung City, vorbei an verrotteten Gebäuden aus der Zeit der Stuart-Dynastie (1603–1714) und König Georgs I. (1714–1727). Manchmal, wenn hier der Fleet River über die Ufer tritt, überschwemmt er ganze Straßenzüge mit morastigem Abwasser und hinterlässt in den Hauseingängen zähen, braunen Schlamm.

In dieser Gegend verpestet der Gestank aus dem Tiermarkt von Smithfield die Luft. Jedes Jahr werden hier etwa 1,5 Millionen Schafe, 150 000 Rinder und 60 000 Schweine verkauft – und auch geschlachtet. Aus den Hinterhöfen sickert Blut auf die Straße, aus den Kellerfenstern dringen die Ausdünstungen von sterbenden Tieren in die Gassen.

Der Pub „Fortune of War" liegt mitten in Smithfield, an der Ecke Giltspur Street und Cock Lane – jener Kreuzung, an der das große Feuer von 1666 Halt gemacht hat. Unter den Wirtshäusern in der Umgebung, in denen sich die Body Snatcher treffen, ist es das berühmteste. Es soll Zeiten gegeben haben, da lagerten die Leichenräuber ihre „Dinge" einfach, mit einem Namensschildchen versehen, unter den Bänken oder hinter den Tresen, während sie die medizinischen Schulen abgingen, um herauszufinden, wer bereit war, den besten Preis zu zahlen.

LEICHENDIEBSTAHL WIRD NUR MILDE BESTRAFT. John Bishop etwa ist 1825 zu zwei Monaten Gefängnis verurteilt worden, nachdem er beim Transport eines exhumierten Leichnams ertappt worden war. Doch weitere Strafen fürchtet er nicht. Eines Tages hat er sich vor dem Gerichtsgebäude an der Bow Street aufgestellt, eine Hand voller Geldstücke in die Höhe gehalten und den herumstehenden Polizisten zugerufen: „Seht ihr? Ihr könnt mich nicht davon abhalten. Letzte Nacht habe ich wieder einen Steifen geholt und neun Pfund dafür bekommen." Für den Jungen will er mindestens zehn haben.

Im „Fortune of War" sitzt an diesem Morgen der Leichenräuber James May am Tresen und trinkt Rum. Bishop bittet May, der gute Kontakte hat, um Hilfe beim Verkauf der Leiche. May hat erst am Tag zuvor zwei „Dinger", die er sich auf dem Land besorgt hat, an Guy's Hospital verkauft. Er hat keine Ahnung, wie Bishop und Williams an die Leiche gekommen sind. Als er den Körper besichtigt, ist er über dessen erstaunliche Frische verwundert – und sicher, einen guten Preis dafür zu bekommen.

Später am Abend stellt sich May im „Fortune of War" an den Tresen und beginnt, etwas Wasser über sein Taschentuch

Dichtes Gedränge herrscht in der Londoner Innenstadt. Mitten unter den Passanten versuchen 15 000 Straßenjungen, mit Betteln, Taschendiebstahl und der Präsentation von Kuriositäten zu überleben – oft im Auftrag eines erwachsenen Patrons.

zu schütten. Henry Lock, der Barmann, beugt sich über den Tresen, um zu sehen, was May in dem Tuch hält. Es ist ein Satz guter, gesunder Zähne, wie die eines sehr jungen Menschen. „Die sind sicherlich einiges wert", sagt Lock.

May, der mit dem Stoff Blut und Zahnfleischreste abzureiben versucht, sagt, er hoffe, für den ganzen Satz zwei Pfund zu bekommen. Neben Zahnärzten gehören auch Perückenmacher zu den Kunden der Body Snatcher. Ein Frauenskalp mit gesundem, langem Haar bringt den Leichenräubern ein ordentliches Handgeld. Die Händler in der Field Lane wiederum bieten die Kleidungsstücke der Toten, gewaschen und ausgebessert, in ihren Schaufenstern an.

Am nächsten Morgen kurz vor neun Uhr betritt James May den Laden des Zahnarztes Thomas Mills am Bridge House Place, südlich der Themse. Einer der Schneidezähne weise eine Kerbe auf, sagt Mills, und sähe aus, als gehöre er nicht zu den anderen. May schwört, dass alle Zähne aus demselben Mund stammen und dass der Körper dazu niemals beerdigt gewesen sei – ein Satz, der ihn später fast an den Galgen bringt.

„Tatsache ist", sagt May, „dass sie einem jungen Kerl von 14 oder 15 Jahren gehörten. Bei Gott, die gehörten vor Kurzem noch alle zum gleichen Kopf." Doch es ist ein schlechter Tag für Geschäfte. Als James May den Laden verlässt, hat er kaum mehr als ein halbes Pfund eingenommen.

Am King's College läuft es nicht besser. Richard Partridge, ein Anatomieprofessor, will den drei Leichenräubern, die bei ihm erschienen sind, nur neun Pfund für den Körper zahlen, obwohl der Leichnam ungewöhnlich frisch aussieht, als wäre er niemals beerdigt gewesen – der Lehm an Torso und Schenkel ist offensichtlich draufgeschmiert worden.

Das Kind ist 1,37 Meter groß, hat blondes Haar und graue, blutunterlaufene Augen. Der linke Arm ist eigentümlich nach oben gebogen, die Hand zur Faust geballt. Auf seinem linken Unterarm finden sich längliche blaue Flecke, als hätte ihn jemand mit großer Kraft gepackt. Die Zähne fehlen.

Jeden Montag ist Pferdeauktion **bei »Tattersall's«. Die Londoner Pferde sind berühmt dafür, selbst im größten Gedränge ruhig zu bleiben. Das schätzt auch die Polizei: Bald patrouilliert sie beritten durch die Armenviertel der Stadt**

Partridge, der gerade einen Artikel über einen spurlos verschwundenen 14-jährigen Jungen gelesen hat, wird misstrauisch. Er habe nur eine 50-Pfund-Note bei sich, teilt er den Body Snatchern mit, er müsse kurz weggehen, um sie zu wechseln.

20 Minuten später kehrt er mit Superintendent Joseph Sadler Thomas von der Londoner Polizei und einigen Beamten zurück. Auf die Frage, woher er den Jungen habe, antwortet Bishop: „Wenn Sie wissen möchten, wie ich ihn

bekommen habe, finden Sie es doch heraus, wenn Sie können.“ Bishop, May und Williams werden wegen Mordverdachts verhaftet.

Niemand kennt die Identität des Toten. Mehrere Elternpaare kommen, auf der Suche nach ihren vermissten Söhnen – vergebens. Unter ihnen sind auch italienische Immigranten. Sie glauben, in dem toten Jungen ein italienisches Straßenkind zu erkennen, das sie häufig mit einem Mäusekäfig um den Hals und einer Schildkröte in Covent Garden gesehen hatten. Die Zeitungen nehmen die mögliche Spur schnell auf – aus dem unbekannten Toten wird „The Italian Boy“.

IM HAUS DER BODY SNATCHERS FINDET DIE POLIZEI EINEN SKALP MIT LANGEM HAAR

Seit Jahren haben Menschenhändler Hunderte italienischer Jungen in die Stadt geschleust. Meist stammen die Kinder aus ärmlichen Verhältnissen und wurden ihren Eltern gegen ein Handgeld abgekauft. In London stehen sie zumeist an Straßenecken und gewähren Passanten für ein paar Pennys einen Blick auf Kuriositäten oder exotische Tiere, die sie bei ihren Herren mieten müssen. Eine Schachtel mit aus Wachs geformten siamesischen Zwillingen oder ein uniformierter Affe bringen dem Vermieter etwa zwei Shilling pro Tag, für vier tanzende Hunde in Kostümen mit Flöte und Tamburin verlangt er fünf Shilling.

Auf den Straßen der Stadt leben schätzungsweise 15 000 obdachlose Jungen. Die meisten von ihnen schlafen unter den Dächern des Marktes von Covent Garden, in den Büschen des Hyde Park, in den Heuhaufen von Marylebone: ausgezehrte, hungrige Körper im Schatten der Stadt.

Die Italian Boys mit ihren langen dunklen Wimpern, den leuchtenden Augen und der olivfarbenen Haut erregen die Aufmerksamkeit der Passanten, sodass ihre Geschäfte florieren. Als die Polizei 1826 einen italienischen Jungen verhaftet, der gerade einen Passanten mit seinem tanzenden Affen unterhält, finden sie in seinen Taschen die erstaunliche Summe von 21 Pfund, sieben Shilling und sechs Pennys.

Ladys beim Krocket-Spiel. Aus besseren Kreisen stammen auch die Anatomen und Chirurgen, die bereit sind, bis zu 20 Pfund für einen außergewöhnlichen Leichnam zu zahlen

SUPERINTENDENT JOSEPH SADLER THOMAS von der neu gegründeten Metropolitan Police ist jung und ehrgeizig. Seine hohen Verhaftungsquoten sind legendär, und er ist fest entschlossen, den offenbar gewaltsamen Tod des Jungen aus dem King's College aufzuklären. Der „Italienische Junge“ ist sein erster Mordfall.

Er ordnet eine Hausdurchsuchung an – im Jahr 1831 noch ausgesprochen ungewöhnlich. Im Garten von Nova Scotia Gardens Nr. 3 finden seine Männer vergrabene Kinderkleidung, einen Skalp mit langem, braunem Haar sowie einige Stücke Menschenfleisch. Auch das Haus Nr. 2 untersucht der Superintendent; im Abtritt findet er ein Bündel Frauenkleider, eine schwarze Haube und Strümpfe.

In den Zeitungen – in der „Times“, dem „Morning Advertiser“ oder der „Sun“ – heißen Bishop, Williams und May schon bald „Die Mörder des italienischen Jungen“. Die gezeichneten Porträts der Männer erscheinen von Mal zu Mal düsterer. Gleichzeitig sorgt der Tod des Jungen für eine neue Attraktion in der kargen Gegend von Spitalfields und Bethnalgreen: Die Polizei bietet für fünf Shilling Führungen in „Bishop's House of Murder“, um zu verhindern, dass Hunderte von Schaulustigen das Gelände überrennen.

Doch auch dieses handverlesene Publikum – „nur die Eleganteren dürfen an der Tour teilnehmen“, schreibt der „Morning Advertiser“ – ist so erpicht auf Erinnerungsstücke aus dem Haus der Mörder, dass von zwei kleinen Bäumen im Garten nur noch Stümpfe übrig bleiben, nachdem Souvenirjäger Borke und Äste abgekratzt haben.

Am 2. Dezember 1831 ist Old Bailey besetzt bis auf den letzten Platz, obwohl die Preise von den üblichen zehn Shilling auf mehr als ein Pfund angehoben wurden. Unter den Zuschauern sind viele Ärzte, aber auch zwei Söhne des Premierministers Earl Grey und sogar der jüngere Bruder des Königs, der Duke of Sussex.

Old Bailey ist bekannt für den unerträglichen Gestank, der aus den Sickergruben des angrenzenden Newgate-Gefängnisses herüberweht. Die Gerichtsdiener haben bereits morgens um acht Uhr begonnen, eine Mischung aus aromatischen Kräutern zu verstreuen, in der Hoffnung, wenigstens die Ausdünstungen des Publikums nach altem Gin, Käse und Zwiebeln zu überdecken.

DIE MÖRDER DES STRASSENJUNGEN WERDEN HINGERICHTET – UND DANACH SELBER SEZIERT

Über den drei Angeklagten ist ein Spiegel angebracht. Man sieht die Rücken der Männer, vom Haarschopf bis hinunter zu den Stiefeln. John Bishop starrt mit tief liegenden Augen vor sich hin. Thomas Williams zappelt wie ein Kind. Nur James May wirkt ruhig.

John Curwood und J. T. Barry – ein Anwalt, der für die Abschaffung der Todesstrafe eintritt – stehen den Angeklagten zur Seite. Ihre Möglichkeiten sind begrenzt; sie dürfen zwar Zeugen aufrufen und Kreuzverhöre führen sowie von den Angeklagten vorbereitete Stellungnahmen vorlesen, sich aber nicht mit einem Plädoyer an die Geschworenen wenden. Erst fünf Jahre später wird ein Anwalt in einem Kriminalfall erstmals vor einer Jury plädieren dürfen.

Zudem wissen die Anwälte nicht, welche Beweise die Staatsanwaltschaft vorlegen wird. In der Regel dauert ein Prozess in Old Bailey nicht einmal zehn Minuten, selten länger als einige Stunden. Doch diesmal vergehen neun Stunden, ehe die Geschworenen Bishop, Williams und May des Mordes für schuldig erklären. Denn es sind ungewöhnlich viele Zeugen gehört worden: Der Staatsanwalt hat 40 Belastungszeugen benannt, die Verteidigung sechs Entlastungszeugen.

Die drei Angeklagten, die bis zuletzt ihre Unschuld beteuern, werden zum Tod durch den Strang am kommenden Montag verurteilt. Ihre Körper sollen anschließend den Anatomen zur Sektion zur Verfügung gestellt werden. Die Nachricht sorgt unter den Zuschauern auf der Straße für so großen Jubel, dass die Gerichtsdiener die Fenster schließen müssen.

Zwei Tage später legen Bishop und Williams, ermutigt durch einen Geistlichen, ein Geständnis ab und bekennen sich des Mordes an einer obdachlosen Frau und zwei Jungen für schuldig. „Der Italian Boy", so Bishop, sei in Wirklichkeit „ein Lincolnshire Boy". Sie geben zu, die Opfer mit Rum und Laudanum, einem opiumhaltigen Medikament, betäubt und schließlich in einem Brunnen im Garten ihres Hauses ertränkt zu haben. Sie erklären auch, dass James May mit den Morden nichts zu tun hat.

Als May erfährt, dass seine Hinrichtung aufgeschoben (und später zu einer Verbannungsstrafe umgewandelt) werden soll, fällt er vor Erleichterung in nervösen Krämpfen zu Boden, unfähig, auch nur eine einzige verständliche Silbe herauszubringen.

Nach der Hinrichtung der beiden Body Snatcher wird Richard Partridge, dem Anatom des King's College, die Ehre zuteil, John Bishop zu sezieren. Während er dessen Leib vor Studenten mit einem langen Schnitt von der Kehle bis zum Unterleib auftrennt, hält er einen Vortrag über Gerichtsmedizin.

Es stellt sich heraus, dass Bishop von ungewöhnlich guter Konstitution war. „Ein gesünderes oder muskulöseres Subjekt ist in den Anatomie-Schulen lange nicht gesehen worden", schreibt später der „Morning Advertiser". Der Körper wird schließlich, mit dickem Garn zugenäht, als Ausstellungsstück in einem Nebenraum gezeigt; viele kommen, um sich ihn anzusehen.

OB JOHN BISHOP UND THOMAS WILLIAMS noch mehr Menschen ermordet haben, wird niemals geklärt. Und auch die wahre Identität des Jungen aus dem King's College bleibt im Dunkeln. Superintendent Joseph Sadler Thomas verlässt knapp zwei Jahre später die Metropolitan Police, um in Manchester einen Polizeiposten für das Dreifache seines früheren Gehalts anzunehmen.

Der Mord an dem Italian Boy führt zum Ende der Body Snatcher. Im Unterhaus sagt ein Parlamentarier während einer Aussprache: „Je elender, je einsamer der Mensch sein mag, desto begehrenswerter erscheint er diesen Schuften. Es ist der Mensch, der nackte Mensch, den sie verfolgen."

Am 11. Mai 1832 wird ein Anatomiegesetz verabschiedet, das den Ärzten erlaubt, von Anverwandten nicht beanspruchte Leichen aus den staatlichen Arbeitshäusern zu Sektionszwecken zu benutzen. Seither wacht „Her Majesty's Inspector of Anatomy" darüber, dass keine Leichen mehr illegal seziert werden.

Zwei Jahre später zwingt ein neues Gesetz die Armen zu Tausenden in die Arbeitshäuser, wo sie unter gefängnisähnlichen Bedingungen leben und arbeiten müssen. Den Medizinstudenten stehen schon bald mehr Leichen zur Verfügung als jemals zuvor.

Helfer haben einen ausgezehrten Jungen von der Straße gerettet. **Die Kindersterblichkeit ist hoch: Fast die Hälfte aller Londoner Toten ist unter zehn Jahre alt. Selbst deren schmächtige Körper werden den Leichenhändlern von Ärzten abgekauft**

Carabinieri, Militärpolizisten, werden von vielen Sizilianern eher als Besatzer denn als Beschützer gesehen. Liefern sie sich Schießereien mit Mafiosi, können sie auf keine Unterstützung durch die Bürger rechnen (Illustration, 1908)

DIE EHRENWERTE GESELLSCHAFT

Im 19. Jahrhundert bilden Räuber und Gutsverwalter, Wachmänner und Rebellen in Sizilien Banden, deren Mitglieder sich einem strengen Ehrenkodex unterwerfen. Bald spricht man von einem einzigen undurchschaubaren Gebilde – der »Mafia«. Mit Gewalt beherrscht sie weite Teile der Insel, erpresst Unternehmer, korrumpiert Politiker. Und schafft so das Urbild des Organisierten Verbrechens

— TEXT: **MATHIAS MESENHÖLLER**

Palermo um 1910: Siziliens größte Stadt liegt an der Nordküste der Insel, im Schatten des Berges Pellegrino. Unter den hochrangigen Beamten der Verwaltungs- und Handelsmetropole hat die Mafia zahlreiche Verbündete

Sizilien wird 1861 Teil des gerade gegründeten italienischen Staates. Dank neuer Zitruspflanzungen gelangt bald immer mehr Geld auf die Insel. Vor allem im Westen, um Palermo, presst die entstehende Mafia Plantagenbesitzern Schutzgeld ab

Innenhof in Trapani, im Westen der Insel. Auch wenn hier ein Polizist posiert (Mitte), sind die zahlreichen Städte der Insel kaum besser vom Staat zu kontrollieren als die weiten ländlichen Gebiete

Am Morgen des 1. Februar 1893 verlässt Emanuele Notarbartolo sein Gutshaus mit dem feuerfesten Dach, der Sicherheitstür und dem ummauerten Vorhof. Er nimmt ein Gewehr mit. Notarbartolo begibt sich nie unbewaffnet auf Reisen.

Emanuele Notarbartolo, Marchese di San Giovanni, ist ein kräftiger, knapp 60-jähriger Herr mit schütterem Haar und wachem Blick. Er stammt aus einer bekannten Adelsfamilie, war Bürgermeister von Palermo, dann Generaldirektor der Bank von Sizilien und gilt als unbestechlich, als Idealist, der an ehrliche Geschäfte und harte Arbeit glaubt. Eben deshalb musste er die Bank verlassen: weil er dort allzu entschlossen Günstlingswirtschaft und Betrug bekämpfen wollte. Mittlerweile aber gibt es Gerüchte, Notarbartolo solle zurückgerufen werden. Vielleicht macht er sich deshalb nun auf den Weg nach Palermo.

Rund zwei Stunden dauert der Ritt zur nächsten Bahnstation, nach Sciara. Einsames Land. Ein Land, durch das immer noch Banditen streifen, die Menschen ausrauben oder entführen, um Lösegeld zu erpressen. Doch Notarbartolo erreicht unbehelligt Sciara. Er besteigt den Zug nach Palermo und wählt ein leeres Abteil erster Klasse. Erst jetzt fühlt er sich sicher: Dass die Gesetzlosen je einen Zug überfallen hätten, ist nicht bekannt. Er verstaut das Gewehr im Gepäcknetz über dem Sitz. Der Zug ruckt an. Notarbartolo döst ein.

Im Bahnhof von Termini Imerese wacht er kurz auf. Mit 13 Minuten Verspätung, um 18.23 Uhr, kommt das Signal zur Abfahrt. Im letzten Moment steigen zwei Männer in dunklen Mänteln und mit runden Hüten zu.

Der Zug rollt die Küste entlang. Als er den Tunnel zwischen Termini Imerese und Trabia erreicht, schallt das Stampfen der Lokomotive, das Rütteln der Waggons von den Wänden zurück und überdeckt jedes andere Geräusch.

Da dringen die Männer in Notarbartolos Abteil. Der eine hält ein Stilett in der Hand, der andere einen zweischneidigen Dolch mit Knochengriff.

Der Marchese springt hoch und schlägt um sich, einige Stiche treffen ihn, andere zerfetzen das Sitz- und das Kopfpolster. Er bekommt eine der Klingen zu fassen; mit der anderen Hand fingert er nach seinem Gewehr, ein Stich trifft ihn in die Leiste, die zerschnittene Hand schlägt gegen das Fenster – dann kann einer der Männer ihn umklammern. Der andere sticht viermal tief in Notarbartolos Brustkorb.

Als der Zug in Trabia einläuft, kauern die Mörder sich unter das blutverschmierte Abteilfenster. Abermals setzt die Lokomotive sich in Bewegung. Zwei Minuten bleiben den beiden, um die Leiche zur Tür zu schaffen. Dann erreicht der Zug eine Brücke, und sie werfen den toten Notarbartolo hinaus. Doch der Körper stürzt nicht hinab in den Fluss, der ihn ins Meer tragen würde, sondern

Palermos überfüllte Gassen verraten, dass die Metropole zwischen 1850 und 1900 von 170 000 auf 255 000 Einwohner wächst. Rund 200 Verbrecher bilden damals in der Region um die sizilianische Kapitale den Kern der Mafia

In den prächtigen Vierteln Palermos – hier an der Piazza Marina – residieren jene Politiker, die der Mafia Gefälligkeiten erweisen und deren Verbindungen bis in die Hauptstadt Rom reichen

schlägt gegen das Brückengeländer und bleibt auf dem Gleis liegen. So wird er gefunden und identifiziert.

Kaum ist der Name bekannt, flüstern die Menschen auf den Straßen Palermos auch schon, wem allein das Verbrechen zuzutrauen sei. Der „Mafia".

Gerüchte über eine Verbrecherorganisation, die heimlich die Geschicke Siziliens bestimmt, schwirren seit Jahrzehnten umher. Und fast ebenso lange wird sie mit einem Wort in Verbindung gebracht, das im Dialekt Palermos ursprünglich „schön", „kühn" oder auch „selbstbewusst" bedeutet: *mafioso.*

1863 hat ein populäres Theaterstück diesen Begriff auf edelmütige Verbrecher angewandt; zwei Jahre später nutzt Filippo Gualterio, Präfekt von Palermo, erstmals in einem Rapport die Ableitung „Mafia". Doch was genau sich dahinter verbirgt, bleibt rätselhaft.

Eine kriminelle Verschwörung, so versteht es Gualterio in seinem Bericht. Männer wie der Volkskundler Giuseppe Pitrè widersprechen. „Mafia" – das bedeute bloß ein ausgeprägtes Gefühl für die eigene Ehre, Stärke und Unabhängigkeit. Es sei ein Teil der sizilianischen Mentalität, die von arroganten Norditalienern kriminalisiert werde. Wohl könne solch unbändiger Stolz einfache Menschen auch zu Straftaten hinreißen; eine illegale Verbrechervereinigung jedoch sei ein Hirngespinst.

Von nun an werden sizilianische Politiker, aber auch ausländische Wissenschaftler beharrlich diese Einschätzung vertreten. Sie irren oder lügen.

Denn es gibt die Mafia. Und Emanuele Notarbartolo ist ihr erstes Opfer aus der Oberschicht: der erste *cadavere eccellente* der sizilianischen Organisierten Kriminalität – eine „berühmte Leiche".

Dennoch gelingt es Komplizen der Mörder in Polizei und Justiz beinahe, die Affäre zu unterdrücken: Beweise verschwinden, Zeugen werden eingeschüchtert, und als 1899, nach fast sieben Jahren, ein Verfahren eröffnet wird, stehen lediglich zwei Bahnangestellte als Helfershelfer vor Gericht. Für eine Verschwörung, für deren Hintermänner oder professionelle Mörder fehlt es angeblich an Indizien.

Bis Leopoldo Notarbartolo auftritt. Der Sohn des Ermordeten hat selbst nachgeforscht, mehrere Anwälte engagiert. Er investiert das Vermögen der Familie in ein einziges Vorhaben: jene Männer verurteilt zu sehen, die Schuld am Tod des Vaters tragen.

Am 16. November 1899 sagt er vor dem Schwurgericht in Mailand aus. Hoch aufgerichtet, in der Uniform eines Marineoffiziers legt er ruhig dar, was er herausgefunden hat.

Den Mordauftrag habe Don Raffaele Palizzolo gegeben, Parlamentsabgeordneter für Palermo – und Siziliens wohl einflussreichster Politiker. Die Bluttat begangen hätten Mitglieder der Mafia-Zelle von Villabate bei Palermo. Und die Behörden hätten beide Männer gedeckt.

Notarbartolos Aussage erschüttert Italien. Sie füllt die Schlagzeilen und schreckt Politiker auf, macht aus der lokalen Affäre einen nationalen Skandal.

Denn mit der Schuld oder Unschuld Raffaele Palizzolos steht zur Debatte, was die Mafia eigentlich ist: ein Name bloß für eine archaische Mentalität – oder eine verbrecherische Organisation, die den Staat bis in die höchsten Kreise durchdrungen hat.

Die junge italienische Nation stellt sich einer neuartigen Gefahr: der Organisierten Kriminalität.

Seit jeher haben sich Menschen verbündet, um gewaltsam reich zu werden. Haben Räuberbanden oder Piratengesellschaften gebildet, die bestimmte Regeln befolgten – und in jedem erdenklichen Verhältnis zur politischen Macht standen. Kriegerische Stämme entlang dem Pilgerweg nach Mekka etwa erpressten Schutzgeld vom Osmanischen Reich; europäische Freibeuter genossen das Einverständnis ihrer Fürsten – solange sie deren Rivalen plünderten.

Manchmal standen große Raubzüge gar am Beginn von Staatsgründungen, so bei den Normannen und Mongolen.

Moderne Organisierte Kriminalität setzt dagegen zweierlei voraus: einen Staat, der das alleinige Recht beansprucht, legitime Gewalt auszuüben, um so seine Bürger und deren Eigentum zu schützen; und das Versagen dieses Staates, den Anspruch durchzusetzen.

Erst dann wird private Gewalt zur Organisierten Kriminalität. Zu einer Verschwörung, die das Gemeinwesen unterwandert – ohne ideologische Ziele zu verfolgen, einzig um Profit zu machen. Ob ein Geschäft illegal oder legal ist, ist ihr gleich: Ihre Mitglieder folgen einer eigenen Moral jenseits der Gesetze. Einer Subkultur der Gewalt, die im Extremfall den Staat ersetzt.

Seit Jahrhunderten schon werden kaum irgendwo in Europa die Bauern so ausgebeutet wie auf Sizilien. Die adeligen Landbesitzer leben meist in der Stadt und vertrauen ihre Latifundien Verwaltern an, die hart und gerissen sein müssen, um den Geldhunger ihrer abwesenden Herren zu befriedigen. Aristokraten und Verwalter stellen Milizen auf: bewaffnete Schläger, die den Bauern mit Raub und Erpressung zusetzen, wenn die nicht genügend Erträge abliefern. Etliche der Drangsalierten sehen keinen anderen Ausweg, als sich daraufhin Räuberbanden anzuschließen.

Im frühen 19. Jahrhundert verelenden die Bauern vollends und gehen immer häufiger unter die Banditen. Aber auch Teile der Privatmilizen wandeln sich zu Räuberbanden. Klare Fronten gibt es nicht: Großpächter heuern bekannte Gewalttäter als Wachmänner an und hehlen selbst mit Raubgut. Polizisten handeln mit Viehdieben Preise für die Rückgabe der Tiere aus, gegen eine Provision. Für die bäuerlichen Diebe wiederum ist der Weg vom Raub zur Auflehnung kurz.

In den Jahren 1820/21 und 1848 schließen sich bewaffnete Bauern und Banditen politischen Aufständen gegen das Königshaus der Bourbonen an, das von Neapel aus über Sizilien herrscht. Diese Revolten erfassen auch die Städte und werden von liberalen Adeligen und Intellektuellen geführt. In Geheimbünden konspirieren Aristokraten, gebildete Bürger sowie Handwerker gegen das Regime – und schieben einander Ämter zu, verabreden legale und illegale Geschäfte. Anscheinend herrscht auf Sizilien Anarchie.

Doch bereits 1838 informiert ein Richter das Justizministerium in Neapel über eine seltsame Beobachtung: In vielen Dörfern vor allem Westsiziliens gebe es eine Bruderschaft, die weder politische Ziele verfolge noch feste Versammlungsorte habe – alles, was sie zusammenhalte, sei ein Anführer. Diese Leute beteiligten sich an Verbrechen aller Art; vor allem jedoch vermittelten sie gütliche Einigungen mit gewöhnlichen Banditen und unterhielten Fonds, um Behörden und Gerichte zu manipulieren. Auf ihre Weise handelten sie wie kleine, lokale Regierungen.

Dieser Bericht ist die erste Nachricht über die entstehende Mafia.

DIE MAFIA HAT KEIN GRÜNDUNGSJAHR UND KEIN STATUT; sie kennt keine zentrale Führung, keine Gremien und hinterlässt keine Aufzeichnungen. So erfolgreich wehrt sie sich gegen Verrat und Verfolgung, dass auch die Behörden kaum Genaues wissen. Deshalb liegt vieles im Dunkeln, muss aus späteren Zeugnissen rekonstruiert und vermutet werden.

Diese Unsichtbarkeit hat einen Namen: *omertà*. Das Wort bedeutet ursprünglich „Demut" und meint strengen Gehorsam und Treue gegenüber der Gruppe und ihrem Anführer. Vor allem aber bezeichnet sie ein Schweigegebot: Kein Mitglied darf mit der Polizei reden, ihr helfen oder ihre Hilfe suchen.

Vielmehr gehört es zur Ehre eines Mannes, sich und die Seinen selber zu schützen. Wird er gekränkt oder geschädigt, wendet er sich nicht an die Behörden, sondern rächt sich auf eigene Faust. Oder er sucht Hilfe bei einem mächtigeren Freund, einem Patron, der die Angelegenheit bereinigt.

In den Jahren der sizilianischen Anarchie vervielfältigt sich die Zahl waffengeübter Männer, die Schutz und Vergeltung gewerbsmäßig anbieten, darunter ehemalige Privatmilizionäre, Soldaten und Latifundienwächter. Ein Markt entsteht, auf dem Gewalt als Dienstleistung verkauft wird.

Bei der von dem Richter erwähnten Bruderschaft handelt es sich offensichtlich um einen Geheimbund, der versucht, diesen Markt unter seine Kontrolle zu bringen.

Auch auf dem Festland organisieren sich Verbrecher – etwa die Angehörigen der »Camorra«, hier im Kampf gegen Carabinieri bei Neapel

Anonymes Porträt eines Mafioso: Die Gangster selbst stilisieren sich zu »Ehrenmännern« und Beschützern der Armen

Vermutlich gibt es, jeweils auf eine Region konzentriert, bereits mehrere solcher Bünde.

Es sind die besonders Skrupellosen und Ehrgeizigen, die sich hier zusammenfinden: politische Rebellen und gewöhnliche Verbrecher, einfache Bauern und Arbeiter, Feldwächter, Hirten, aber auch Priester und Advokaten. Bisweilen spielen Pächter und Landbesitzer eine führende Rolle – andernorts werden sie dagegen selbst erpresst oder treten nur bei, um ihr Eigentum abzusichern.

Denn die Bünde beteiligen sich nicht nur an Entführungen, Viehdiebstahl und Schmuggel: Sie bieten auch Schutz vor Anschlägen durch gewöhnliche Banditen. Und sie arbeiten gezielt mit korrupten Richtern und Politikern zusammen. Einen Zusammenschluss der einzelnen Zellen indes gibt es noch nicht, bloß lose Verbindungen. Unfreiwillig fördert die Regierung diese Kontakte sogar: In den Gefängnissen der Insel sitzen Diebe und Räuber, organisierte Kriminelle und politische Häftlinge gemeinsam ein, lernen voneinander, knüpfen Freundschaften.

Irgendwann in dieser Zeit übernehmen die Verbrecher vermutlich eine gespenstische Zeremonie aus der Welt der Freimaurer und Geheimbünde: Akzeptiert eine Zelle ein neues Mitglied, so vollzieht sie an ihm ein Aufnahmeritual.

Der Novize wird mit verbundenen Augen an einen geheimen Ort geführt. Dort sticht oder ritzt ein Anführer ihm einen Finger oder den Arm auf und befiehlt ihm, sein Blut auf einem Heiligenbild zu verstreichen.

Anschließend verbrennt der Anführer Bild und Blut und verstreut die Asche, während das neue Mitglied Treue und Verschwiegenheit schwört – was mit ihm geschehen wird, sollte er den Schwur brechen, symbolisiert das verbrennende Bild. Verrat, bedeutet das, hat in dieser Gemeinschaft einen ungleich höheren Preis als in einer gewöhnlichen kriminellen Bande. Stolz nennen sich die Verschworenen „Ehrenmänner“.

Ihre Hochburgen liegen in Westsizilien und um Palermo, wo kaum ein Gutsbesitzer sich um sein Land kümmert, aber das meiste Geld umgesetzt wird.

Am 11. Mai 1860 laufen zwei Dampfer in den Hafen von Marsala an der Westküste Siziliens. An Bord drängen sich rund 1000 italienische Freischärler unter dem Kommando Giuseppe Garibaldis.

Ein Jahr zuvor hat im norditalienischen Piemont ein Krieg um die Einheit und Freiheit Italiens begonnen, gegen das in Norditalien herrschende Österreich, gegen den Papst. Nun trägt Garibaldi die Idee nach Süden. Sein Ziel: das von den Bourbonen beherrschte Sizilien für das neue Italien zu erobern.

Bald schließen sich ihm Tausende Sizilianer an, altgediente Rebellen der früheren Aufstände, verarmte Handwerker sowie Gewaltunternehmer aus dem Hinterland.

20 000 Soldaten stellt Siziliens König ihnen entgegen. Garibaldi manövriert sie aus, schlägt sie. Keinen Monat nach der Landung erreicht er Palermo, am 7. Juni wird die Stadt italienisch. Die Freischärler setzen über die Straße von Messina, nehmen Anfang September auch Neapel ein. Zum Jahreswechsel erstreckt sich das

Landbesitzer und Arbeiter zwischen den Rebstöcken des Anwesens »Lo Zucco«. Wein und Zitronen sind wichtige Produkte Siziliens, vor allem für den lukrativen Export

Schon der Capo Zafferano östlich von Palermo wirkt einsam. Tatsächlich wird das Hinterland der Insel noch um 1900 nur von wenigen befestigten Straßen und Bahnlinien erschlossen

neue Italien fast lückenlos von den Alpen bis nach Sizilien.

Sein Machtzentrum befindet sich im Norden, wo die Vereinigungskriege begonnen haben. Dort geben liberale Politiker den Ton an, die an einen modernen, säkularen und zentral gelenkten Staat glauben.

Am anderen Ende der Nation liegt zwischen Hügeln und Bergen eingezwängt Palermo. Eine Kapitale von fast 200 000 Einwohnern, Hauptumschlagplatz der Reichtümer Siziliens.

Dennoch sind mehrere Zehntausend Palermitaner auf Almosen und mildtätige Stiftungen angewiesen, wohnen in kläglichen Hütten oder dicht zusammenstehenden Mietshäusern an gewundenen Gassen. Daneben ragen mächtige Palazzi auf, deren mehrstöckige Fassaden mit reichen Ornamenten, geschwungenen Balkonen und großen, runden Fenstern prunken. Hier, zunehmend aber in eleganten Villen jenseits der Stadtmauern, umgeben von Blumengärten, residieren die Großgrundbesitzer, die Finanz- und Industriemagnaten.

Und schon bald müssen die Politiker des neuen italienischen Staates feststellen, dass mancher sizilianische Adelige dem alten Regime nachtrauert oder eine Autonomie der Insel herbeisehnt; dass Lokalpolitiker ihre Gegner entführen lassen, um sie einzuschüchtern, und auch vor Mordaufträgen nicht zurückschrecken; dass Gruppen italienischer Patrioten und kriminelle Banden eng miteinander verflochten sind.

Statt jedoch Verbündete zu suchen, geht der Staat rücksichtslos daran, eine moderne Ordnung zu errichten. Sonderrechte werden gestrichen, viele Angestellte und Kostgänger des alten Regimes entlassen. Kirchen und Klöster verlieren Besitz und Privilegien – was am heftigsten die vielen Armen trifft, die auf Almosen angewiesen sind. Verwaltungsbeamte aus dem Norden treffen ein, die oft den sizilianischen Dialekt nicht verstehen und auf Dolmetscher angewiesen sind.

Die Steuern werden widerwillig oder gar nicht mehr gezahlt, und als eine Wehrpflicht eingeführt wird, brechen massenhafte wütende Proteste aus.

Die Regierung antwortet mit Härte. Sie schickt Soldaten, verhängt mehrfach das Kriegsrecht; 1866 lässt sie in Palermo eine Revolte blutig niederschlagen.

Und während sich der italienische Staat auf Sizilien immer verhasster macht, beginnen seine frustrierten Vertreter an eine uralte, archaische Verschwörung zu glauben: an die geheimnisvolle, allmächtige „Mafia".

Ein Mythos. In Wahrheit fördert erst das abwechselnd plump brutale und hilflose Auftreten des Staates den Aufstieg jener Bruderschaft zur berühmtesten kriminellen Vereinigung der Welt. Sie nimmt dort immer klarer Gestalt an, wo Palermo besonders idyllisch ist: unter dem dunkelgrünen Laub der Zitronen- und Orangenhaine vor der Stadt.

Um 1850 führt Sizilien jährlich 750 000 Kisten Zitronen und Orangen aus, 30 Jahre später sind es schon dreimal so viele. Die Plantagen werfen größere Gewinne ab als jede andere landwirtschaftliche Fläche Europas. Doch die Investitionen sind erheblich. Die Pflanzer müssen Terrassen, Straßen und Lagerhäu-

Noch mit Maultierkarren werden viele Waren bewegt. Die Eintreibung von Schutzgeldern auf Plantagen und die Organisation des Transports sind die ersten großen Geschäftsfelder der Mafia

Nur selten überraschen Polizisten, wie hier um 1900, Mafiosi in den versteckten, einsamen Bauernhäusern

ser anlegen, hohe Mauern zum Schutz vor Wind und Dieben errichten, komplexe Bewässerungssysteme bauen lassen. Anschließend dauert es acht Jahre von der Pflanzung bis zur ersten Ernte.

Ein tragender Zitrusgarten ist also ein Vermögen wert.

Im Jahr 1872 übernimmt Dr. Gaspare Galati, ein angesehener Chirurg, für seine Tochter und eine Schwägerin die Verwaltung eines größeren Zitronengartens 15 Fußminuten außerhalb Palermos. Ein Musterbetrieb – der gleichwohl wenig einbringt, weil der Wächter, der das Anwesen vor Dieben schützen soll, selber regelmäßig bis zu einem Viertel der Ernte stiehlt. Galati entlässt den Mann und stellt einen anderen ein.

Nicht lange darauf fallen aus einer Nachbarplantage Schüsse und treffen den neuen Wächter tödlich in den Rücken.

Galati engagiert erneut einen Ersatz – und erhält bald anonyme Briefe: Es sei ein Fehler gewesen, den ursprünglichen Wachmann zu entlassen und stattdessen einen „elenden Spion" zu beschäftigen. Der Arzt solle sich besinnen. Sonst drohe ihm das gleiche Schicksal wie seinem Wächter.

Galati bringt die Briefe zur Polizei. Doch erst drei Wochen später wird der erste Wächter festgenommen – und nach zwei Stunden entlassen, da er mit dem Verbrechen nichts zu tun habe.

Nun geht Galati der Sache selbst nach. Und allmählich gewinnt er ein Bild: Sein erster Wachmann ist Mitglied einer Bande, die Plantagenbesitzer erpresst und sie zwingt, nur ausgewählte Wächter, Makler und Verwalter zu bestellen. Wer dazu gehört, ist ein „Ehrenmann", wer nicht, ein „elender Spion".

Die Besitzer müssen dann still zusehen, wie ein Teil ihrer Ernte gestohlen wird. Von anderen treibt die Bande Schutzgeld in bar ein; wieder andere werden zum Verkauf unter Wert genötigt.

Die Erpresser arbeiten dabei nicht nur mit der Polizei zusammen. Auch unter den Kutschern, Großhändlern und Hafenarbeitern haben sie ihre Leute und können nach Belieben verhindern, dass die Früchte einer bestimmten Plantage deren Kunden erreichen.

Ihr Chef oder *capo* ist Antonino Giammona, der Präsident einer frommen, mildtätigen Stiftung. Ein wortkarger, misstrauischer Bauernsohn, der es vom Arbeiter zum Revolutionshelden und sogar zum angesehenen Großgrundbesitzer gebracht hat. Giammona steht im Verdacht, mehrere Morde begangen zu haben, ist aber nie überführt worden.

Der Angriff auf den Zitronengarten ist Teil eines systematischen Versuchs, die Plantagen in der Umgebung unter Kontrolle der Bande zu bringen. Gaspare Galati hat eine Mafia-Zelle entdeckt. Eine *cosca*. Das Wort bezeichnet das Blatt einer Artischocke, das sich mit vielen anderen zusammen eng um das Herz legt: ein Bild für den Chef und seine Leute.

Von Beginn an verdienen Siziliens „Ehrenmänner" ihr Geld auch mit Erpressung und Sicherheitszusagen. Doch während sie auf dem Land weiter mit Banditen kooperieren, sich an Entführungen oder Viehdiebstahl beteiligen, spezialisieren sich die Zellen um Palermo auf das Schutzgeldgeschäft – und entwickeln sich zur Mafia.

Zu einer Organisation, die jedem Schutz bietet, der ein Geschäft betreibt: vor betrügerischen Partnern, vor gewöhnlichen Dieben, gegen Konkurrenten. Vor allem aber Schutz vor der Mafia selbst. Indem sie denjenigen Gewalt androht, die sich nicht schützen lassen wollen, sorgt die „Ehrenwerte Gesellschaft", wie sie mitunter genannt wird, selbst für die Nachfrage nach ihrer Dienstleistung.

Einmal etabliert, eignen Mafiosi sich mit illegalen Methoden Unternehmen an und betreiben sie legal weiter, oder sie streben nach dem Monopol auf einem unverfänglichen Markt.

Die Zitrusplantagen bieten ideale Bedingungen für dieses Geschäftsmodell: Große Investitionen stecken in äußerst verwundbaren Gütern – schon eine kurze Unterbrechung der Bewässerung kann eine Plantage ruinieren, ein Eindringling mit einer Axt in kurzer Zeit ein Vermögen vernichten.

Die Profite im Obstgeschäft sind hoch, ebenso die Unsicherheiten der Vermarktung. Zudem haben es die Zellen nicht mit einem konzentrierten Besitz zu tun, sondern mit vielen kleinen Betrieben.

Hier, in den Hügeln und dem Küstenstreifen um Palermo, wird die Mafia auf diese Weise zu einer starken, unabhängigen Macht. Zu einer Macht, die nach und nach den Staat ersetzt.

Denn dessen Schwäche ist die eigentliche Stärke der „Ehrenmänner". Eine der Ursachen für diese Schwäche sind korrupte Inspektoren und Untersuchungsrichter – aber mehr noch das Misstrauen, ja die Feindschaft vieler Sizilianer gegenüber einer als fremd empfundenen Obrigkeit.

Vor allem jedoch schätzen Politiker, Grundbesitzer und Geschäftsleute der Provinz die Gewalt als ein nützliches Werkzeug. Und obwohl sie öffentlich Recht und Ordnung fordern, haben sich selbst einige Regierungsmitglieder in der fernen Hauptstadt Rom damit abgefunden, dass die organisierten Kriminellen ein effizientes Instrument der örtlichen Verwaltung abgeben – wenn sie verlässlich sind.

Denn ein Boss muss verbürgen können, dass in seinem Revier auch wirklich sein Wille geschieht. Deshalb nehmen Gebietskämpfe zwischen Mafia-Zellen die Form von Kriegen an, wird jede Ehrverletzung brutal gerächt: weil mit der Autorität des Capo die Geschäftsgrundlage der Zelle zerfallen würde. Bei besonderen Provokationen reicht denn auch ein Mord nicht aus, die Täter verstümmeln ihr Opfer oder zerschießen seinen Kopf. Ebenso werden vermeintliche oder tatsächliche Verräter und Spitzel ohne Gnade getötet; notfalls jagen die Killer einem Abtrünnigen bis ins Ausland nach und bringen ihn dort um.

Ein Novize, der das Heiligenbild mit seinem Blut bestreicht, geht also einen Kontrakt auf Leben und Tod ein, erwirbt eine neue Identität. Vorher war er nur ein Krimineller. Nun ist er ein „Ehrenmann".

Kaum jemand wird aufgenommen, der nicht mindestens einen Menschen getötet hat. Und je mehr Menschen ein Mafioso umgebracht hat, desto höher ist er angesehen. War das Opfer selbst gefürchtet, nimmt seine „Ehre" doppelt zu. Jede kleine Beleidigung hingegen, die ein Bandenmitglied ungerächt duldet, beschädigt sie.

Bringt ein Mafioso es auf diesem Weg bis zum Capo, reicht oft bereits ein Wort, eine knappe Geste, um einen Streit zu entscheiden.

Schon bald arbeiten die Zellen um Palermo zusammen, bilden nach 1875 sogar eine informelle Föderation. Eingeweihte erkennen einander an einem verschlüsselten Dialog, der mit einer scheinbar harmlosen Bemerkung über Zahnschmerzen und einer bestimmten Handbewegung beginnt.

Doch trotz dieser Kooperation kommt es zwischen den Zellen immer wieder zu Machtkämpfen, wechseln sich Streit und Einigung ständig ab.

VIELES DAVON FINDET GASPARE GALATI heraus, außerdem Namen und Opferzahlen. Er wendet sich nun direkt an einen Untersuchungsrichter, der zwar ehrlich scheint, aber Zeugen braucht. Als auch Galatis neuer Wächter am helllichten Tag niedergeschossen wird, erhält der Chirurg die ersehnte Aussage: Das Opfer überlebt und identifiziert drei „Ehrenmänner".

Galati pflegt seinen Zeugen nun Tag und Nacht. Er geht nicht mehr ohne Revolver auf die Straße und verbietet der Familie, das Haus zu verlassen. Der Richter bereitet einen Prozess vor.

Allmählich bessert sich der Zustand des Wächters. Doch kaum genesen, macht er sich auf den Weg zur Stiftung des Mafioso, bittet den Capo um Frieden, wird festlich beköstigt – und zieht seine Aussage zurück.

Gaspare Galati nimmt seine Familie und flüchtet aus Sizilien. Den Zitronengarten und eine über 25 Jahre aufgebaute Patientenkartei lässt er zurück. Erst später begreift er, dass wohl alle drei Wächter Mafiosi waren, nur aus rivalisierenden Zellen. Die Omertà hat gesiegt. Zumindest dieses Mal.

Doch es gibt auch Sizilianer, die eine andere Gesellschaft wollen: in der sie keine Zweitsteuer an Verbrecher zahlen müssen; keine Angst haben müssen, in einem Mafiakrieg zwischen die Fronten zu geraten und zu sterben. In der die Tüchtigen aufsteigen, nicht die Brutalen und Gerissenen.

Mafiosi töten zwei Schäfer und verbrennen anschließend deren Leichen (Illustration um 1900)

Für den Staat gleicht die Verfolgung der organisierten Banditen einem Krieg: 1864 erschießen Beamte bei Neapel den Bandenchef Gaetano Tancredi und zwei Gefolgsleute

Einer, der diese Ideale verkörpert, ist der Bürgermeister von Palermo: Emanuele Notarbartolo, Marchese di San Giovanni.

Etwa um die Zeit, als Gaspare Galati seinen Kampf gegen die Mafia verliert, kauft er 125 Hektar trockenes, von wildem Oleander bestandenes Bergland 40 Kilometer südöstlich von Palermo. Das Anwesen besteht nur aus einem steinernen Schuppen. Die Straßen sind schlecht, in der Umgebung streifen Banditen, das nahe gelegene Caccamo ist eine Mafia-Hochburg.

Doch Notarbartolo will beweisen, dass ein Adeliger nicht in der Stadt die sicheren Einkünfte eines gemachten Guts verleben muss – sondern seinem Land dienen und zugleich etwas Neues aufbauen kann. Und dass nicht immer die Frechheit siegt: 1873, eben zum Bürgermeister gewählt, zwingt er einen Assessor des Getreideamts, unterschlagenes Geld zurückzuerstatten. Der Name des betrügerischen Assessors: Raffaele Palizzolo.

Auch Palizzolo entstammt dem – wenn auch niederen – Adel. Sein Weg beginnt als Pächter in den Zitrusgärten Palermos und früh schon als Mitglied oder Kollaborateur einer Mafia-Zelle. Von seinen illegalen Einkünften erwirbt er Land; die kriminellen Kontakte bahnen ihm den Weg in die Politik.

Keine ungewöhnliche Karriere. Nach der Vereinigung hat der Staat den Kommunalverwaltungen mehr Aufgaben und damit mehr Macht übertragen. Sie ziehen Steuern ein, vergeben öffentliche Aufträge, führen die Wahlerlisten. Die entsprechenden Ämter sind hart umkämpfte Pfründen. Und die darum wetteifernden Honoratioren stützen sich ab Mitte der 1870er Jahre auf örtliche Mafia-Zellen.

In Rom hingegen sind die Politiker des Südens lange von der Macht ausgeschlossen geblieben – bis 1876 die oppositionelle Linke die Konservativen aus der Regierung verdrängt. Erstmals gelangen mit ihr nun auch Sizilianer in den inneren Kreis der Macht. Sechs Jahre später wird Raffaele Palizzolo ins römische Parlament gewählt.

Don Raffaele ist ein jovialer Mann, ein Mann des Volkes, und er legt Wert auf diesen Ruf. Wann immer er in seinem Wahlkreis weilt, empfängt er Bittsteller schon in den Morgenstunden in seinem Palazzo in der Via Ruggero Settimo in Palermo.

Aufrecht im Bett sitzend, eine Decke um die Schultern, nimmt er die Blumen und Geschenke der Petenten entgegen und hört geduldig zu: dem Bürger, der auf eine Anstellung bei der Stadt hofft; dem Untersuchungsrichter, der eine Versetzung wünscht; dem Bauunternehmer, der Aufträge sucht. Irgendwann im Laufe der Audienzen verlässt Palizzolo das Bett, wäscht sich, zwirbelt den Schnauzbart und kleidet sich an. Dann fährt er mit seinen Audienzen fort: Mafiosi brauchen einen neuen Waffenschein oder fühlen sich von der Polizei belästigt; Studenten sähen gern eine schlechte Note getilgt; Stadträte streben bestimmte Positionen in Ausschüssen und Kommissionen an – Don Raffaele findet für jeden ein Wort, fragt nach Angehörigen, verspricht zu helfen.

Und es sind keine leeren Versprechen. Palizzolo kennt jeden in Palermo, die Magnaten, die Beamten, die Mafiosi. Doch im großen Stil Gefälligkeiten makeln kann er nur, weil er selbst etwas zu bieten hat: Einfluss in Rom.

Im Käfig der Angeklagten stehen nur zwei mutmaßliche Helfershelfer, als 1899 in Mailand der Prozess um den Mord an dem Politiker Emanuele Notarbartolo beginnt. Die wahren Haupttäter werden erst später vor Gericht gestellt – und 1904 freigesprochen

Polizeifotos von Verhafteten: Viele Mafiosi aber werden bald nach der Festnahme von korrupten Richtern laufen gelassen

Seit sich die Regierung auf die Abgeordneten aus dem Süden stützt, fließt viel Geld nach Sizilien. Für Straßen, Brücken und Krankenhäuser, für Schulen und Obdachlosenheime, zum Ausbau der Häfen, zur Sanierung von Elendsvierteln.

All diese Staatsaufträge müssen verteilt werden – und zwar so, dass jede Lira möglichst viele Wählerstimmen sichert. Ein aufwendiges und kompliziertes Geschäft, zumal seit 1882 das Wahlrecht auf ein Viertel aller männlichen Italiener ausgeweitet worden ist, also die Ära der Massendemokratie begonnen hat.

Palizzolos Villa ist eine der Börsen, an denen diese Geschäfte abgewickelt werden. Hier werden Informationen und Gefälligkeiten gegen Gefolgschaft getauscht – unter der Garantie, dass jede Zusage gilt. Gegebenenfalls wird sie mit Waffengewalt durchgesetzt. Don Raffaele ist der herausragende Vertreter einer neuen Gattung, des Mafia-Politikers. Eines Mittlers zwischen lokaler Gesellschaft, Gewaltwirtschaft und zentraler Macht. Über Männer wie ihn kommt Sizilien im italienischen Staat an – und mit Sizilien die Mafia.

Zwar gibt es auch andernorts in Italien Organisierte Kriminalität. Etwa die „Camorra“ in Neapel, deren Name sich von einem Glücksspiel herleitet und die sich bereits mehrere Jahrzehnte vor der Mafia gebildet hat. Doch bleibt sie weitgehend auf Neapel beschränkt, geht auch kaum dazu über, Schutzgeld in legale Geschäfte zu investieren. Vor allem aber hält sich die Camorra von der Politik mehr oder weniger fern.

Oder die „'Ndrangheta“ („tapferer Mann“) aus Kalabrien an der Stiefelspitze Italiens. Sie ähnelt der Mafia in ihrer Entstehungsgeschichte, in ihren Ritualen, in ihren Versuchen, Einfluss auf die Kommunalpolitik zu nehmen. Aber im Gegensatz zur sizilianischen Mafia, die ihre Mitglieder nach deren krimineller Tauglichkeit und Entschlossenheit auswählt, besteht die 'Ndrangheta ausschließlich aus Blutsverwandten, wird die Zugehörigkeit vererbt.

Und so mächtig wie die Sizilianer werden beide Organisationen zu jener Zeit nicht. Die Mafia auf der Insel (die sich später auch „Cosa Nostra“ nennen wird) kontrolliert Parlamentarier und Inhaber nationaler Ämter – und sichert im Gegenzug Stimmen, verhilft ihren Kandidaten zu Mehrheiten. So häufen sich schon bald die Freisprüche „aus Mangel an Beweisen“: Die Zentralgewalt in Rom schwenkt von Duldung der Mafia auf Kooperation um.

Zwischen Staat und Organisiertem Verbrechen entsteht eine Grauzone, in der schwer zu entscheiden ist, wo der eine endet und das andere beginnt: Staatsdiener arbeiten für Mafia-Bosse, Gangster besorgen ihnen ihre Ämter – und beide Seiten teilen sich die Macht. Ebenso schwer ist von außen zu unterscheiden, wer ein initiiertes Mitglied der Gesellschaft ist, wer ein mitwissender politischer Patron und wer nur ein Handlanger.

Nachmittags, wenn die Bittsteller gegangen sind, begibt sich Raffaele Palizzolo an die Quellen seiner Macht: auf seine Ländereien, zu befreundeten Mafiosi, in die zahlreichen Gremien, denen er angehört.

Dazu zählt auch der Aufsichtsrat der Bank von Sizilien. Deren Generaldirektor ist seit Mitte der 1870er Jahre Emanuele

Notarbartolo. Der frühere Bürgermeister von Palermo gilt als ungewöhnlich tüchtig. Zu Beginn seiner Amtszeit hat er die Bank saniert. Seither jedoch scheitert er immer häufiger an den 50 Mitgliedern des Aufsichtsrats. Denn die Räte, zu zwei Dritteln Politiker, sehen in dem größten Kreditinstitut der Insel vor allem ein Instrument ihrer Günstlingswirtschaft.

So verschwindet beispielsweise Geld, indem Kredite an Kinder, Verstorbene und völlig frei erfundene Personen vergeben und nie zurückgefordert werden. Und Palizzolo, einer von vier Vorsitzenden des Aufsichtsrats, hat noch weitaus lukrativere Geschäfte im Auge.

1889 stellt Notarbartolo dem zuständigen Minister in Rom ein Ultimatum: Die Statuten der Bank müssten reformiert und der Aufsichtsrat gesäubert werden – oder er lege sein Amt nieder. Mehrere Monate schwankt die Regierung. Dann lässt sie Notarbartolo fallen.

Bereits kurze Zeit nach dem Sturz des lästigen Direktors beginnen Industrielle, professionelle Schwindler und Mafiosi um Palizzolo, sich mit Kredit- und Aktienbetrügereien auf Kosten der Bank zu bereichern. Notarbartolo erfährt davon durch loyale Aufsichtsräte und erwirkt beim Schatzminister eine Untersuchung.

Um die Jahreswende 1892/93 werden die skandalösen Befunde der Prüfer bekannt. Immer häufiger heißt es nun, Notarbartolo könnte in die Bank von Sizilien zurückgerufen werden, um dort aufzuräumen.

Wenige Wochen später wird seine zerfetzte Leiche auf einer Eisenbahnbrücke nahe Trabia gefunden.

FAST SIEBEN JAHRE LANG GELINGT ES EINER ALLIANZ aus Finanzmagnaten, gekauften Ermittlern, Politikern und organisierten Kriminellen, den Fall zu verschleppen. Ein Premierminister in Rom erteilt Notarbartolos Sohn Leopoldo sogar den freundschaftlichen Ratschlag, er solle doch einfach selbst einen Killer anheuern und Palizzolo töten lassen.

Dann wird der Druck der Öffentlichkeit zu groß, wirken zudem die engen Beziehungen der Familie Notarbartolo zur konservativen Elite des Landes. Am 11. November 1899 kommt es vor dem Schwurgericht in Mailand zum Prozess – der freilich eine Farce ist, um die Affäre endlich zu beenden: Denn angeklagt sind allein der Schaffner und der Bremser des Zuges.

Doch fünf Tage später sagt Leopoldo Notarbartolo aus, und anschließend bestätigt ein Zeuge nach dem anderen den Skandal. Schließlich hebt das Parlament die Immunität des mutmaßlichen Auftraggebers Palizzolo auf. Der Abgeordnete wird verhaftet, der Prozess für eine Ermittlungspause ausgesetzt.

Im September 1901 wird das Verfahren wieder aufgenommen, diesmal in Bologna. In dem weiten, holzvertäfelten Gerichtssaal des Palazzo Baciocchi steht ein Käfig, hinter dessen Gittern die Angeklagten warten. Als einer der ersten wird Palizzolo herausgeführt. Makellos gekleidet, wirkt er nun ausgezehrt und grau.

Zwei Tage lang sagt Don Raffaele aus. Leise, ja murmelnd, wenn es um seine eigenen Verdienste und die Treue seiner Wähler geht. Dann wieder schluchzt er verzweifelt auf oder brüllt vor Trotz.

Raffaele Palizzolo redet und redet: über das Unrecht, die Barbarei, die Erniedrigung und Intrige, durch die er grundlos vernichtet werden solle! Irgendwann beginnt seine Nase zu bluten. Und das Bluten hört auch nicht auf, nachdem er völlig erschöpft geendet hat.

Fast elf Monate dauern die Verhandlungen. Das Beweismaterial füllt 50 Ordner, 503 Zeugen werden gehört; das Protokoll verzeichnet 54 Tumulte, sechsmal muss der Saal geräumt werden. Immer wieder drohen die Anwälte einander an, handgreiflich zu werden.

Am letzten Tag, dem 30. Juli 1902, geht das Gerücht um, die Mafia plane einen Anschlag. Infanterie sichert den Palazzo Baciocchi, Carabinieri bilden mit aufgepflanztem Bajonett einen Kordon um die Anklagebank.

Über Bologna liegt große Hitze, und am Abend heizen die Gaslampen die Luft in dem überfüllten Saal noch weiter auf. Gegen 21.45 Uhr ziehen die Geschworenen sich zurück. Angespannt erwartet eine große Menschenmenge auf der allmählich abkühlenden Straße ihr Urteil.

Nach gut anderthalb Stunden kommen die Geschworenen zurück. Ihr Spruch ist eine Sensation: schuldig.

Im Saal und auf der Straße bricht Jubel aus. Notarbartolo und seine Anwälte, die zurück in ihr Hotel wollen, finden kaum einen Weg durch die begeisterte Menge. Die Ermordung des unbeirrbar rechtschaffenen Aristokraten ist auf die Mafia zurückgefallen. Ein Fluch scheint besiegt.

Ganz anders sind die Reaktionen in Palermo. Dort warten die Menschen vor dem Telegrafenamt. Und zerstreuen sich wortlos, als die Nachricht eintrifft. Palizzolo ist einer der Ihren – den die anderen Italiener hoch im Norden zerstört haben. So jedenfalls lautet die Version von „Pro Sicilia", einem Unterstützerverein, den Palizzolos mächtige Freunde um den Volkskundler Giuseppe Pitrè arrangiert haben. Die Mafia verschanzt sich hinter der Mär von einer besonderen, unverstandenen sizilianischen Mentalität. Und macht juristisch mobil.

Ein halbes Jahr hat das Urteil Bestand. Dann erklärt es der Kassationshof in Rom aus formalen Gründen für nichtig. Am 23. Juli 1904 wird Don Raffaele Palizzolo endgültig freigesprochen.

Aus „Mangel an Beweisen".

PO

Diamantene Krawattennadel, Spazierstock mit goldenem Griff: Anfang 1920 ergaunert der knapp 40-jährige Ponzi binnen weniger Wochen ein Vermögen

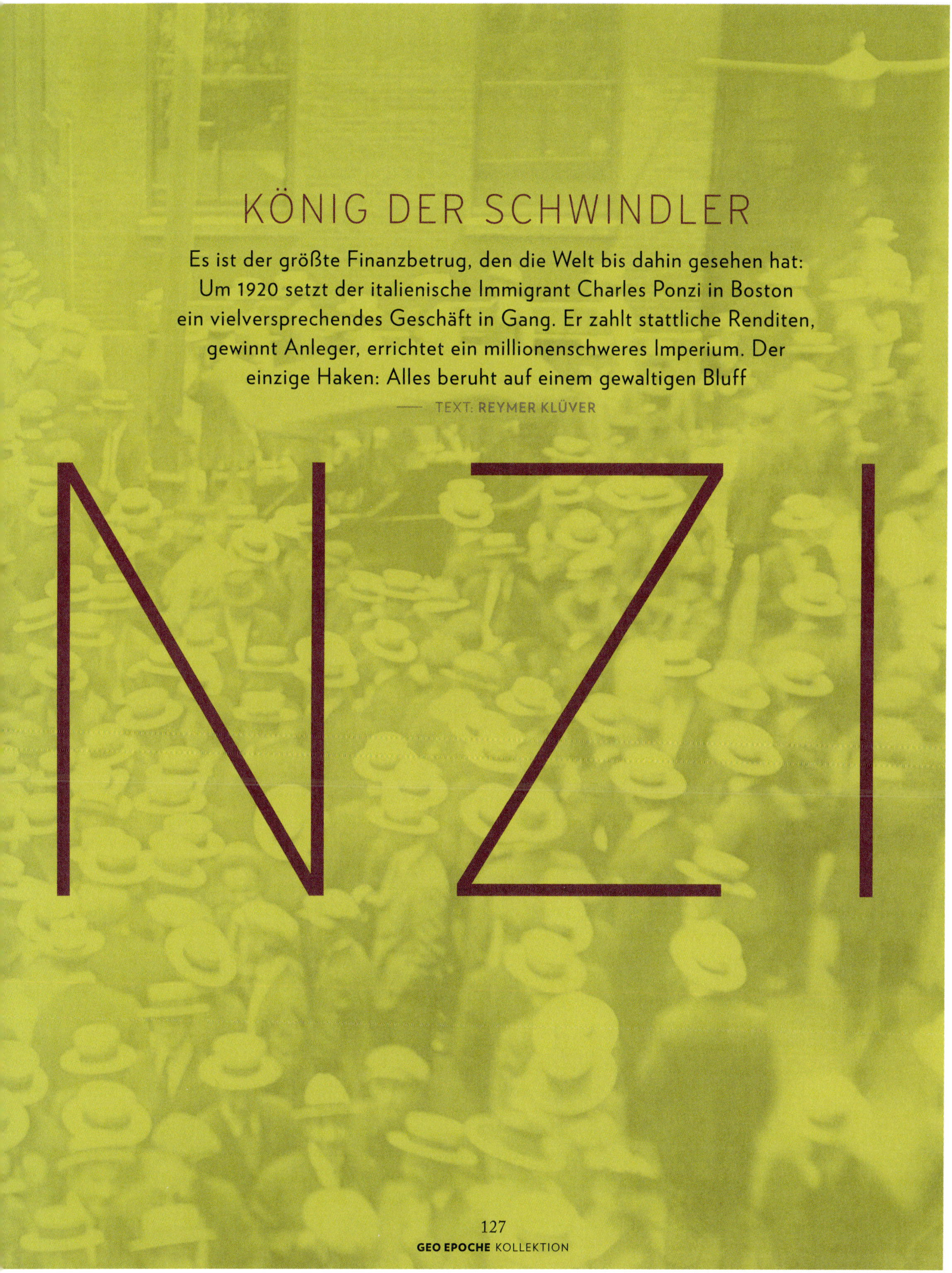

KÖNIG DER SCHWINDLER

Es ist der größte Finanzbetrug, den die Welt bis dahin gesehen hat: Um 1920 setzt der italienische Immigrant Charles Ponzi in Boston ein vielversprechendes Geschäft in Gang. Er zahlt stattliche Renditen, gewinnt Anleger, errichtet ein millionenschweres Imperium. Der einzige Haken: Alles beruht auf einem gewaltigen Bluff

— TEXT: REYMER KLÜVER

NZI

Ponzi arbeitet zunächst bei einer Bank, fälscht einen Scheck, fliegt auf – und muss dafür ab 1908 für 20 Monate ins Gefängnis

MACHT DIESER MANN DEN AMERIKANISCHEN TRAUM WAHR, für Tausende und Abertausende Menschen? Das Versprechen von schnellem Geld, von Aufstieg und Reichtum, das dieses Land allen gibt und nur für wenige einlöst?

Keine 1,60 Meter misst Charles Ponzi, ein Einwanderer, der, wie er später schreiben wird, mit 2,50 Dollar in der Hosentasche in den Vereinigten Staaten angekommen ist und seinen italienischen Vornamen Carlo amerikanisiert hat. Tiefe Lachfalten umgeben die schwarzbraunen Augen des schmächtigen Enddreißigers, und jeder, der ihn erlebt, ist beeindruckt von seiner Energie und der unzähmbaren Zuversicht, die er ausstrahlt.

Ein blauer Locomobile – glänzender Lack, Zierleisten aus Sterling-Silber und mit Pferdehaaren gepolsterte Sitze – trägt ihn an diesem schwülen Neuengland-Sommermorgen Ende Juli 1920 über das Kopfsteinpflaster der Altstadt von Boston. Mit Limousinen dieser Luxusmarke sind sonst nur Amerikas Präsidenten oder Mogule wie die Rockefellers unterwegs. Ponzi hat es einem New Yorker Millionär weggeschnappt, indem er dem Hersteller einfach ein Bündel Dollarscheine mehr auf den Tisch legte.

Ehrfürchtig teilt sich die Menge, als sein Chauffeur den Wagen in die schmale School Street lenkt, wo sich Ponzis Büro befindet. Hunderte warten davor, Männer und Frauen, junge Laufburschen, Familienväter, hier und da ein gepflegter alter Herr im Dreiteiler. Ein mächtiges Gedränge und Geschiebe.

Sie alle lockt Ponzis Angebot, von dem ihnen ihre Nachbarn, Verwandten oder Arbeitskollegen erzählt haben. Es klingt aber auch zu gut: Wer bei Ponzi einsteigt, erhält nach 45 Tagen das Anderthalbfache des investierten Betrags zurück, bei längerer Anlagezeit sogar noch mehr – mindestens 50 Prozent Gewinn, 100 Prozent sicher! Wer aussteigt, bekommt sein Geld zurück. Und bisher hat dieser Mann Wort gehalten.

„Finanz-Zauberer" nennen ihn die Zeitungen. Auf 8,5 Millionen Dollar beziffert er inzwischen sein Vermögen, wie er den Journalisten stolz verkündet. Eine unvorstellbare Summe. Die Morgenblätter, in denen man das nachlesen kann, kosten zwei Cent das Stück. Ein normaler amerikanischer Haushalt hat nicht mehr als 2000 Dollar zur Verfügung – im ganzen Jahr. Und nun könnte man mehr als das in einem Jahr verdienen, wenn man diesem Mann 100 Dollar anvertraut?

Irgendein Trick, gewiss. Aber warum auch nicht? Internationale Finanzgeschäfte sind undurchsichtig, der Dollar ist stark nach dem Weltkrieg, und Europas Währungen sind schwach. Da scheint es vielen schlüssig, dass ein findiger Finanzjongleur Geld derart rasant vermehren kann.

Andere sind doch ebenfalls märchenhaft reich geworden in Amerika. Alles geht in diesem Land. Ein Land, dessen Oberster Gerichtshof in Washington erst Wochen zuvor untersagt hat, Dividenden aus Aktienbesitz zu besteuern. Ein Land, in dem Theologen diejenigen als besonders gottgefällig preisen, die gute Geschäfte machen, und in dem in Hausfrauen-Zeitschriften Artikel erscheinen mit der völlig ernst gemeinten Überschrift „Jeder sollte reich sein".

Ein prosperierendes Land, das vor einem beispiellosen Finanzboom steht, einem Jahrzehnt, das „Roaring Twenties" genannt werden wird, die wilden Zwanziger. Und an dessen Anfang, irgendwie passenderweise, ein Einwanderer aus Italien für Furore sorgt, der den Menschen ihren Anteil am allgemeinen Goldrausch verspricht.

ZWEIFLER GIBT ES, KLAR. Erst an diesem Morgen steht in der „Boston Post", dass die Behörden Ponzis Geschäftssystem untersuchen. Aber gleich im nächsten Satz ist zu lesen, dass sie bisher nichts Illegales haben entdecken können. Auch jetzt sind ein paar der Bedenkenträger unter den schwitzenden Menschen, die sich in der School Street ballen, um ihre Einlage in Ponzis Kontor loszuwerden. Einlagen von zehn Dollar, wie sie ein Laufbursche von seinen 7,20 Dollar Wochenverdienst zusammengekratzt hat. Oder 2000 Dollar eines älteren Ehepaars, die Ersparnisse eines gemeinsamen Lebens – in der Hoffnung auf die von Ponzi verkündeten Riesen-Renditen.

Millionen Einwanderer kommen um 1900 nach Amerika, mittellos, doch voller Hoffnung. Einer von ihnen ist Charles Ponzi aus Lugo in Norditalien

»PONZIS MASCHE«

Um 1920 entwickelt Charles Ponzi jenes Betrugsprinzip, das später nach ihm benannt wird. Es speist sich aus einer stetig zunehmenden Menge von Investoren

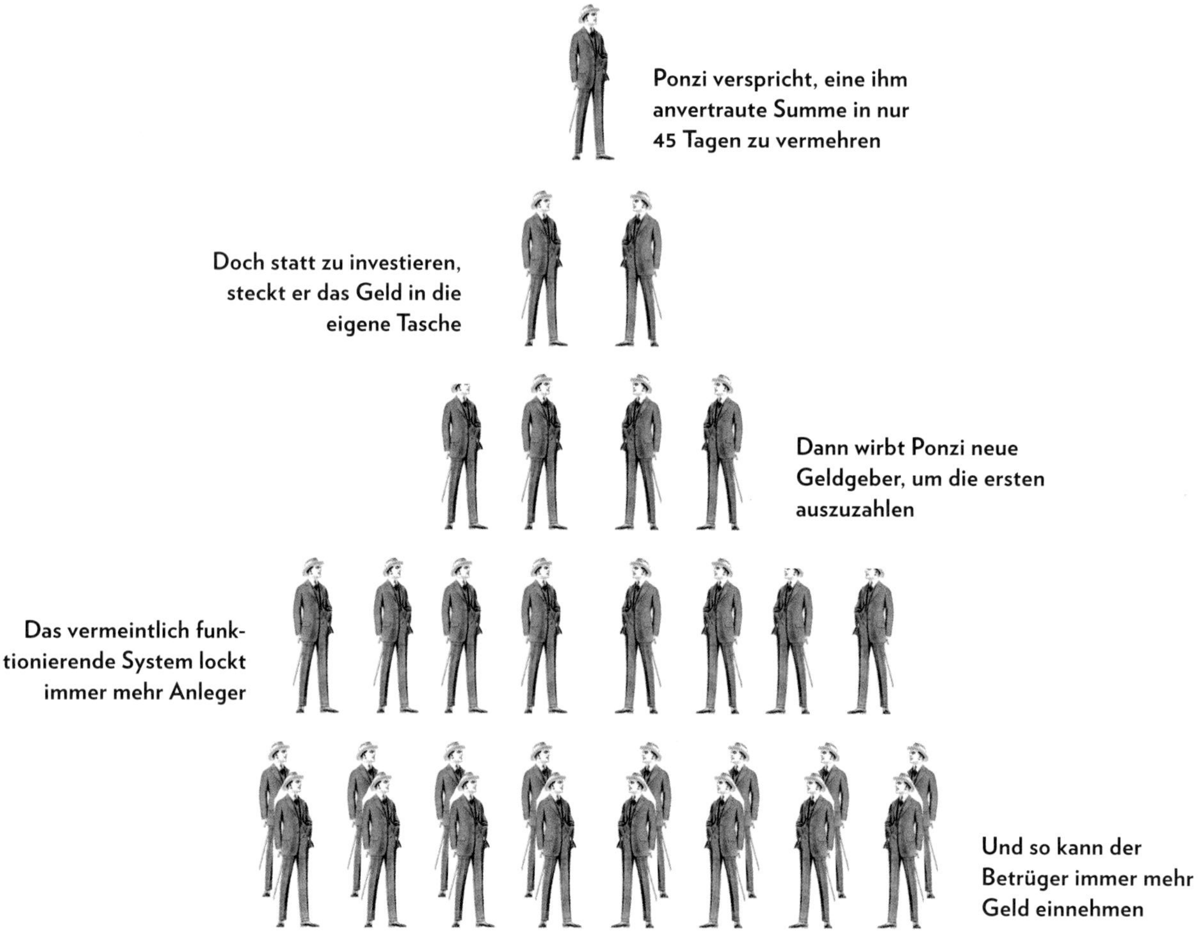

„Ich will den Mann sehen, der so was schafft", ruft einer der Nörgler und drängelt sich in Richtung der im Morgenlicht glitzernden Limousine. Ponzi, bereits ausgestiegen, dreht sich noch einmal um. In seinem makellosen weißen Sommeranzug, eine gelbe Narzisse am Revers, den Ausgehstock mit vergoldetem Knauf in der Rechten, fixiert er den Skeptiker. „Ich bin dieser Mann. Ich schaffe das!" Die Menge bricht in Beifall aus.

Sie spendet Applaus für einen Mann, der in die Geschichte Amerikas eingehen wird als Erfinder eines gewaltigen Betrugssystems: des *Ponzi scheme* – Ponzis Masche. So dreist und effektiv ist diese Masche, dass sie ihren Namensgeber zum größten Finanzgauner machen wird, den die Welt bis dahin gesehen hat.

Schon als junger Kerl in Italien zeichnet Ponzi zweierlei aus: die Gewissheit, groß herauszukommen, und die Neigung, so zu leben, als wäre er es schon. Ponzi will Luxus, ohne ihn sich leisten zu können. Seine Mutter stammt aus dem niedrigen Landadel, die Familie lebt in bescheidenen Verhältnissen, der Vater ist Postbeamter. Bereits im Studium bringt Ponzi in Rom ein kleines Erbe von Vater und Tante durch, bleibt aber ohne Universitätsabschluss.

Ein teurer Locomobile, wie Ponzi ihn fährt. Viele Anleger deuten seine Verschwendungslust als Beweis für großartig laufende Geschäfte

1903 schickt die Familie den Tunichtgut mit 21 Jahren nach Amerika, ein Land, dessen Straßen mit Gold gepflastert seien, wie sein Onkel orakelt. Dort soll er wie so viele andere Italiener vor ihm seinen Weg machen. Noch auf der Passage verzockt er beim Kartenspielen sein Reisegeld.

ANGEKOMMEN IN BOSTON, schlägt Ponzi sich mit Gelegenheitsjobs durch, ist Anstreicher, Kellner, Tellerwäscher. 1907 landet er im kanadischen Montreal, wo er Anstellung bei einem italienischen Banker als Bürohilfe findet – und einen Scheck fälscht. Die Sache fliegt auf, 20 Monate Gefängnis.

Nach der Strafe versucht er auf dem Weg zurück in die USA, warum ist nicht klar, andere Italiener über die Grenze zu schmuggeln. Er wird erwischt. Diesmal sind es zwei Jahre Haft in Atlanta. Schließlich kehrt er nach Boston zurück, findet einen Job in einer Handelsfirma, heiratet 1918 eine junge italienische Einwanderer-Tochter. Doch sein Gehalt ist bescheiden, das Geld immer knapp.

So trist die Realität auch sein mag, im Pläneschmieden ist Ponzi groß. Er macht eine eigene Im- und Exportfirma auf – ohne irgendwelche Waren zu haben, die er ein- oder ausführen könnte.

Im Sommer 1919 will er einen „Internationalen Handelsführer“ herausgeben, in dem er amerikanische Firmen Unternehmen im Ausland vorstellt und umgekehrt. Doch begeistern kann er für seine Idee kaum jemanden. „Ein weiteres Kartenhaus zusammengebrochen“, schreibt er später in seinen Erinnerungen.

Einer der wenigen Interessenten für den geplanten Handelsführer bringt ihn im Sommer 1919 auf die alles verändernde

Die Täuschung: Ponzi behauptet, erfolgreich mit internationalen Portocoupons zu spekulieren – die er indes nie kauft

Idee. Aus Spanien trifft ein Brief in seinem Büro ein mit der Bitte, doch ein Exemplar zuzuschicken. Aus dem Kuvert fischt Ponzi einen Internationalen Antwortschein, nicht einmal halb so groß wie eine Postkarte, beidseitig wie eine Briefmarke bedruckt und mit einem spanischen Poststempel versehen.

Die Antwortscheine, auch Portocoupons genannt, bilden in jener Zeit eine Art globales Portosystem. Es funktioniert ziemlich simpel: Man kauft einen Antwortschein in einem Land, schickt ihn per Brief ins Ausland. Der Empfänger kann ihn in dem anderen Land bei der Post einlösen, um damit das Porto etwa für eine Rücksendung zu begleichen.

Die Regelung soll Unternehmen die Korrespondenz über Grenzen hinweg erleichtern und den vielen Millionen Auswanderern helfen, den Kontakt zu ihren Familien zu halten. Als der Weltpostverein, ein Zusammenschluss der Postgesellschaften von damals 63 Staaten, das System 1906 einführt, entsprechen sich Ausgabe- und Einlösewert der Coupons ziemlich genau.

Stets akkurat gekleidet, elegant und selbstbewusst, gibt Ponzi den schillernden, dabei seriösen Kaufmann

CIGARS
SODA
EXCHANGE BUFFET RESTAURANT
OPEN EVENINGS
HAZELTINE'S RESTAURANT

Die Goldenen Zwanziger kreisen um den Traum vom schnellen Geld: Wertpapierhandel unter freiem Himmel auf New Yorks Broad Street

Doch der Erste Weltkrieg hat das globale Währungssystem durcheinandergebracht. Die Goldreserven wandern für Rüstungskäufe der europäischen Staaten in die USA, die Währungen auf dem alten Kontinent, bei Siegern und Verlierern, büßen zum Teil massiv an Wert ein. Es gibt inzwischen gewaltige Diskrepanzen zugunsten des Dollars. Die Wechselkurse der Notenbanken schwanken entsprechend, nicht aber die des Weltpostvereins und ihres Systems der Internationalen Antwortscheine. Sie sind noch immer auf dem Stand wie vor dem Krieg.

Ponzi rechnet. Der Portocoupon, den der Spanier seinem Brief beigelegt hat, hat diesen 30 Centimos gekostet. Dafür bekommt man in Amerika Briefmarken im Wert von fünf Cents. Ponzi studiert die Währungskurse in der Zeitung. Inzwischen erhält man für einen Dollar in den USA umgerechnet 666 Centimos. Von den damit in Spanien gekauften Portoscheinen erlöste man zurück in den USA Briefmarken im Wert von 1,10 Dollar, denn jeder der 22 damit in Spanien erworbenen Portocoupons hätte einen Gegenwert von fünf US-Cent.

So ergeben sich zehn Prozent Profit, auf dem Papier zumindest. Das wäre aber den Aufwand nicht wert, Dollars über den Atlantik zu schicken, Portocoupons zu kaufen, die wieder zurück in die USA zu befördern und dort einzulösen.

Bei anderen Währungen ist der Unterschied indes größer, viel größer. Antwortscheine, in Italien für den Gegenwert eines Dollars gekauft, bringen, eingelöst in den USA, Briefmarken im Wert von 3,30 Dollar – also 2,30 Dollar Profit, eine märchenhafte Rendite.

Wenn man das in großem Stil machte, ließe sich viel Geld verdienen – in der Theorie. Denn es gibt eine ungelöste praktische Frage, die andere Rechenkünstler abgeschreckt haben mag: Wie lassen sich die Briefmarken anschließend in Dollarscheine verwandeln? Die Post gibt für Portocoupons nur Briefmarken aus, kein Bargeld.

Ponzi wischt das Problem beiseite. Das kann warten, er wird schon eine Lösung finden.

Erst einmal testet er seine Grundidee, schickt Dollarscheine an Bekannte in Italien und Spanien mit der Bitte,

GIER MACHT DIE MENSCHEN BLIND

davon Antwortcoupons zu kaufen und sie zurückzuschicken. Als er diese einlöst, sieht er: Es funktioniert, wie von ihm errechnet. Kaum Gewinn mit Coupons aus Spanien, eine eindrucksvolle Spanne dagegen bei Antwortscheinen aus Italien.

Am 26. Dezember 1919 lässt Charles Ponzi eine Firma registrieren: Securities Exchange Company, SEC. Nur 50 Cent kostet ihn die Amtshandlung im Bostoner Rathaus, der Gegenwert von drei Schachteln Zigaretten – oder zehn Portocoupons.

Umgehend ordert er Schuldscheine bei einem Drucker. Sie will er an alle Investoren austeilen, die ihm Geld für den Einkauf von Internationalen Antwortscheinen geben. Er, Ponzi, verbürge sich, die Einlage nach 90 Tagen auszuzahlen, „plus 50 Prozent"; zu einer Zeit, in der fünf Prozent Jahreszins normal sind. (Bald geht er sogar dazu über, „50 Prozent nach 45 Tagen" zu versprechen.)

Noch vor Beginn des neuen Jahres erklärt Ponzi einem Landsmann, dem Gemüsehändler Ettore Giberti, haarklein

Wer es zu Reichtum gebracht hat, genießt ihn, protzt damit, wird zum beneideten Vorbild: Luxus-Logen in der New Yorker Oper

das System der Internationalen Antwortscheine und der unglaublichen Profite, die sich damit erzielen lassen. Man müsse nur einem Vertrauensmann Geld in die alte Heimat mitgeben und die in Italien erworbenen Portocoupons nach dessen Rückkehr in den USA einlösen.

„Ein kleiner Dollar tritt die Reise über den Ozean an", erzählt er seinem Gegenüber. „Nach sechs Wochen aber ist er zurück, verheiratet und noch mit ein paar Kindern dazu." Giberti ist beeindruckt, fragt nicht weiter nach Einzelheiten.

Ponzi weiß zwar immer noch nicht, wie er die Antwortscheine letztlich zu Geld machen soll. Aber als selbst der vorsichtige Giberti die Frage nach den kleinen Details des großen Geschäfts gar nicht erst stellt, gibt es für Ponzi kein Halten mehr. Gegen eine Provision von zehn Prozent am Gewinn macht er den Gemüsemann zu seinem ersten Geldeintreiber für sein Coupon-Kaufsystem.

Schon Anfang Januar 1920 ist Giberti mit 1770 Dollar von 18 Investoren zurück – Gelder, die ihm Bekannte und Verwandte in Hoffnung auf die versprochene Rendite anvertraut haben. Ponzi stellt Schuldscheine aus. Seine ersten Einnahmen.

Doch kein Dollar tritt die Passage übers Meer an. Stattdessen setzt Ponzi eine Art Schneeballsystem in Gang.

Es funktioniert, solange genug Investoren anderen von ihrem Geschäft vorschwärmen und so immer neue Gutgläubige dazuholen. Mit dem Geld der Neueinsteiger können dann die Anleger ausgezahlt werden, die ihre versprochenen Gewinne mitnehmen wollen. Es müssen allerdings immer mehr Investoren werden, weil die Aussteiger ja ihr Geld plus Rendite zurückhaben wollen. Wird das System aber unterbrochen, sind also nicht genug neue Investoren da, bricht der Mechanismus zusammen. Und am Ende gilt immer: Für die letzten im Spiel bleibt nichts übrig.

WAS DIE SACHE VOLLENDS ZUM BETRUG MACHT, ist der Umstand, dass es gar keinen profitablen Geschäftsplan gibt, keine Aussicht, jemals tatsächlich Gewinne zu erzielen. Allein um seine ersten 18 Investoren zu bedienen, bräuchte Ponzi 53 000 der Antwortscheine im jeweiligen Gegenwert von fünf Cents. Das wäre ein Hochseekoffer voller Papierschnipsel. Wenn er sie einlöste, hätte er einen Haufen Briefmarken – aber keinen Cent Bargeld.

Auch wenn er das niemandem sagt: Ponzi treibt dieses Problem um. Er überlegt etwa kurzzeitig, ob er die Postwertzeichen leicht vergünstigt an Großunternehmen verkaufen könnte, fragt sogar die Post in einem Brief, ob es nicht doch

Eine simple Betriebsprüfung lässt Ponzis System schließlich auffliegen. Umringt von Schaulustigen, begibt er sich vor Gericht

die Möglichkeit gebe, Geld anstatt Porto zu bekommen. Die Antwort ist ein offizielles Schreiben mit dem Verweis, dass das System der Internationalen Antwortscheine nicht

DANN PLATZT DER BLUFF

als Objekt von Finanzspekulationen dienen dürfe. Doch da ist es längst zu spät.

Ponzi erzählt weiteren potenziellen Anlegern aus seinem Bekanntenkreis, dass ein gewisser Lionello Sarti, Steward auf einem Ozeanriesen, ihm tatsächlich die Coupons aus Italien mitgebracht habe. Niemand wird diesen Sarti je zu Gesicht bekommen. Aber niemand fragt auch nach ihm oder dem Coupon-Transport. Schließlich bürgt ja immer ein Bekannter oder Verwandter mit seinem Namen für das Geschäft.

Die Kunde von der lukrativen Geldanlage verbreitet sich von Mund zu Mund. Im Februar 1920 nimmt Ponzi 5290 Dollar ein. Im März sind es fast schon 25 000 Dollar. Er zahlt tatsächlich die ersten Investoren aus, ein paar der italienischen Einwanderer, die der Gemüsehändler Giberti überzeugt hatte. Das stärkt das Vertrauen.

Ponzi hat Glück, nicht alle haben schon genug, manche wollen ihren Gewinn verdoppeln, lassen ihm also das Geld. So kann er die Aussteiger locker auszahlen. Und neue

Der Betrüger – hier mit seiner Frau – hat 20 000 Anleger geprellt, meist einfache Mitbürger. Seine Haft endet wegen guter Führung nach vier Jahren

Anleger kommen nach. Bald betragen seine Wocheneinnahmen 25 000 Dollar.

Die Story von Ponzis schnellem Geld hat inzwischen auch den engeren Kreis der italienischen Community verlassen. Händler erzählen ihren Kunden von der märchenhaften Geldanlage, Straßenbahnschaffner ihren Passagieren, Zimmermädchen den Portiers und die den Hotelbesitzern. Selbst Bostons Polizisten investieren, nachdem Ponzi großzügig für den Witwen- und Waisenfonds der Sicherheitskräfte gespendet hat.

Im April 1920 nimmt Ponzi mehr als 140 000 Dollar ein, zählt dabei 471 Einleger.

Seinen Reichtum zeigt er nunmehr demonstrativ; seine tiefverwurzelte Großspurigkeit bricht ungebremst durch. Im Mai kauft Ponzi für seine junge Frau und sich ein Eigenheim im vornehmen Vorort Lexington. 39 000 Dollar zahlt er für die Villa, allerdings 30 000 davon in Schuldscheinen für seine SEC. 5000 weitere Dollar kostet die Küche mit dem damals ultramodernen Gasanschluss und zusätzliche 15 000 die neue Einrichtung, inklusive Bären- und Tigerfell und eines Mahagonitischs, an dem eine ganze Großfamilie Platz hätte. Seine Mutter Imelde lässt Ponzi aus Italien kommen – erster Klasse mit Zugehfrau auf dem Ozeandampfer.

Immer mehr Leute vertrauen Ponzi ihr Geld an. Im Juni sind es insgesamt mehr als 2,5 Millionen Dollar von 7800 Kunden. Alarmiert von den Gerüchten über die angeblichen Finanzgeschäfte mit Internationalen Antwortscheinen in Boston, verbietet das Postministerium in Washington Anfang Juli offiziell das Einlösen von Postcoupons von mehr als 50 Cent pro Kunden – eigentlich eine Nachricht, die Ponzis vermeintlichem Geschäftsmodell die Grundlage entzieht und seine Anleger schockieren müsste.

Doch selbst das schreckt die Menschen nicht ab, sein Name taucht in dem Dekret auch nirgends auf. Alle setzen auf den Rat ihrer Vertrauensleute aus der Nachbarschaft oder Verwandtschaft. Und wer der Sache doch misstraut, kann ja aussteigen – und bekommt seine Einlage vorzeitig zurück, wenn auch ohne den versprochenen Gewinn.

Mitte Juli 1920 nimmt Ponzi mehr als eine Million Dollar pro Woche ein. Er kauft die Firma, bei der er in Boston angestellt war – die 240 000 Dollar hat er locker. Er wird Hauptanteilseigner an der Bank, bei der er einen Teil seines Geldes deponiert, Hanover Trust.

All die Zeit sinnt er über Wege nach, wie er sein System doch noch auf eine stabile Grundlage stellt. Was nicht möglich ist bei einem Geschäft, das keinen Mehrwert produziert. Aber Ponzi ist grundsätzlich Optimist. Wenn er erst eine eigene Bank besitzt, lässt sich ja vielleicht noch etwas tricksen.

LÄNGST IST ER EINE ÖFFENTLICHE PERSON. Die Zeitungen in Boston berichten und sogar die „New York Times“. Nach anfangs bewundernden Storys zitieren sie zunehmend auch zweifelnde Stimmen. Die „Boston Post“, das führende Blatt am Ort, befragt Clarence Walker Barron, den Besitzer des „Wall Street Journal“ und Finanzdoyen der Ära. Sein Urteil: „Ich bezweifle die Motive hinter Ponzis Masche.“

Der Druck auf Politik und Behörden wächst, der Sache auf den Grund zu gehen. Die Staatsanwaltschaft wird tätig, die Bankenaufsicht nimmt den Hanover Trust ins Visier. Sogar Ponzis Telefone werden überwacht.

Der schlägt von sich aus eine offizielle Buchprüfung vor. Das verschafft Ponzi ein bisschen Zeit, vielleicht fällt ihm ja doch noch ein Weg ein, wie er sich aus der Sache retten kann.

Er rechnet wieder: Ansprüche von 15 Millionen Dollar müsste er inzwischen bedienen, er hat aber nur acht Millio-

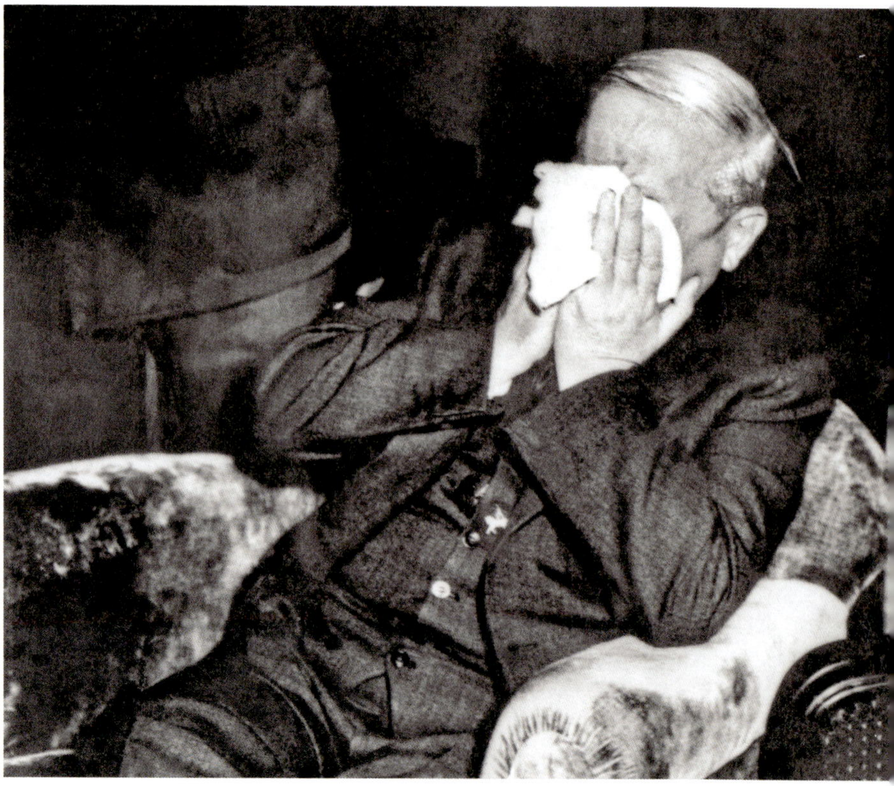

Kaum entlassen, wird Ponzi abermals straffällig. Bei seiner Abschiebung aus den USA 1934 verdeckt er schamvoll sein Gesicht nen. Jeden Tag, den Ponzi in seinem Locomobile vor seinem Büro in der School Street vorfährt, befürchtet er nun einen Run von Leuten, die Angst um ihr Geld haben.

Doch die Menschen vor seinem Kontor empfangen ihn mit drei Hochrufen. „Und nun drei Buhs für die ‚Boston Post'", ruft Ponzi, scheinbar so gelöst wie immer. Die Menge bricht in Gelächter aus.

Tatsächlich drängen sich Ende Juli die Leute in einer langen Schlange bis weit hinaus auf die Straße. Zu verlockend scheint das Ganze auch jetzt noch zu sein. 6,5 Millionen Dollar Einnahmen hat Ponzi im Juli.

Er tönt gegenüber Journalisten: „Mir könnten die Scheckformulare ausgehen, aber nicht das Geld." In der School Street geht es tagtäglich zu wie auf einem Jahrmarkt. Ponzi ordert Sandwiches und Würstchen für die Wartenden, Donuts und Kaffee. Sogar einen Sänger engagiert er, der vor der Schlange ein Hohelied auf den Finanzjongleur anstimmt: „Ponzis Schuldscheine sind so gut wie Gold, denn Ponzi hat so viele Dollars, wie es Wellen auf dem Ozean gibt."

Im Stillen jedoch überlegt Ponzi, sich heimlich für kurze Zeit Bares von seiner eigenen Bank zu borgen, um so dem staatlichen Buchprüfer die Liquidität vorzugaukeln, die er nicht hat. Schließlich macht die Bank – im Gegensatz zu ihm – bis dahin vollkommen legale Geschäfte.

Aber dann kommt ein Doppelschlag: Die „Boston Post" hat Wind von seiner Vergangenheit in Montreal bekommen und einen Reporter dorthin beordert. Der treibt ein erkennungsdienstliches Bild von 1907 auf. Nun ist bekannt, dass Ponzi ein vorbestrafter Betrüger ist, was viele seiner Anleger dazu veranlasst auszusteigen (auch vorzeitig, ohne Rendite).

Zudem verfügt Bostons oberster Bankenaufseher, der Ponzi schon lange für einen Betrüger hält, dass auf dessen Konten bei der Hanover Trust keine Schecks mehr gezogen werden dürfen, und lässt die Bank wenige Tage später sogar vorübergehend schließen. Ponzi kann nun aussteigewilligen Investoren nicht mehr ihr Kapital erstatten – und hat auch nicht mehr die Möglichkeit, heimlich auf das Vermögen der Bank zuzugreifen, um so seine finanzielle Schieflage zu verschleiern.

Am 12. August 1920 hat sich der Buchprüfer durch die Unterlagen gewühlt – immerhin hatte Ponzi schon im April eine junge Buchhalterin engagiert, die seine Einnahmen und Verbindlichkeiten festhielt. Nicht einmal acht Monate nach Gründung der SEC legt der Prüfer sein vernichtendes Ergebnis vor. Die Firma ist pleite: sieben Millionen Dollar Verbindlichkeiten bei nur vier Millionen Dollar Einlagen. Der Traum vom schnellen Geld ist zerborsten, oder, um das Bild vom Schneeballsystem aufzugreifen: Alles schmilzt dahin.

Ponzi weiß, dass er verloren hat. Er begibt sich zum Staatsanwalt. Noch am selben Tag wird er unter dem Vorwurf verhaftet, die US-Post für ein Betrugssystem missbraucht zu haben: So viele Internationale Antwortscheine, wie er für die Millionen-Einlagen hätte einlösen müssen, gibt es gar nicht. Die „Boston Post" schreibt, halb anerkennend: „Von all den Gauklern, die bisher schnellen Reichtum versprachen, ist Ponzi der König."

Er wird zu fünf Jahren Haft verurteilt. 20 000 Gutgläubige und Raffgierige halten am Schluss die Schuldscheine Ponzis in Händen; meist sind es Menschen, die kleine Leute genannt werden: Stallknechte, Schneider, Blumenhändler, Streifenpolizisten, Küchenhilfen, Buchbinder und Arbeiter in der Bonbonfabrik. Auch ein Pfarrer ist dabei.

Sie bekommen nach Abwicklung des Bankrotts im Schnitt 37,5 Prozent ihrer Einlagen zurück, statt mindestens 50 Prozent Gewinn mehr als 60 Prozent Verlust. Es ist die bis dahin größte Pleite in der Geschichte des Bundesstaats Massachusetts. So viel Geld wie Ponzi hat sich bis dahin noch niemand in Amerika erschwindelt.

Nach seiner Freilassung wegen guter Führung geht der Betrüger 1925 nach Florida, verkauft dort vermeintliches Bauland, das in Wirklichkeit Sumpf ist, und muss wieder ins Gefängnis. Nach seiner erneuten Entlassung schieben ihn die USA nach Italien ab, später zieht er nach Rio de Janeiro. Dort stirbt Ponzi 1949 an den Folgen eines Blutgerinnsels im Gehirn. Beigesetzt wird er in einem Armengrab.

Sein Schwindelsystem wurde vor ihm und wird nach ihm probiert, aber nie in so großem Stil wie von ihm – bis zum Anfang des 21. Jahrhunderts. Im Dezember 2008 nimmt die New Yorker Polizei den angesehenen Wall-Street-Banker Bernie Madoff fest. Über einen Zeitraum von 30 Jahren hat er betuchten Geldgebern nicht weniger als 65 Milliarden Dollar entlockt, um ein gigantisches Schneeballsystem am Laufen zu halten.

So wie einst Ponzi italienische Gemüsehändler als Vermittler rekrutierte, die in der Auswanderer-Community hohes Ansehen genossen, benutzt Madoff die Vertrauenspersonen seiner Welt: Hedgefonds-Manager.

Aber auch wenn Madoff die gleichen Methoden wie Ponzi anwendet, und das in noch viel größerem Ausmaß, so bleibt doch dem Einwanderer aus Italien die zweifelhafte Ehre, dass die Betrugsmasche immer mit seinem Namen verbunden sein wird: 1957 hat die Encyclopaedia Britannica als Synonym für ein betrügerisches Schneeballsystem ein neues Wort in ihre Einträge aufgenommen: „Ponzi scheme".

PABLO E

Er ist der größte Drogenhändler aller Zeiten, ein Killer und gerissener Geschäftsmann, seine Mittel sind »plata o plomo« – Geld oder eine Kugel: Pablo Escobar baut Ende der 1970er Jahre ein milliardenschweres Kokain-Imperium auf und führt Krieg gegen den kolumbianischen Staat, als der seinen Plänen im Weg steht. Trotzdem verehren ihn viele Landsleute als Helden – bis heute

— TEXT: **PHILIPP MATTEIS**

SCOBAR

Auf dem Höhepunkt seiner Macht posiert der Drogenbaron um 1981 als mexikanischer Volksheld Pancho Villa. Tatsächlich baut er für die Armen Häuser. Doch Rivalen lässt Escobar niederschießen – und einen auch in Säure auflösen

DIESES GEFÄNGNIS IST wie kein anderes Gefängnis auf der Welt. Nicht geschaffen nach den Vorstellungen eines Staates, der Gesetzesbrecher straft, sondern nach den Vorlieben eines einzigen Häftlings. Nach dem Willen von Pablo Escobar, dem größten Drogenhändler der Geschichte.

In 2600 Meter Höhe thront der Bau auf einem Plateau am Hang, unterhalb eines von Kiefern bestandenen Bergrückens. Das Grundstück hat Escobar – ein kleiner, etwas dicklicher Mann Anfang 40, mit dichten schwarzen Locken und einem Schnauzbart – im Jahr 1991 selber begutachtet und für geeignet befunden.

Es liegt in der Nähe von Envigado, jener Vorstadt der kolumbianischen Metropole Medellín, in der er aufgewachsen ist. „La Catedral" wird das Anwesen genannt – wie ein Ort der Huldigung.

Das Gebäude ist lang gestreckt, eine Terrasse gewährt einen großartigen Blick auf Medellín, das sich in gut zehn Kilometer Entfernung unten im Tal ausbreitet. In unmittelbarer Nähe liegen ein Fischteich, ein Fußballplatz, eine Hütte mit Spielzeug für die Tochter des Häftlings. Dahinter ein dezenter Zaun.

Im Inneren von La Catedral sind mehrere Apartments eingerichtet worden, jeweils mit Badezimmer und großzügigem Bett. Hier leben jene Männer, die Escobar ins Gefängnis gefolgt sind. Arbeiter haben Whirlpools in den Komplex gebaut, eine Turnhalle und eine Sauna sowie eine Disco mit einer teuren Stereoanlage und eine Bar mit einer geschwungenen Theke, in der gekühlter Champagner und 18 Jahre alter Whiskey vorrätig sind.

Die besten Zimmer bewohnt Escobar selbst. Dort sind die Böden mit Parkett belegt, an den Wänden hängen Gemälde in Öl, im Empfangsraum lodert ein Kaminfeuer, im Schlafzimmer steht ein Wasserbett. Wenn der Drogenbaron auf einem der zahlreichen Satelliten-Kanäle fernsehen will, schaltet er sein großformatiges TV-Gerät ein.

Das Abendessen bringen fast jede Nacht Kuriere aus Medellín herauf; zubereitet haben es Köche in den Spitzenrestaurants der Stadt. Es gibt gefüllten Truthahn und Kaviar, frischen Lachs und geräucherte Forelle.

Die Grenze zur Außenwelt ist auch sonst äußerst durchlässig. Die Gefängniswächter hat Escobar persönlich ausgewählt, er bezahlt sie, damit sie ihm loyal bleiben. Auch die Soldaten, die das Gefängnis im weiten Umkreis abschirmen, sind geschmiert. Die Männer lassen Freunde, Verwandte und andere Besucher passieren, winken Lieferwagen mit Prostituierten durch, wenn gefeiert wird. Zwei- bis dreimal pro Woche gibt der Drogenboss eine Party.

Und wenn es Escobar beliebt, kann er die Haftanstalt sogar verlassen. Den ersten Jahrestag seiner Inhaftierung, den 19. Juni 1992, feiert er in einem Nachtclub. Mehrfach besucht er Spiele der ersten kolumbianischen Fußballliga im Stadion von Envigado, dessen Bau er einst selbst bezahlt hat.

Das Absurdeste jedoch: Pablo Escobar führt vom Gefängnis aus sein kriminelles Imperium weiter wie zuvor, seine weit gefächerte Organisation, die Kokain in nie gekannten Mengen umschlägt und ihm schon Hunderte Millionen Dollar eingebracht hat.

Mit modernsten Mobiltelefonen dirigiert er von La Catedral aus über Stellvertreter die Drogenlabore, die Schmuggler, die Geldwäscher, die Boten. Besonders heikle Nachrichten werden von Brieftauben überbracht. Sorgsam achtet Escobar darauf, dass die Einnahmen auch jetzt noch zuverlässig an ihn fließen.

Er kann fast unbehelligt arbeiten. Und die Armeeposten um die Haftanstalt schützen ihn zudem sogar vor seinen Feinden – hauptsächlich vor konkurrierenden Drogenbossen aus dem Süden des Landes, die ihm nach dem Leben trachten. Um sicherzugehen, hat Escobar im Gefängnis auch noch ein Waffenarsenal angelegt.

Regelmäßig empfängt er Komplizen und Untergebene, oft mehr als 100 Besucher im Monat, darunter Killer, denen der Boss erklärt, welche Abweichler oder Störenfriede zu beseitigen sind.

Denn aus der Haft setzt Escobar seine Macht ebenso brutal durch wie zuvor.

Einen langjährigen Gefolgsmann, den er der Illoyalität beschuldigte, hat Escobar, so geht ein Gerücht, mitten im Gefängnis bis zum Hals in ein Fass mit ätzender Flüssigkeit setzen lassen, die nach und nach das Fleisch des Mannes zerfressen habe. Die Leiche sei danach tagelang im Fass geblieben: der Kopf unversehrt, der Rest des Körpers bis auf die Knochen aufgelöst.

Der kolumbianische Staat sieht tatenlos zu – denn die Regierung hat ein Abkommen mit dem gefährlichsten Drogenboss des Landes geschlossen.

Gut ein halbes Jahrzehnt lang hat Escobar zuvor Kolumbien tyrannisiert, hat es mit Bombenterror, Auftragsmorden und Entführungen überzogen. 1991

Mit Autobomben verbreitet Escobar Angst und Schrecken, um den kolumbianischen Staat zu erpressen. Die Sprengsätze reißen zumeist völlig Unbeteiligte in den Tod

Mehr als eine halbe Tonne Kokain sollte dieses Flugzeug von Kolumbien in die USA schmuggeln, bevor es von Fahndern aufgebracht wurde. Escobar baut eine Organisation auf, die Produktion, Transport und Verkauf der Drogen kontrolliert und damit milliardenschwere Geschäfte macht

hat Präsident César Gaviria schließlich eine Vereinbarung mit dem Gangster getroffen, die dem Land endlich Frieden bringen soll: Escobar stellt sich und bekennt sich vor einem Gericht in mindestens einem Anklagepunkt für schuldig. Im Gegenzug kann er mit einer Höchststrafe von acht Jahren rechnen und wird nicht an die USA ausgeliefert.

Und: Er darf über seinen Haftort mitbestimmen.

Nicht wenige Beobachter sehen in dem Abkommen die Kapitulation des Staates vor der Macht eines Kriminellen. Und tatsächlich fühlt sich Escobar als Sieger eines jahrelangen Krieges.

Fast triumphierend bezieht er das Gefängnis und sorgt sich von Beginn an kaum darum, auch nur den Anschein aufrechtzuerhalten, ein Gefangener des kolumbianischen Staates zu sein.

Doch schließlich geht er zu weit.

Im Juli 1992 kommen zwei hochrangige Kokainhändler nach La Catedral, um sich bei Escobar zu beschweren: Dessen Leute hätten ihnen 20 Millionen Dollar gestohlen. Der Boss aber verdächtigt die Besucher, Geschäfte hinter seinem Rücken zu machen – und lässt sie erschießen. In den Tagen darauf töten Escobars Killer zwei Dutzend Angehörige und Gefolgsleute der Ermordeten.

Überlebende Familienmitglieder informieren nun die Ermittlungsbehörden über die Vorgänge in La Catedral. Und bald wird auch für die Regierung offensichtlich: Der Pakt mit Escobar ist gescheitert, eine Farce.

Präsident Gaviria muss handeln: Am 21. Juli 1992 beschließt er mit seinen Ministern die Verlegung Escobars in ein Gefängnis der Hauptstadt Bogotá. Notfalls mit Gewalt. Noch am gleichen Tag werden die 400 Soldaten, die rund um La Catedral stationiert sind, in Einsatzbereitschaft versetzt. Doch zunächst geschieht nichts.

Als die Nacht anbricht, weiß das ganze Land längst aus dem Radio, dass das Militär die Kontrolle in Escobars Gefängnis übernehmen soll. Die Chance auf einen Überraschungsangriff ist damit vertan.

Derart lange bleiben die Soldaten tatenlos, dass Beobachter später vermuten, der kommandierende General sei von Escobar gekauft.

Am späten Abend versucht der stellvertretende Justizminister persönlich, den Drogenboss zu einer freiwilligen Verlegung zu bewegen. Doch er scheitert: Escobar lässt den Politiker kurzerhand als Geisel nehmen.

Weit nach Mitternacht trifft eine von US-Spezialisten ausgebildete Sondereinheit ein. Am frühen Morgen machen sich die Kämpfer zum Sturm bereit. Als sich der Nebel verzieht, schlagen sie los. Schüsse fallen, Blendgranaten explodieren. Die Verteidiger – Komplizen Escobars sowie korrupte Wachen – feuern mit automatischen Waffen und Schrotflinten auf die Angreifer. Ein Soldat stirbt, zwei Wächter werden verwundet, dem Vizeminister gelingt die Flucht.

Gegen 7.30 Uhr ist La Catedral unter der Kontrolle des kolumbianischen Staates. Doch wo ist Pablo Escobar? Fieberhaft durchsuchen die Soldaten das Gefängnis. Sie durchwühlen Zimmer, reißen Wände ein, sprengen Teile des Fußballplatzes; überall vermuten sie geheime Verstecke des Bosses. Nach 48 Stunden ist klar: Escobar ist entwischt.

Irgendwann mitten in der Nacht haben Escobar, sein Bruder und einige Gefolgsleute ein paar zuvor präparierte Zaunpfeiler umgestoßen und sind im Kiefernwald oberhalb des Anwesens verschwunden. Keiner der 400 Belagerer hat davon offenbar etwas bemerkt.

Ein paar Stunden später sitzt Escobar bereits bei einem befreundeten Drogenhändler und trinkt Kaffee. Doch von nun an wird sein Leben ein anderes sein. Die letzte Jagd auf den berüchtigtsten Verbrecher der Welt hat begonnen.

SIE HEISST „GEWALT", jene Epoche in der kolumbianischen Geschichte, in der Pablo Escobar am 1. Dezember 1949 zur Welt kommt: „La Violencia". Gut anderthalb Jahre bevor der Junge als drittes Kind einer Lehrerin in einem Dorf in der Region von Medellín geboren wird, ist der aussichtsreiche liberale Präsidentschaftskandidat Jorge Eliécer Gaitán erschossen worden.

Er galt als scharfer Kritiker des Herrschaftssystems, in dem wenige Familien über die Industrie, nahezu den gesamten Grundbesitz sowie die Bodenschätze gebieten und auch die Politik dominieren. Der Großteil der Bevölkerung dagegen ist der Willkür der Herrschenden ausgeliefert, vor allem die meist landlosen Bauern. Gaitán, einem begnadeten Redner, war es gelungen, mit einer Mischung aus nationalistischen und sozialistischen Parolen die Massen hinter sich zu bringen.

Nach der Ermordung des Präsidentschaftskandidaten zieht in Bogotá eine wütende Menge durch die Straßen. Die Unruhen weiten sich zum Bürgerkrieg aus: Regierungstruppen kämpfen gegen oppositionelle Freischärler, Liberale gegen Konservative, paramilitärische Einheiten der Industriellen und Großgrundbesitzer gegen Gewerkschafter, Katholiken gegen Kommunisten.

Barbarische Grausamkeiten sind bald alltäglich: Frauen werden vor den Augen ihrer Männer vergewaltigt, anderen Opfern lebenden Leibes Gliedmaßen abgetrennt. Die „kolumbianische Krawatte“, bei der man Gegnern den Hals aufschneidet und die Zunge nach unten durch die Wunde herauszieht, erlangt traurige Berühmtheit.

Mehr als 200 000 Menschen, zumeist Bauern, fallen dem Blutvergießen zum Opfer.

Erst 1958 endet die Zeit der Violencia mit einem Abkommen zwischen Liberalen und Konservativen: Die beiden Parteien regieren fortan gemeinsam und stellen abwechselnd den Präsidenten. Doch noch jahrelang dauern Kämpfe an, und aus Selbstverteidigungsgruppen von Bauern werden kommunistische Guerillatruppen, die den Staat attackieren.

So gewöhnt sich der junge Pablo Escobar an die Allgegenwart von Gewalt. Mehr noch: Ihn beeindrucken die Geschichten von Rebellen, die sich gegen die Mächtigen auflehnen.

Er selbst wächst auf in einfachen, aber nicht armen Verhältnissen. Sein Vater ist einer der wenigen Kleinstgrundbesitzer. Ihm gehören zur Zeit von Pablos Geburt zwölf Hektar Land und sechs Kühe. In seinem Haus gibt es zwar keinen Strom, aber immerhin fließendes Wasser.

1961 zieht die Familie in den Osten Medellíns. Die Mutter drängt Pablo, das Gymnasium zu besuchen, doch der Junge schläft lieber bis mittags – eine Angewohnheit, die er sein Leben lang beibehalten wird. 1966 muss er die Schule wegen schlechter Leistungen verlassen.

Im gleichen Jahr kaufen die Escobars ein Haus in der Gemeinde Envigado, südlich von Medellín. Während Pablo nun versucht, in einem Abendkurs das Abitur zu bestehen, verbringt er die Nächte mit einem älteren Cousin in den Bars der Metropole, raucht Marihuana und probiert sich als Gelegenheitsdieb.

1969 scheitert er abermals in der Schule. Aber Pablo ist ehrgeizig. Seiner Mutter erklärt er, für normale Arbeit sei er nicht geschaffen, er wolle „etwas Großes“ werden. Und nirgendwo scheint ein Aufstieg schneller möglich als unter Kriminellen. Er und sein Cousin machen ihr Geld schon bald mit dem Verkauf von geschmuggelten Zigaretten, mit Raubüberfällen und Autodiebstählen.

Bereits da zeigt Escobar einen gnadenlosen Geschäftssinn: Er ist noch keine 20 Jahre alt, da führt er bereits eine Bande von Autodieben. Bald besticht er Stadtbedienstete, damit sie ihm für gestohlene Fahrzeuge neue Papiere ausstellen. Um Schulden einzutreiben, heuert er *sicarios* an – professionelle Killer, von denen es seit dem Bürgerkrieg viele gibt. Sie kidnappen Säumige oder deren Familienmitglieder, die sie manchmal auch dann töten, wenn das Lösegeld bezahlt worden ist.

Im Sommer 1971 wird der Medellíner Industrielle Diego Echavarría entführt und ermordet. In der Oberschicht für seine gemeinnützigen Stiftungen hoch angesehen, war der Abkömmling einer Familie von Textilfabrikanten bei vielen armen Einwohnern der Stadt dennoch verhasst wie alle Reichen.

Obwohl es keine Beweise gibt, schreibt die Unterwelt von Medellín die Tat Pablo Escobar zu, der inzwischen zu einer lokalen Größe aufgestiegen

1985 stürmen linke Guerilleros den Justizpalast in Bogotá; über 100 Menschen sterben, darunter elf Richter des Obersten Gerichtshofes. Eine Zeugin wird später aussagen, Escobar habe die Aktion bezahlt – tatsächlich gehen Berge von belastenden Akten gegen ihn und seine Komplizen in Flammen auf

NICHTS FÜRCHTET DER BOSS MEHR ALS DIE US-JUSTIZ

Umgeben von Fußballern, eröffnet Escobar 1982 ein Stadion. Hunderte Sportstätten lässt er errichten oder mit Flutlicht versehen. Der Drogenhändler gibt sich als kolumbianischer Robin Hood

ist. Fortan wird er bewundernd „Doctor Echavarría" oder nur „El Doctor" genannt. Und in der Bevölkerung entsteht allmählich jener Ruf, auf den er Wert legt: Er gilt als gerissen und skrupellos, doch aufseiten der Armen.

Etwa um diese Zeit entdecken ein paar Tausend Kilometer weiter nördlich Künstler, Schauspieler und Musiker die aufputschende Wirkung eines weißen Pulvers. In den Vereinigten Staaten beginnt der Kokain Boom.

JANUAR 1993: Wenn Pablo Escobar gegen Mittag erwacht, mag er für einen Moment orientierungslos sein: So häufig hat er in den Wochen zuvor seinen Schlafort gewechselt, dass er sich morgens manchmal nicht erinnern kann, in welchem Haus er abends eingeschlafen ist. Seit sechs Monaten führt er dieses Leben. Seit sechs Monaten ist er auf der Flucht. Doch er ist guter Dinge.

Solange er in der Nähe Medellíns bleibt, ist er in Sicherheit. Ein großer Teil der Bevölkerung hier verehrt ihn, ihm stehen Dutzende Verstecke zur Verfügung: Wohnungen, Häuser, Fincas, die ihm selbst oder Mitgliedern seiner Organisation gehören. Seine Killer sind noch immer schlagkräftig, seine Geschäfte werden von Stellvertretern und befreundeten Familien weitergeführt.

Über Mobiltelefone, Funkgeräte und Boten hält er Kontakt zur Außenwelt. Und zu seiner Familie. In ihren Briefen bittet seine Frau Victoria ihn immer wieder, sich zu ergeben. Etliche Male hat Pablo der Regierung seine inzwischen stark abgeschwächten Kapitulationsbedingungen zukommen lassen: vor allem keine Auslieferung an die USA sowie Schutz für seine Familie.

Doch Präsident Gaviria ist nicht bereit, abermals einen Handel mit dem Drogenboss einzugehen. So ist Krieg die einzige Alternative. Escobar hat noch immer die Mittel, das Land erneut mit Terror zu überziehen.

In der Hauptstadt Bogotá lässt er nun mehrere Autobomben legen. Am 30. Januar 1993 detoniert ein Sprengsatz im alten Zentrum der Kapitale, 20 Menschen kommen ums Leben, darunter ein Säugling und zwei weitere Kinder.

Einen Tag später brennt das Landhaus von Escobars Mutter nieder. In einem Medellíner Wohnviertel explodieren Autobomben vor Häusern, in denen Angehörige Escobars leben.

Hinter diesen Anschlägen steckt eine Gruppe, die sich „Los Pepes" nennt, eine Abkürzung für „Los perseguidos de Pablo Escobar": „Die von Pablo Escobar Verfolgten". Die Familien von Drogendealern, die Escobar ermorden ließ, sowie seine Konkurrenten aus der südkolumbianischen Stadt Cali haben sich darin mit rechten Paramilitärs zusammengeschlossen, um den Flüchtigen zu töten.

Nun jagt ihn nicht nur der Staat, sondern auch eine Terroreinheit, die sich seiner eigenen Methoden bedient: Jeder, der Escobar unterstützt, steht ebenfalls auf ihrer Todesliste.

UM 1970 IST MARIHUANA die beliebteste Droge in den USA. Längst schon rauchen nicht mehr nur Hippies, Künstler und Avantgardisten die getrockneten Teile der Hanfpflanze. Marihuana-Konsum gilt vielen jungen US-Amerikanern als Rebellion gegen rigide Moralvorstellungen, gegen den Vietnamkrieg und die Leistungsgesellschaft.

Anfang der 1970er Jahre steigt aber auch das Interesse an Kokain sprunghaft an. Seit Ende des 19. Jahrhunderts ist der aus den Blättern des Koka-Strauches gewonnene Wirkstoff als konzentriertes weißes Pulver bekannt. Anfangs produzierten es zumeist deutsche Pharmafirmen, vor allem als äußerlich anwendbares Schmerzmittel, etwa für Augen- oder Rachenoperationen. Doch auch die rauschhafte Wirkung der Substanz wird schon früh genutzt. Wer sie schnupft, isst oder spritzt, fühlt sich euphorisiert, selbstbewusst und tatkräftig. Kokain unterdrückt zudem Müdigkeit und Hunger.

Ab Ende der 1960er Jahre kommt das Pulver in den USA in Mode: als ideale Droge, um länger arbeiten oder feiern zu können. Negative Wirkungen sind zunächst kaum bekannt. 1974 haben, Schätzungen zufolge, schon mehr als fünf Millionen US-Amerikaner mindestens einmal Kokain konsumiert, dessen Ruf als Luxusdroge – ein Gramm kostet bis zu 100 Dollar – es noch attraktiver zu machen scheint.

Mit Küsten sowohl zum Pazifik als auch zur Karibik ist Kolumbien seit jeher ein guter Handelsposten. Schon lange schmuggeln Banden Marihuana auf Schiffen nach Florida oder über Mexiko nach Kalifornien. Als nun auf dem gewaltigen Markt im Norden auch die Nachfrage nach Kokain wächst, reagieren viele Schmuggler und steigen um. Denn das Geschäft mit dem weißen Pulver ist weitaus lukrativer.

35 000 Dollar bringt ein Kilogramm in Miami ein, dem größten Umschlagplatz in den USA – ein Vielfaches des kolumbianischen Preises. Zudem nimmt es weniger Volumen ein und ist viel leichter zu verstecken als Marihuana.

In der Unterwelt Medellíns spricht es sich auch bis zu Pablo Escobar herum, dass mit dem Stoff wesentlich mehr Geld zu verdienen ist als mit Autodiebstählen und Raubüberfällen. Und bald schon wird er das Kokaingeschäft revolutionieren.

Im Juni 1976 sind zwei seiner Komplizen in einem Lastwagen auf dem Rückweg nach Medellín. Sie kommen aus dem Grenzgebiet zu Ecuador, wo Escobar einen Deal über 18 Kilogramm Kokain abgeschlossen hat – sein bislang größtes Drogengeschäft. In den USA brächte die Ware rund 600 000 Dollar ein.

Doch dann halten Angehörige des kolumbianischen Geheimdienstes den Wagen an. Die Detektive finden im Ersatzreifen die Päckchen mit dem Rauschgift. Zum Schein lassen sich die Beamten auf eine Bestechung ein – und verhaften bei der Übergabe des Geldes am nächsten Tag Pablo und seinen Cousin.

Escobar, der wenige Monate zuvor die erst 15-jährige Victoria Henao geheiratet hat, drohen mehrere Jahre Gefängnis. Doch nun nutzt er jene beiden Mittel, mit denen er seit dem Beginn seiner kriminellen Karriere Erfolg hat: Geld und Gewalt.

Durch juristische Winkelzüge gelingt es ihm, dass ein Richter den Fall übernimmt, der eine Bestechungssumme akzeptiert und ihn freilässt. Bevor ein anderer Richter den Fall wieder aufnehmen kann, werden die beiden Hauptzeugen ermordet. Das Verfahren wird schließlich eingestellt.

„Plata o plomo" nennt Escobar das Prinzip: „Silber oder Blei." Wer Bestechung nicht akzeptiert, wird getötet.

VERMUTLICH ANFANG 1977 lernt Escobar Carlos Lehder kennen, einen stiernackigen Kolumbianer deutscher Abstammung, der als Verehrer von Adolf Hitler gilt und in einem US-Gefängnis eingesessen hat – wegen Marihuana-Handels. Nun verkauft er in Medellín geschmuggelte oder gestohlene Luxusfahrzeuge. Escobar lernt ihn kennen, als er bei Lehder ein Auto erwerben will.

Plötzlich öffnen sich für Escobar ungeahnte Kontakte in die USA. Denn Lehder arbeitet gemeinsam mit US-Komplizen an einem „Kokain-Express" nach Norden, einer Schmuggelroute, auf der Drogen in nie gekannten Mengen verschoben werden sollen.

Und Pablo, so der nun vereinbarte Plan, wird diese Ware beschaffen. Zusammen bauen sie ein Imperium auf, das Escobar zum reichsten Drogenhändler der Geschichte machen wird.

Mit Lehders Hilfe industrialisiert er das Geschäft mit dem Kokain. Bald schon geht es nicht mehr um Kilogramm der Droge, sondern um Tonnen. Nicht mehr um Hunderttausende Dollar Gewinn, sondern um viele Millionen.

Akribisch organisiert der Mann aus Medellín den Weg des Rauschmittels von der Ursprungspflanze im Dschungel bis in die USA.

Seit Jahrhunderten schon kultivieren die Indios der Andenregion den Koka-Strauch – sie kauen die Blätter mit ihrem angenehm scharfen Geschmack und der belebenden Wirkung. Doch um aus der Pflanze Kokain zu gewinnen, sind zahlreiche Arbeitsschritte nötig.

Escobar schließt zunächst Vereinbarungen mit Lieferanten in Peru und Bolivien, wo die Hauptanbaugebiete der Pflanzen liegen. Dort ernten Bauern die Blätter und verkaufen sie säckeweise an Zwischenhändler.

Noch im Anbaugebiet zerkleinern Arbeiter die Ernte und vermischen sie in mehreren Schritten mit Natron und Benzin. Dann filtern sie die Blattreste aus der Lösung und versetzen diese mit Schwefelsäure. Nach Zugabe von Natriumhydroxid fällt schließlich eine breiartige Substanz aus, die herausgefiltert wird.

Mit seiner Frau und seinem Sohn verfolgt Escobar um 1983 ein Fußballspiel. Auch später, auf der Flucht, hält er Kontakt zu seiner Familie – und liefert den Suchtrupps dadurch Spuren

Aus jedem Kilo getrockneter Blätter entstehen auf diese Weise etwa 15 Gramm Koka-Paste, die Piloten mit kleinen Flugzeugen nach Kolumbien bringen. Dort, in unzugänglichen Gegenden der Region von Medellín, stehen die Labors, in denen aus der Paste schließlich Kokain gefertigt wird.

Zunächst in einfachen Holzhütten, später auch in größeren Anwesen aus Stein sorgen ausgebildete Chemiker dafür, dass die Koka-Paste mit Kaliumpermanganat behandelt, in Äther gelöst und mit einer Mischung aus Aceton und Salzsäure versetzt wird, bis Kokainhydrochlorid kristallisiert und ausfällt: das Endprodukt.

Jetzt muss es nur noch in Mikrowellenöfen oder unter Brutlampen getrocknet werden. Eine halbe

Polizisten durchsuchen eine Hütte im Dschungel, aus der Escobar kurz zuvor geflohen ist. Erst Mitte der 1980er Jahre beginnt die Regierung, den Drogenboss ernsthaft zu bekämpfen

Tonne kann ein Laborteam, besetzt mit meist mehreren Dutzend Menschen, in einer Woche herstellen.

Die Jobs in den Minifabriken, die nun entstehen, sind begehrt: Selbst einfache Arbeiter verdienen das Dreifache des staatlichen Mindestlohns. Es gibt komfortable Unterkünfte für die Angestellten und ärztliche Versorgung.

Auf mehreren Routen schickt Escobar das Kokain in Richtung USA. Der wichtigste Weg führt in den ersten Jahren über die Bahamas-Insel Norman's Cay. Dort besitzt Carlos Lehder ein Anwesen, auf dem zweimotorige Frachtmaschinen mit Ladungen von 250 Kilogramm Kokain oder mehr aus Medellín landen. Für die letzten zwei Stunden der Reise nach Florida wird die Ware meist auf kleinere Flugzeuge umgeladen.

Zehn Millionen US-Dollar bringt eine solche vierstündige Tour mit 250 Kilogramm Kokain ihren Auftraggebern. Als die Regierung der Bahamas ab 1982 Lehders Aktivitäten unterbindet und der „Kokain-Express" zum Stehen kommt, hat Escobar die gigantischen Gewinne längst genutzt, um etliche andere Routen zu erschließen.

Eine verläuft über Puerto Rico – korrupte Zollbeamte kontrollieren die Flugzeuge erst gar nicht, die das Kokain in eigens eingebauten Ersatztanks transportieren. Große Mengen erreichen Florida zudem per Schiff über Panama und Costa Rica. Mitunter setzt Escobar sogar U-Boote ein. Oder die Droge kommt auf dem Landweg nach Mexiko und von da über die Grenze in die USA.

Dort nehmen Großhändler die Ware an und geben sie an Straßendealer weiter, auch die stammen oftmals aus Kolumbien. Sie strecken das Kokain und verkaufen es schließlich in New York, Los Angeles oder San Francisco an die Konsumenten.

Escobar lenkt das Geschäft flexibel: In seiner Kernorganisation beschäftigt er höchstens 200 Menschen, die vor allem das Zusammenwirken der einzelnen Schritte überwachen. Für die tatsächliche Arbeit stützt sich Escobar auf rund 100 Betriebe, die er nach Bedarf beauftragt und steuert. Diese Subunternehmer haben sich spezialisiert – auf den Einkauf der Koka-Paste in den Anbauregionen oder auf deren Weiterverarbeitung zu Kokain, auf den Transport zum Markt oder auf das Waschen der illegal eingenommenen Millionen.

Weil er so kaum je direkt in das Geschäft verwickelt ist, kann Escobar schnell reagieren, wenn sich etwa die Nachfrage ändert oder eine Route wegen verstärkter Kontrollen zu unsicher wird. Er muss dann nur einfach weniger, mehr oder andere Subunternehmer beauftragen. Die Struktur schützt Escobar auch vor Strafverfolgung – keine angeheuerte Einheit weiß mehr als unbedingt nötig und kann im Fall einer Polizeiaktion nicht allzu viele relevante Informationen verraten.

Und der Bedarf an Kokain scheint unersättlich: Im Jahr 1979, so eine Studie, haben bereits 22 Millionen US-Bürger die Droge mindestens einmal probiert. Wurden Anfang jenes Jahrzehnts noch in den gesamten USA 150 Millionen Dollar mit deren Handel umgesetzt, sind es 1980 allein in Südflorida bereits zehn Milliarden. Das Drogengeld wird jetzt vor allem im Süden verdient: Zwischen 1976 und 1980 verdoppeln sich die Bankguthaben in den vier größten Städten Kolumbiens.

Anderen Händlern, die Kokain aus seinem Einflussbereich in die Vereinigten Staaten exportieren wollen, bietet Escobar Schutz an, allerdings gegen eine Steuer in Höhe von zehn Prozent des Großhandelspreises in den USA. Dafür garantiert er: Sollte eine Sendung abgefangen werden, leistet er Ersatz in Höhe des Einkaufspreises.

Für viele ist das ein Angebot, das sie nicht ausschlagen können – zumal jeder, der nicht mit Escobar kooperiert, sondern gegen ihn konkurrieren will, Besuch von seinen gefürchteten Auftragsmördern bekommt.

VOR ALLEM DIE KILLER machen seine Drogenorganisation zur mächtigsten des Landes, der US-Behörden schon bald den Namen „Medellín-Kartell" geben. Nur in einer südkolumbianischen Stadt formt sich ein ebenbürtiges Imperium, auf das Escobar keinen Einfluss hat: das „Cali-Kartell". Daneben streben noch zahlreiche kleinere, unabhängige Gruppen im ganzen Land nach ihrem Anteil am großen Geschäft mit dem weißen Pulver (weshalb die Bezeichnung „Kartell" für die großen Organisationen eigentlich nicht korrekt ist).

Escobar, der persönlich wenig von Kokain hält, nur in Maßen Alkohol trinkt und vor allem Marihuana raucht, sieht sich in erster Linie als Unternehmer. Und er ist sich sicher: Eines Tages werden Marihuana und Kokain legal werden, so wie Alkohol.

Zwei Menschen vor allem verehrt der Drogenboss: den in den 1920er Jahren durch Alkoholschmuggel reich gewordenen US-Gangster Al Capone und den mexikanischen Revolutionär Pancho Villa.

Wie der Volksheld Villa, der Anfang des 20. Jahrhunderts vom Banditen zum General der mexikanischen Revolutionstruppen aufstieg, will auch Escobar als eine Art Robin Hood angesehen werden, der die Reichen beraubt und den Armen gibt – und zwar in internationalen Dimensionen.

Seiner Ansicht nach leidet Lateinamerika seit Generationen unter dem Imperialismus der Vormacht USA, die den Kontinent ausbeutet. Kommt es deshalb nicht einem genialen Schachzug gleich, so äußert er gegenüber Vertrauten, die Gehirne der dekadenten nordamerikanischen Jugend mit Kokain zu vergiften und dafür Milliarden von Dollars nach Kolumbien zu schaffen? Endlich ströme Geld ins Land, und zwar nicht nur in die Hände der Oligarchie, sondern zu den Arbeitern und Bauern, denen er, Pablo Escobar, in seinem Imperium Lohn gebe. Alle profitierten vom Drogengeld, den „Narco-Dollars".

Während die kolumbianischen Politiker und die US-Regierung die „Narco-Millionäre" als Geißel der Gesellschaft brandmarken, sieht er sich als deren Wohltäter. Tatsächlich errichtet Escobar Hunderte Häuser für die Armen Medellíns, 1981 sogar ein ganzes Viertel mit Schule und Kirche, das „Barrio Pablo Escobar": für Menschen, die zuvor in Slums am Rande einer Müllkippe lebten. Er lässt Fußballplätze, Straßen und Stromleitungen bauen sowie Hunderttausende von Bäumen pflanzen.

Doch wer gegen Escobar ist, bekommt Probleme: Von 1980 bis 1984 verdoppelt sich die Zahl der Morde in Medellín. Und der größte Teil der Drogendollars erreicht in Wirklichkeit natürlich nicht die arme Bevölkerung, sondern verbleibt bei El Doctor und den anderen Bossen.

Jetzt ist Escobar auf dem Höhepunkt seiner Macht. Er besitzt Hubschrauber und Flugzeuge, Villen in Kolumbien und Florida.

Auf seinem Anwesen „Hacienda Nápoles" – 63 Millionen Dollar hat allein das 3000 Hektar große Grundstück gekostet, das gut 100 Kilometer südöstlich von Medellín in einem weitläufigen Tal liegt – richtet er sich einen Privatzoo ein. Nashörner, Giraffen, Nilpferde, Elefanten, Büffel und Antilopen leben hier. 100 000 eigens gepflanzte Obstbäume befinden sich ebenso auf dem Gelände wie eine Kette künstlich angelegter Seen samt Wasserskianlage und ein eigener Flugplatz. In Garagen steht eine große Oldtimer-Sammlung. Bis zu 100 Gäste kann er auf dem Landgut beherbergen.

Escobar scheint sich nun allmächtig zu fühlen, ein Herr über Leben und Tod: Als ein Arbeiter dabei ertappt wird, wie er auf dem Anwesen etwas stiehlt, lässt er den Mann fesseln, in einen der sechs Swimmingpools werfen und zum Entsetzen seiner Gäste ertränken.

Und doch: Der Reichtum, die scheinbar unumschränkte Macht über sein Imperium, genügen ihm nicht. Er will als respektabler Bürger gelten. Um sein Image zu pflegen, engagiert er PR-Agenturen und besticht Journalisten. Öffentlich behauptet er, sein Vermögen im Viehhandel erworben zu haben.

Doch er geht noch weiter. Nach einem teuren Wahlkampf wird er 1982 für die Liberale Partei als stellvertretender Abgeordneter in den Kongress von Kolumbien gewählt. Neben Prestige bringt das Amt weitere Vorteile: Pablo Escobar genießt nun Immunität und kann nicht mehr wegen Straftaten belangt werden. Und er erhält Anspruch auf ein Diplomatenvisum, mit dem er reisen kann, wohin er will – selbst in die USA, zu seinen Villen in Florida.

In Washington sorgt man sich unterdessen zusehends um das „kolumbianische Problem". Aus Sicht der USA gehen die Behörden des Andenstaates viel zu lax mit Drogenhändlern um. Die Amerikaner haben die Regierung Kolumbiens deshalb schon 1979 zu einem Auslieferungsabkommen gedrängt: Kriminelle, die Drogen in die USA einführen, sollen dort vor ein Gericht gestellt werden und ihre Strafe in einem US-Gefängnis absitzen. Vorerst aber halten sich die Kolumbianer nicht an das Abkommen.

ES IST DER 11. OKTOBER 1993: Nur eine schmale, ungeteerte Straße führt den bewaldeten Hang zu der kleinen Finca hinauf. Von dort aus hat der bärtige Mann Aussicht auf eine sattgrüne, dschungelartige Landschaft. Die 15 Monate, die er bereits auf der Flucht ist, haben Pablo Escobar verändert: Sein Körper ist aufgedunsen, das Haar lang, fettig und achtlos nach hinten gekämmt.

Um den Terror zu beenden, schließt der Staat 1991 ein Abkommen mit Escobar und richtet ihm sein eigenes Gefängnis ein. Hier führt er das Drogengeschäft weiter, als wäre er ein freier Mann

Von hier oben kann Escobar auch das Apartmenthochhaus in Medellín erkennen, in dem seine Familie wohnt. Kurz nach 16 Uhr setzt er sich an das koffergroße Funktelefon, um mit seinem 16-jährigen Sohn Juan Pablo zu sprechen.

Der Junge ist der Einzige, dem er noch bedingungslos vertraut. Die meisten seiner besten Männer sitzen im Gefängnis oder sind tot. Etliche Gefolgsleute haben sich in den vergangenen Monaten selbst gestellt, andere sind von Ermittlern verhaftet oder erschossen worden.

Dutzende von Komplizen, Freunden und Familienangehörigen fielen zudem dem Terror von Los Pepes zum Opfer. Immer deutlicher wird inzwischen, dass die Geheimorganisation von Escobars Feinden eng mit der kolumbianischen Polizei zusammenarbeitet und sogar Verbindungen zu US-Spezialeinheiten und zur CIA pflegt.

Escobars Bombenattentate und Kopfgelder auf Polizisten haben dagegen nichts genutzt. Im Gegenteil: Die öffentliche Meinung hat sich gegen ihn gewandt.

Das Medellín-Kartell ist ein Scherbenhaufen. Händler zahlen keine Steuern mehr an Escobar. Sein Vermögen mag zwar noch immer sehr groß sein, aber es wird immer schwieriger, an das Geld zu kommen, das er braucht, um ständig den Aufenthaltsort zu wechseln und seine Familie schützen zu lassen. In den zwei Wochen zuvor sind fünf Männer aus seiner Verwandtschaft ermordet worden. Nun drohen Los Pepes damit, auch seine Frau und seine Kinder zu töten.

Eine eigens gegründete Sondereinheit aus Spezialtruppen der Polizei, des Geheimdienstes und der Armee jagt den Drogenboss seit seiner Flucht aus La Catedral. Polizeioberst Hugo Martínez leitet diesen „Bloque de Búsqueda", den „Fahndungsblock", der bei seinen Aktionen bis zu 2000 Mann einsetzen kann, ausgerüstet mit schweren Waffen, Hubschraubern und Peilgeräten.

Escobar schaltet an diesem 11. Oktober 1993 das Funktelefon ein. Er vermutet, dass der Fahndungsblock ihm durch seine Gespräche auf die Spur kommen will, und hält sie deswegen immer so kurz wie möglich.

Tatsächlich hat sich vor allem Hugo Martínez jr., der Sohn von Oberst Martínez, auf das Orten von Funkgeräten und Mobiltelefonen spezialisiert.

Auf Parkettboden und weich gepolsterten Möbeln verbringt der Drogenboss seine Haft. Es ist ein Gefängnis nach den Wünschen des Häftlings, der sich Essen von Spitzenköchen bringen lässt und Partys mit Prostituierten und Champagner ausrichtet

In einem unauffälligen Lieferwagen fährt er durch die Straßen von Medellín und wartet darauf, ein verdächtiges Signal zu empfangen – in Form einer grünen Linie auf seinem Monitor.

Mehrmals ist es ihm bereits gelungen, Escobars Frequenz zu identifizieren. Doch bislang konnte er nie dessen genauen Aufenthaltsort bestimmen – zu kurz waren die Gespräche.

Escobar stellt jetzt die mit seinem Sohn vereinbarte Frequenz ein und spricht. Kurz darauf erfassen die Peilgeräte von Martínez das Gespräch. Und diesmal scheint es zu gelingen, den Standort des Gesuchten zu bestimmen.

Sofort lassen die Jäger den Hügel abriegeln und Straßensperren errichten. Hubschrauberbesatzungen werfen Tränengas über der Finca ab und feuern mit Maschinengewehren in den Wald. Trupps mit Hunden stürmen das Anwesen. Sie finden zwei Frauen, eine davon erst 17 Jahre alt.

Doch nach viertägiger Suche wird klar: Escobar ist nicht mehr da. Er konnte, knapp entwischt, durch den Wald entkommen.

IM SEPTEMBER 1983 strahlt ein US-Fernsehsender einen Dokumentarfilm aus, der Pablo Escobar als größten Drogenhändler aller Zeiten porträtiert, mit einem Vermögen von zwei Milliarden Dollar. Um die gleiche Zeit veröffentlicht die kolumbianische Zeitung „El Espectador" eine vierteilige Serie über die dunkle Seite des Kongressabgeordneten Escobar. Die Journalisten berichten über das merkwürdige Verschwinden von Akten, über Drohungen gegen Richter und jenen sagenhaften, schwer erklärbaren Reichtum, der vermutlich aus dem Kokainhandel stamme.

Die Ausgaben der Zeitung werden nach ihrem Erscheinen rasch für das Doppelte ihres Preises gehandelt. Denn überall in Medellín warten an den Kiosken junge Männer auf Motorrädern; sie haben Befehl von Escobar, alle Exemplare sofort aufzukaufen. Der Drogenboss reagiert beleidigt, er nennt das Blatt „die Stimme der Oligarchie".

Wenige Tage später geht ein Richter jene Akten aus dem Jahr 1976 durch, als Escobar mit 18 Kilogramm Kokain festgenommen worden war. Der Fall wird neu aufgerollt.

In der kolumbianischen Politik heißt Escobars größter Feind nun Rodrigo Lara. Der gerade frisch

Nach seiner Flucht aus dem Gefängnis wird Escobar nicht nur von der Polizei gejagt, sondern auch von privaten Kampfeinheiten, wie hier »Colombia Libre«. Die bedeutendste dieser Gruppen, »Los Pepes«, hinter der paramilitärische Führer und andere Drogenbosse stehen, ermordet Mitglieder von Escobars Organisation und seiner Familie

ernannte, ehrgeizige und unbestechliche Justizminister ruft zum Krieg gegen die Kokainhändler.

In den Monaten darauf beschließt der Kongress, Escobars Immunität aufzuheben. Der Drogenboss wird aus der Liberalen Partei ausgeschlossen, und die US-Botschaft widerruft sein Diplomatenvisum.

Justizminister Lara und Kolumbiens Präsident Belisario Betancur drängen nun darauf, das 1979 unterzeichnete Auslieferungsabkommen mit den USA endlich anzuwenden.

AM ABEND DES 30. APRIL 1984 ist Lara in einem ungepanzerten Mercedes auf dem Weg nach Hause, als plötzlich zwei Wagen den Weg versperren; dann prescht ein Motorrad mit zwei jungen Männern von hinten heran. Einer feuert aus einer Maschinenpistole und erschießt den Justizminister.

Das ist eine Kriegserklärung an den Staat. Escobar ist offenbar entschlossen, das Land so lange mit Morden, Entführungen und Attentaten zu tyrannisieren, bis die Regierung das Auslieferungsabkommen widerruft.

Bald darauf beginnen Dealer in den USA, eine aus Kokain und Backpulver hergestellte neue Droge zu verkaufen, „Crack", die geraucht wird, viel schneller wirkt als normales Kokain und fast sofort abhängig macht. Hunderttausende werden süchtig. Die „Crack-Epidemie" zerstört Familien, lässt Großstadtviertel verwahrlosen.

Mehr als 80 Prozent des in den USA konsumierten Kokains werde durch das Medellín-Kartell geliefert, behauptet zu dieser Zeit die US-Drogenbehörde DEA.

Sie unterstützt die kolumbianische Polizei nun mit modernster Luft- und Satellitenaufklärung, um geheime Drogenlabore und Koka-Pflanzungen aufzuspüren. Zudem sollen Militär-, Polizei- und Geheimdiensteinheiten der USA die Rauschgifthändler jagen und sie vor ein US-Gericht stellen.

Kaum etwas fürchtet Escobar mehr als die Auslieferung. Kolumbianer kann er bestechen und notfalls mit Gewalt bezwingen. Doch bei den Nordamerikanern wird das kaum verfangen.

Deshalb verfasst er eine Erklärung, die 20 von Auslieferung bedrohte Drogenhändler unterzeichnen: „Wir können nicht begreifen", heißt es darin, „wieso Kolumbien, ein souveränes, demokratisches und unabhängiges Land, auf fremde und fremdländische Gesetze zurückgreifen muss, um seine Söhne zu verurteilen."

Los Extraditables, „die Auslieferbaren", führen nun gemeinsam ihren Kampf gegen den Staat – unter Leitung Pablo Escobars. „Wir ziehen ein Grab in Kolumbien einer Zelle in den USA vor!", lautet ihr Motto.

Im November 1985 stürmen Kommandos der linken Guerilla-Gruppe M-19 den Justizpalast von Bogotá. Zwar streitet Escobar jede Beteiligung ab, doch sagt später eine Zeugin aus, er habe die Aktion mit Geld und Waffen unterstützt.

1,5 Millionen Dollar in Pesos bietet die kolumbianische Regierung auf diesem Fahndungsplakat für Hinweise, die zu Escobars Verhaftung führen

Klare Anhaltspunkte für eine Zusammenarbeit von Drogenhändlern und marxistischen Rebellen in dieser Zeit werden nie gefunden, doch dass Escobar aus der Tat Nutzen zieht, ist offensichtlich: Elf von 25 Richtern des Obersten Gerichtshofes, der sich gerade mit der Frage befassen soll, ob die Auslieferung legal ist, sterben während eines Befreiungsversuchs durch Regierungstruppen. Große Mengen an Dokumenten, die unter anderem Escobars Verstrickung in den Drogenhandel belegen könnten, werden vernichtet.

In den Monaten darauf fallen Richter, Journalisten und Polizisten dem Terror der Drogenhändler zum Opfer, Familienmitglieder von Politikern und Beamten werden entführt. Jeder, der für die Auslieferung plädiert, ist in Gefahr. Sogar ein früherer Justizminister, inzwischen kolumbianischer Botschafter in Ungarn, soll im Januar 1987 in Budapest ermordet werden, doch der Diplomat überlebt den Anschlag.

Trotz dieser Terrorwelle übergibt der kolumbianische Staat etliche Gangster den US-Behörden. Im Februar 1987 fasst die Polizei Carlos Lehder, die Regierung lässt ihn in die USA bringen.

ZWEI JAHRE SPÄTER erklärt das US-Wirtschaftsmagazin „Forbes" Pablo Escobar zu einem der 20 reichsten Männer der Welt: Sein Vermögen wird auf mehr als drei Milliarden Dollar geschätzt.

Doch das Leben der Kokainhändler von Medellín ist längst nicht mehr so komfortabel wie zu Beginn der 1980er Jahre. Die Konkurrenz zu den Drogenbossen in Cali ist mittlerweile in offenen Krieg umgeschlagen. Auch die staatliche Verfolgung beginnt Pablo Escobar und seinen Verbündeten nun ernsthaft zuzusetzen.

So fassen die Extraditables nun einen neuen Plan: Sie bieten an, sich der Justiz zu stellen und ihre Geschäfte zu beenden, wenn die Regierung im Gegenzug auf die Auslieferung verzichtet, ihnen Straffreiheit zusichert und auch ihren Besitz unangetastet lässt.

Doch die Gespräche scheitern zunächst – unter anderem wegen der Forderungen der USA, nicht mit Drogenhändlern zu verhandeln. Daraufhin überzieht Escobar das Land mit einer Welle der Gewalt von zuvor ungekanntem Ausmaß.

Im August 1989 versammeln sich mehr als 20 000 Menschen zu einer Wahlkampfveranstaltung des liberalen Präsidentschaftskandidaten Luis Carlos Galán, als plötzlich ein Killerkommando das Feuer eröffnet und den Politiker sowie zwei weitere Menschen tödlich verletzt.

Drei Monate später bringen Escobars Leute eine Bombe in einem Passagierflugzeug zur Explosion, um César Gaviria zu töten, Galáns Nachfolger als Kandidat der Liberalen. Gaviria selbst hatte seine Pläne zwar geändert und ist nicht an Bord der Maschine, aber 110 Menschen sterben bei dem Absturz.

Mit Hunderten von Sprengstoffanschlägen versucht Escobar zudem, Regierung, Justiz und Medien einzuschüchtern.

Derweil ist er für viele Kolumbianer noch immer ein Held, der den Mächtigen die Stirn bietet. Doch der ständige Ortswechsel auf der Flucht vor Fahndern macht Escobar ebenso zu schaffen wie die Tatsache, dass er seine Familie nicht mehr sehen kann, wann er möchte.

Ende 1989 töten Sicherheitskräfte den nach El Doctor mächtigsten Drogenhändler von Medellín, 1990 dann Escobars Schwager, den Finanzchef seiner Organisation, sowie seinen Cousin, Pablos ältesten Komplizen seit Schulzeiten. Doch im gleichen Jahr kommt die Wende.

Der neu gewählte Präsident Gaviria, dessen Ermordung Escobar noch im Jahr zuvor angeordnet hatte, will den Terror endlich beenden. Er verspricht Drogenhändlern und Killern, dass sie nicht ausgeliefert werden und milde Strafen erhalten, wenn sie kapitulieren und ihre Verbrechen gestehen. Escobar zeigt sich grundsätzlich bereit – aber nur zu seinen Bedingungen. Um die auch durchzusetzen, nimmt er eine Reihe von Angehörigen der höchsten Gesellschaft als Geiseln.

Präsident Gaviria gibt schließlich nach und akzeptiert weitgehend Escobars Forderungen, solange der sich in wenigstens einem Anklagepunkt für schuldig bekennt.

Am 19. Juni 1991 stellt sich Escobar daraufhin und begibt sich ins Gefängnis La Catedral. Der Boss ist sich sicher: Er hat den Staat besiegt.

A**M 1. DEZEMBER 1993** feiert Pablo Escobar seinen 44. Geburtstag mit einem Glas Wein, Kuchen und einem Joint. Er versteckt sich in einem zweistöckigen Reihenhaus in einem Stadtteil im Westen von Medellín.

Er macht sich Sorgen um seine Familie: Vor vier Tagen wäre es ihm fast gelungen, seine Frau, seinen Sohn und seine neunjährige Tochter in Sicherheit vor den Killern von Los Pepes zu bringen. Ein Lufthansa-Jet hatte sie von Bogotá nach Frankfurt am Main geflogen, wo sie politisches Asyl beantragten. Doch die Deutschen sandten sie auf Druck der kolumbianischen Regierung und von US-Diplomaten sofort nach Kolumbien zurück.

Aus einem Hotel in Bogotá gratuliert ihm nun die Familie zum Geburtstag – per Telefon, das der Fahndungsblock abhören kann. Sein Sohn berichtet, ein Journalist habe ihn gebeten, eine Reihe von Fragen zu beantworten. Escobar hofft noch immer, über die Medien Politik und öffentliche Meinung beeinflussen zu können, und stimmt dem Interview zu.

Zuvor aber will er die Fragen mit seinem Sohn durchsprechen. Die beiden vereinbaren, am folgenden Tag miteinander zu telefonieren.

Kurz vor Sonnenaufgang legt sich Escobar schlafen.

Am 2. Dezember steht er gegen Mittag auf. Bei ihm ist nur ein Leibwächter. Escobar zieht Jeans und Polohemd an und isst einen Teller Nudeln. Wahrscheinlich schmerzt sein Magen; nach fast anderthalb Jahren auf der Flucht kann er kaum noch eine Speise richtig vertragen. Wenig später steigt er vermutlich vor der Tür in ein als Taxi getarntes Auto, das er meist für seine Gespräche mit dem Mobiltelefon nutzt – während der Fahrt ist das Funksignal schwerer zu orten. Er ruft seine Familie an, um mit seinem Sohn die rund 40 Fragen des Journalisten durchzugehen.

Doch das kostet zu viel Zeit. Nach ein paar Minuten legt Escobar wieder auf. Er verspricht, sich später zu melden. Wie so oft zuvor haben es die Ermittler auch diesmal nicht geschafft, seinen exakten Aufenthaltsort zu bestimmen. Doch Hugo Martínez jr., der Peilexperte des Fahndungsblocks, ist sich sicher: Escobar hält sich in Medellín auf, irgendwo in der Siedlung Los Olivos.

Kurz vor 15.00 Uhr ruft Escobar seinen Sohn erneut an. Er verzichtet darauf, zur Sicherheit im Taxi umherzufahren – und er spricht länger.

Martínez, unterwegs in seinem weißen Lieferwagen, gelingt es nun, Escobars Signal aufzuspüren. Er folgt ihm. Sein Gerät deutet schließlich auf eine Zeile von Reihenhäusern.

Escobars Sohn liest gerade die Frage vor, warum es so viele Länder abgelehnt haben, ihn mit seiner Schwester und seiner Mutter einreisen zu lassen.

„Die Länder haben die Einreise verweigert, weil sie die wirkliche Wahrheit nicht kennen", gibt der Vater zur Antwort.

Das Gespräch dauert nun schon einige Minuten. Escobar wird unruhig und geht zum Fenster. Er sieht den weißen Lieferwagen. Verdächtig. Er legt auf.

Kurze Zeit später ertönen dröhnende Hammerschläge im Erdgeschoss, eine Etage tiefer: Männer des Fahndungsblocks brechen die schwere Metalltür auf, stürmen schließlich ins Haus.

Escobar und sein Bodyguard greifen nach ihren Waffen und rennen zu einem rückwärtigen Fenster. Der Leibwächter springt hinaus auf das einige Meter tiefer gelegene Ziegeldach des Nachbarhauses. Doch auch auf der Straße vor diesem Gebäude haben sich Polizisten des Fahndungsblocks mit automatischen Waffen postiert. Sie nehmen das Dach ins Visier.

In einem Reihenhaus in Medellín spüren Fahnder im Dezember 1993 Pablo Escobar auf. Als er barfuß über das Dach fliehen will, erschießen ihn Polizisten einer Spezialeinheit. Die Anwesenheit eines US-Agenten (3. v. l.) löst später Gerüchte über eine Beteiligung der USA aus

»Gott ist überall« ist der Titel dieses Bildes, das Jahre nach Escobars Tod entsteht: Jesus in Tarnkleidung und mit den Gesichtszügen des Drogenbosses, der trotz seiner Verbrechen von den Armen weiter verehrt wird

Als der Bodyguard Richtung Straße lossprintet, schießen die Männer; er wird von mehr als zehn Kugeln getroffen und stürzt vom Dach hinunter ins Gras eines Vorgartens.

Escobar zögert, doch er hat keine andere Möglichkeit, hinter ihm nähern sich die Verfolger. Er reißt sich seine Sandalen von den Füßen und springt ebenfalls aufs Dach. Doch er kann nicht entkommen. Zwei Kugeln schlagen in Rücken und Oberschenkel ein. Ein weiterer Schuss trifft ihn neben dem rechten Ohr. Der meistgesuchte Drogenhändler der Welt ist tot.

„Viva Colombia“, ruft ein Soldat in sein Funkgerät: „Soeben haben wir Pablo Escobar getötet!“ Bevor sie ihn bergen, lassen sich Mitglieder des Fahndungsblocks neben der blutverschmierten Leiche fotografieren.

Doch wie ist Escobar genau gestorben?

Laut offiziellem Bericht wurde er wie sein Leibwächter von den auf der Straße postierten Polizisten erschossen, nachdem er selbst das Feuer eröffnet hatte. Es gibt aber Menschen, die vermuten, ein Scharfschütze aus einer US-Spezialeinheit hätte den tödlichen Treffer gesetzt – immerhin posiert auch ein Agent der US-Antidrogenbehörde DEA auf den Fotos von Escobars Leiche.

Andere meinen, der nach dem Sprung und den ersten beiden Treffern schwer verletzt auf dem Dach liegende Drogenboss sei durch einen gezielten Schuss aus der Nähe hingerichtet worden.

Viele Kolumbianer – darunter seine Schwester, die zusammen mit der Mutter noch zum Tatort geeilt war und die Leiche identifizierte – glauben wiederum, Escobar hätte sich den tödlichen Schuss selbst zugefügt. Die Autopsie, bei der man keine Schmauchspuren gefunden hat, sei manipuliert worden.

Einfach und plausibel ist schließlich die Theorie, die Hugo Martínez, der Leiter des Fahndungsblocks, vertritt: Die Männer, die Escobar im Haus verfolgt haben, hätten direkt nach dessen Sprung aus dem Fenster auf ihn geschossen – und als er auf das Dach aufschlug, sei er bereits tot gewesen.

Viele Kolumbianer feiern den Tod Escobars. Auf Freudenfesten in Bogotá tragen Menschen Transparente durch die Straßen, auf denen „Pablo Escobar ist tot“ steht.

Die Zeitung „El Espectador“, die mutig über Escobars kriminelle Aktivitäten berichtet hatte, titelt am nächsten Tag mit der Schlagzeile: „Finalmente se cayó“ – „Endlich ist er erledigt“.

In seiner Heimatstadt Medellín wird Escobar jedoch auch als Toter noch verehrt. Bei der Beerdigung am 4. Dezember folgen Tausende dem Sarg, immer wieder versuchen Trauernde, die Leiche des Drogenhändlers zu berühren. Sie skandieren: „Pablo, wir lieben dich!“

Escobars Mutter lebt bis zu ihrem Tod im Jahr 2006 in einer Wohnung in Medellín, die sie mit Bildern und Devotionalien dem Andenken an ihren Lieblingssohn Pablo weiht. Dessen Witwe und Kinder leben heute unter anderen Namen in Argentinien.

Oberst Martínez erhält mit seinen Männern höchste militärische Ehrungen und wird zum General befördert.

Los Pepes haben mit Escobars Tod ihre Mission erfüllt. Die Killerorganisation geht vermutlich in den rechtsgerichteten paramilitärischen Truppen auf, die bis heute in Kolumbien aktiv sind.

ESCOBARS TOD ABER STOPPT den Kokainfluss in die USA nicht, im Gegenteil: Nachdem die Drogenbosse von Medellín inhaftiert oder getötet worden sind, treten die Männer aus Cali an deren Stelle. Ihre Methoden sind subtiler: Statt mit Bombenattentaten und Auftragsmorden setzen sie ihre Ziele vor allem mit Bestechungsgeldern durch.

Doch als 1995 und 1996 auch die Chefs von Cali durch Regierungseinheiten erschossen oder festgenommen werden, geht das Kokaingeschäft auf eine große Zahl von Kleinorganisationen über. Das jedoch erschwert den Kampf gegen den Drogenhandel noch mehr. Zudem sehen sich die Kolumbianer nach anderen Absatzmärkten um, etwa in Asien. Und sie knüpfen Verbindungen mit internationalen Waffenschiebern sowie mit Syndikaten in Europa und der ehemaligen Sowjetunion.

Seit Anfang der 1980er Jahre hat sich die Gesamtproduktion von Kokain vervielfacht. Und nach wie vor stellt Kolumbien mehr davon her als jedes übrige Land der Welt (auch wenn die Absatzwege in die USA heutzutage vor allem von Mexikanern kontrolliert werden).

Doch nie wieder hat es einen gegeben wie Pablo Escobar. Einen Drogenboss, der wie kein anderer kriminellen Geschäftssinn mit unfassbarer Brutalität und maßloser Selbstüberschätzung verband.

Und der noch immer von vielen Menschen in Medellín verehrt wird wie ein Heiliger.

SCHÜSSE IN STOCKHOLM

1969 wird der Sozialdemokrat Olof Palme erstmals Premierminister von Schweden – und rasch ein Idol von Linken in aller Welt. Er weitet die Sozialleistungen in dem Wohlfahrtsstaat weiter aus, engagiert sich für eine friedlichere, gerechtere Welt. So erscheint sein Land vielen wie ein Hort des Glücks – bis ihn mitten in der Hauptstadt zwei Kugeln niederstrecken

— TEXT: **OLIVER FISCHER**

Olof Palme wird am 28. Februar 1986 nach einem Kinobesuch vor den Augen seiner Frau ermordet. Unzählige Trauernde kommen danach an den Tatort: eine Geschäftsstraße inmitten der schwedischen Kapitale

1947

STUDENT IN DEN USA

An einem College in Ohio lernt der Junge aus reichem Haus Arbeitersöhne und Gewerkschaftsführer kennen – seine Wandlung zum engagierten Linken beginnt

DER TAG, AN DEM ER STIRBT, beginnt für Olof Palme mit seinem Lieblingssport: Er spielt Tennis mit einem alten Freund. Die beiden Herren um die sechzig schenken sich nichts, hasten keuchend und schwitzend durch die Halle. Palme gewinnt, wie so oft im Sport und in der Politik.

Es ist Freitag, der 28. Februar 1986. Gut gelaunt fährt Palme nach dem Match mit seinen Leibwächtern ins Zentrum von Stockholm, tauscht unterwegs noch einen Anzug um, der seiner Frau nicht gefallen hat. Dann steuert der Wagen auf den Neorenaissance-Palast am Rand der Altstadt zu, in dem Schwedens Regierung residiert, gleich gegenüber dem Reichstag und nahe dem Königlichen Schloss.

Insgesamt elf Jahre ist Palme nun schon Premierminister des Landes. Ihm und seiner Sozialdemokratischen Arbeiterpartei ist es zu verdanken, dass Schweden weltweit bewundert wird als ein Musterbeispiel für Fortschritt, Gleichheit und Wohlstand. Kaum irgendwo sonst können sich so viele Arbeiter ein Haus und ein Auto leisten. Können so viele Frauen ihrem Beruf nachgehen. Und nur in sehr wenigen Ländern liegen die Gehälter eines Krankenpflegers und einer Ärztin, einer Kassiererin und eines Professors so nah beieinander wie in Schweden.

Erst einige Monate zuvor haben die Bürger Palme und die Sozialdemokraten mit fast 45 Prozent der Stimmen wiedergewählt – und das in einer Zeit, in der anderswo Konservative wie Ronald Reagan, Margaret Thatcher und Helmut Kohl die Regierungen stellen.

Als Palme an diesem Morgen sein Büro betritt, hat er den letzten Arbeitstag vor einem seiner wenigen freien Wochenenden vor sich. Wie er die nächsten Stunden verbringt, lässt sich später in Ermittlungsakten nachlesen: Am späten Vormittag empfängt er den irakischen Botschafter. Um 13.20 Uhr – da hat er noch zehn Stunden zu leben – erscheint er zum Mittagessen mit seinen Ministerinnen und Ministern. Am Nachmittag gibt er einer Gewerkschaftszeitung ein Interview.

„1986 ist das Jahr der Möglichkeiten", erklärt er dem Journalisten. Denn Palme verspricht sich viel von den Reformen, die Michail Gorbatschow, der neue Parteichef in der Sowjetunion, gerade in Gang bringt. Palme, der sich schon lange für ein Europa ohne Atomwaffen einsetzt, hofft auf ein Ende des hochriskanten Wettrüstens der Supermächte USA und UdSSR.

Um kurz nach 18.00 Uhr verlässt er den Regierungssitz. Die rund 500 Meter zu seiner Wohnung auf der Altstadtinsel legt er zu Fuß zurück – und ohne Leibwächter. Ihnen hat er schon am Nachmittag freigegeben. Palme will möglichst wie ein normaler Bürger leben, ist häufiger ohne Personenschützer unterwegs.

Sommerurlaub können sich im schwedischen Wohlfahrtsstaat auch Arbeiterfamilien leisten – etwa auf dem Archipel Gryt im Südosten des Landes

1953

DER MENTOR

Palme arbeitet als Assistent von Premier Tage Erlander (rechts). Der Regierungschef ist sein größter Förderer und baut ihn zu seinem Nachfolger auf (Foto von 1964)

Mit Liedern wie »Waterloo« prägt auch die Band Abba das Image Schwedens in der Welt. Weihnachten 1972 aber steht ihr großer Durchbruch noch bevor

Zu Hause wartet seine Frau Lisbet. Die ausgebildete Psychologin kann mit der repräsentativen Rolle einer First Lady wenig anfangen, arbeitet in einem Stockholmer Sozialamt. Das Ehepaar will ins Kino gehen – und schließt sich spontan seinem Sohn an, der am Telefon berichtet hatte, er wolle mit seiner Freundin in „Die Mozart-Brüder“ gehen, eine Komödie über eine „Don Giovanni“-Aufführung.

Die beiden brechen um 20.35 Uhr auf, wieder ohne Leibwächter. Der mächtigste Mann Schwedens, einer der bekanntesten Politiker Europas, geht völlig ungeschützt durch die Winternacht. Palme läuft mit seiner Frau zu einer nahen U-Bahn-Station, steht dicht an dicht mit anderen Fahrgästen in einem vollen Waggon. Trotz dicken Mantels und Pelzmütze erkennen ihn viele Menschen. Sagt jemand „Hallo“, grüßt er freundlich zurück.

Vor der Kinokasse steht der Regierungschef wie alle anderen an – erhält aber gute Sitzplätze, die sonst für die Kinodirektoren reserviert sind. Im Saal kommt ein Gewerkschaftschef auf Olof zu und will über Politik reden. Doch Lisbet geht dazwischen und sagt, Olof sei hier, um sich zu entspannen.

Rund zwei Stunden später stehen die Palmes wieder vor dem Kino, plaudern mit ihrem Sohn und dessen Freundin. Dann machen sie sich zu Fuß auf den Heimweg. Als das Ehepaar in der Dunkelheit verschwindet, sagt der Gewerkschaftsführer, der im Kino kurz mit Palme gesprochen hatte, zu seiner Frau: Was für ein großartiges Land Schweden doch sei, in dem ein Premierminister spätnachts unbewacht nach Hause gehen könne.

Es ist 23.16 Uhr. Fünf Minuten später hallen zwei Schüsse durch die Nacht – und verändern Schweden für immer.

Ein großartiges Land – so erscheint vielen Schweden ihre Heimat bis zum Abend des 28. Februar 1986. Und ist es nicht tatsächlich ein Staat, in dem es sich besser leben lässt als anderswo in Europa?

Seit mehr als 150 Jahren hat sich das Königreich aus allen Kriegen herausgehalten. Die Menschen gehen locker miteinander um, jeder duzt jeden, verstaubte Titel wie „Doktor“ spielen keine Rolle mehr. Moral und Menschenrechte dagegen sind für den Staat von höchster Bedeutung – so unterstützt die Regierung etwa den Befreiungskampf der Schwarzen im fernen Südafrika seit Jahren mit großen Summen.

1956
LISBET PALME
Auch nach der Heirat mit Olof arbeitet Lisbet weiter als Psychologin. Politisch steht sie noch weiter links als er, drängt ihn zum Kampf gegen Atomwaffen

Dazu ist Schweden ein Land, das seinen Bürgern ein weitreichendes Versprechen gibt: dass es sie von der Geburt bis zum Tod umsorgt und allen ein gutes Leben ermöglicht.

Die Idee für diesen „Wohlfahrtsstaat", wie man ihn oft nennt, haben Schwedens Sozialdemokraten Ende der 1920er Jahre formuliert. Damals präsentierten sie ihre Vorstellung vom „Volksheim": eine Gesellschaft, in der die unterschiedlichsten Gruppen – Arbeiter, Bauern und Unternehmer, Studenten und Pensionäre – wie in einer idealen Familie zusammenleben.

„Das gute Heim", so hält es der Parteichef 1928 in einer Rede fest, „kennt keine Privilegierten und keine Zurückgesetzten, keine Hätschelkinder

EIN LAND WIE EINE FAMILIE

und keine Stiefkinder. Im guten Heim herrschen Gleichheit, Fürsorge, Zusammenarbeit, Hilfsbereitschaft."

Vier Jahre später gewinnen die Sozialdemokraten die Reichstagswahlen und beginnen, bald unterstützt vom kleineren Bauernbund, rasch mit dem Bau ihres „guten Heimes". Denn die Not in Schweden ist groß: Seit drei Jahre zuvor an der New Yorker Börse die Aktienkurse abstürzten, ist das Land wie viele andere in einer Krise. Fast jeder Dritte hat keinen Job mehr, den anderen kürzen die Bosse oft den Lohn. Aus Protest und Verzweif-

Vier Atommeiler betreibt das Land um 1980. Vor dem Reaktor in Barsebäck (hier der Kontrollraum) protestieren 1979 10 000 Menschen gegen Kernenergie

Im Volvo-Werk in Göteborg montiert ein Arbeiter eine Auspuffanlage. Die Autos aus Schweden steigen in den 1970er Jahren zu weltweit gefragten Modellen auf

lung verweigern viele die Arbeit; bei einem eskalierenden Streik in einer Küstenregion Schwedens erschießt das Militär fünf Menschen.

Die neue Regierung überweist große Zuschüsse an die Arbeitslosenkassen der Gewerkschaften – und fördert dabei besonders diejenigen Organisationen, deren Mitglieder nur wenig verdienen. (Eine staatliche Arbeitslosenversicherung gibt es in Schweden zu dieser Zeit noch nicht.) Auch erhöht sie die Renten, will so in „Hunderttausenden schwedischen Heimen Licht und Freude verbreiten", wie es der zuständige Minister formuliert.

Und da in diesen Krisenzeiten weniger Kinder geboren werden, unterstützt die Regierung gezielt junge Familien: Gibt ihnen Zuschüsse und güns-

1963

STAATSMINISTER

Gekleidet in seinen Abituranzug, wird Palme im Stockholmer Schloss von König Gustav VI. Adolf als Minister vereidigt

tige Kredite für den Bau eines Hauses. Und stellt Hebammen ein, die Schwangere bei der Geburt kostenlos betreuen.

All das kostet viel Geld, das sich die Regierung durch Steuererhöhungen und Kredite beschafft. Doch jede Ausgabe hat meist gleich mehrere Effekte: Wenn etwa Familien Darlehen für den Bau eines Hauses bekommen, profitieren auch Bauunternehmer, die so wiederum ihre Arbeiter weiterbeschäftigen können. 1939 sind nicht einmal mehr halb so viele Schweden arbeitslos wie noch bei Regierungsantritt der Sozialdemokraten. Die Idee vom „guten Heim" – sie bewährt sich.

Als der Zweite Weltkrieg beginnt, erklärt sich Schweden für unparteiisch – so wie bei allen Konflikten, seit 1834 der damalige König die „strikte Neutralität" seines Landes verfügt hatte. Doch nun ist diese Neutralität alles andere als strikt – und keineswegs rühmlich.

Zwar nimmt das Königreich viele Tausend jüdische Flüchtlinge auf, darunter einen Großteil der Juden aus dem benachbarten Dänemark, das die Deutschen besetzt halten. Aber zugleich verkaufen die Schweden Eisenerz aus Gruben in Lappland in großen Mengen an die Deutschen – die daraus Panzer, Bomben und Kampfflieger bauen. Das Land, das fast ganz Europa mit Tod und Zerstörung überzieht, bleibt für Schweden ein wichtiger Handelspartner. Dank dieser Geschäfte steigt Schwedens Wirtschaftsleistung um beinahe 20 Prozent – und kommt das Land, anders als Norwegen, Dänemark und Finnland, ohne Zerstörung und Besatzung durch den Krieg.

Als der Weltenbrand im Mai 1945 endet, sind Schwedens Straßen, Brücken und Gleise intakt. Die Fabriken von Volvo, Saab und anderen Unternehmen haben während des Krieges weiter produziert und tun es jetzt mit neuem Schwung, genau wie die vielen Werften. Und auch Eisenerz exportieren die Schweden weiterhin – nun für den Wiederaufbau des verwüsteten Kontinents.

Es folgen glänzende Jahre, in denen immer mehr Schweden sehr gut verdienen: 1957 fahren bereits eine Million Einwohner ein Auto – pro Kopf mehr als in jedem anderen Land Europas. Die Bürger kaufen Tiefkühltruhen und Fernsehgeräte, buchen Charterflüge.

Obwohl der Wohlstand wächst, baut die Regierung das „Volksheim" weiter aus. Denn den neuen hohen Lebensstandard möchte auch bei Krankheit und im Alter nun niemand mehr verlieren. 1953 bringen die Sozialdemokraten eine staatliche Krankenversicherung auf den Weg, die länger Erkrankte mit deutlich höheren, nach dem Einkommen bemessenen Geldsummen unterstützt – anders als die bisher üblichen freiwilligen Versicherungen, die von Städten oder Firmen getragen wurden. Und nach demselben Prinzip gestalten sie bald darauf auch die Rentenversicherung um.

1967
AUFWÄRTS

Palme steigt zum Bildungsminister auf – und öffnet 1968 die Universitäten auch für Menschen ohne Abitur. Noch nie konnten so viele Schweden studieren

Es ist eine völlig neue Ausrichtung der Sozialpolitik, wie es sie in kaum einem anderen europäischen Land gibt: Der schwedische Staat hilft seinen Bürgerinnen und Bürgern nicht nur in Notlagen, sondern garantiert allen finanzielle Sicherheit und Selbstbestimmung.

Die Kosten für diese Programme sind immens, doch dank des Wirtschaftsbooms und einer großen Steuererhöhung kann sich Schweden diese Ausgaben leisten. Und die Bürger bestätigen die Wohlfahrtspolitik der Sozialdemokraten in den 1950er Jahren von Wahl zu Wahl.

Zu dieser Zeit ist Olof Palme, mit nicht einmal 30 Jahren, bereits im Zentrum der Macht angekommen. Er arbeitet als Assistent von Tage Erlander, dem Premierminister der Arbeiterpartei, ist der unentbehrliche Berater dieses bedächtigen Mannes, schreibt für ihn Reden, dolmetscht für ihn auf Auslandsreisen – Palme spricht sechs Fremdsprachen.

Dabei ist der blitzgescheite junge Mann mit dem stets verwuschelten Haar alles andere als ein typischer Linker. Sein früh verstorbener Vater war Direktor einer Versicherungsgesellschaft, seine Mutter stammt aus baltendeutschem Adel. Palme wächst in einer Neun-Zimmer-Wohnung in Stockholm auf, wo bei Abendgesellschaften Prinzen, Generäle und Diplomaten zu Gast sind.

Doch bei einem Studienjahr in den USA bringt ein Wirtschaftswissenschaftler den 20-Jährigen mit sozialdemokratischen Ideen in Kontakt. Der Großbürgersohn beschäftigt sich nun mit der Arbeiterbewegung, lernt bei College-Veranstaltungen Gewerkschaftsführer kennen. Und trifft immer wieder US-Bürger, die den schwedischen Staat dafür bewundern, dass er von der jungen Mutter bis zum pensionierten Bergmann niemanden vergisst.

Zurück daheim, wird Palme bald Vorsitzender der schwedischen Studentenvereinigung – und 1953 dann Erlanders Assistent. Aber manche Sozialdemokraten fremdeln mit dem studierten Juristen. Er rieche „zu sehr nach Oberschicht“, befindet eine einflussreiche Politikerin der Partei. Dass er versucht, im Jargon der Stockholmer Arbeiter zu sprechen, hilft ihm nicht.

Neubauviertel, hier eines in Ödeshog, entstehen um 1970 überall in Schweden: Mit dem Bau von einer Million Unterkünften will der Staat den großen Wohnungsmangel beseitigen

Tagesstätten für Kinder sind in Schweden schon früh weit verbreitet. Auch deswegen üben hier mehr Frauen als in fast jedem anderen Land einen Beruf aus

Doch Palme ist ungeheuer fleißig, bleibt bis spätnachts im Büro, ist mit fast jedem Projekt der Regierung befasst – etwa dem Wohnungsbau, einem der drängendsten Probleme in diesen Jahren. In den Großstädten, aber auch auf dem Land fehlt es an Unterkünften, unter anderem, weil viele Menschen aus dem ärmeren Finnland oder aus den baltischen Sowjetrepubliken ins prosperierende Schweden ziehen. Die Regierung ersinnt daher staatliche Baukredite, über die bald mehr als 90 Prozent aller Häuser und Wohnungen finanziert werden.

Olof Palme zieht selbst 1959 mit seiner Frau und dem ersten Sohn in ein neu errichtetes Viertel am Rand von Stockholm, lebt nun in einem

1968

HEIKLER BEGLEITER

Minister Palme demonstriert mit einem Botschafter des kommunistischen Nordvietnam (links) gegen den Krieg in Asien – und brüskiert damit die USA

Reihenhaus: eine recht neuartige Wohnform, die das sozialdemokratische Ideal von Gleichheit und einem gewissen Wohlstand symbolisiert. Mehr als 20 Jahre wird er in dem Stadtteil verbringen. Zur Arbeit fährt er jeden Morgen mit seinem Fiat Neckar.

Im November 1963 ernennt ihn Gustav VI. Adolf zum Minister. Ein eigenes Ressort erhält Palme zunächst zwar nicht, bringt aber mit viel Geschick eine Reform auf den Weg, die Gymnasiasten und Studenten den Schul- und Hochschulbesuch erleichtert – und vielen überhaupt erst ermöglicht: einen Ausbildungskredit mit langjähriger Rückzahlfrist, den bildungshungrige junge Schweden beantragen können, egal ob ihre Eltern Bankdirektoren oder Busfahrer sind.

Als Palme vier Jahre später Bildungsminister wird, schiebt er eine weitere wichtige Reform an: Junge Menschen können nun auch ohne Abitur studieren – vorausgesetzt sie haben mindestens fünf Jahre für Lohn gearbeitet und besitzen ein wenig Fremdsprachenkenntnisse. Wohl noch nie stand in einem europäischen Land so vielen jungen Menschen der Weg zu höherer Bildung und Wohlstand offen wie nun in Schweden.

Olof Palme ist inzwischen Anfang vierzig, ein Mann mit immer noch jungenhaftem Gesicht, der die Stimmung unter den Schülern und Studierenden genau wahrnimmt – wie ihren Wunsch nach

DER STAAT SORGT FÜR ALLE

neuen, freieren Lebensformen, auch in der Liebe. So löst sich sein Land schneller und radikaler aus Prüderie und erstickenden Konventionen als andere westliche Staaten, wird zum Vorreiter in Sachen Freizügigkeit: Um 1965 liegen in Buchläden softpornografische Erzählungen in Hunderttausenden Exemplaren aus, Studentengruppen führen öffentlich Sexfilme aus den 1930er Jahren vor.

Olof Palme nennt die sexuelle Emanzipation „eine der wichtigsten Fragen der sechziger Jahre". Und wagt sogar einen Auftritt in dem Film „Ich bin neugierig (gelb)", einem avantgardistischen Streifen, der Spiel- und Dokumentarfilm, Sex-

1971

IN EINEM BOOT

Palme berät sich regelmäßig mit anderen sozialdemokratischen Führern wie Willy Brandt – hier in Harpsund, dem Landsitz der schwedischen Premierminister

szenen und Interviews mischt: Bildungsminister Palme spricht im Garten seines Reihenhauses über die Ziele der Sozialdemokratie.

Er teilt auch die Empörung der Jugend über den Krieg der USA in Vietnam, kritisiert diesen wie kaum ein anderer führender Sozialdemokrat in Europa. Im Februar 1968 läuft er bei einer Antikriegsdemonstration in der ersten Reihe mit – neben ihm der Botschafter des kommunistischen Nordvietnam in Moskau. Das Bild der beiden Männer, bekleidet mit Pelzmützen und Fackeln in den Händen, geht um die halbe Welt.

Eineinhalb Jahre später tritt Premierminister Tage Erlander nach 23 Jahren im Amt zurück. Zu seinem Nachfolger als Parteivorsitzender bestimmen die Sozialdemokraten Olof Palme – der

PALME FÄHRT IM FIAT ZUR ARBEIT

42-Jährige wird damit Europas jüngster Regierungschef. Doch auch im neuen Amt mäßigt er seine Kritik an den Kämpfen in Vietnam nicht, im Gegenteil: Er lässt sogar Deserteure der US Army in Schweden aufnehmen.

Denn Olof Palme definiert die traditionelle schwedische Neutralität anders als seine Vorgänger – nicht mehr nur als passives Beiseite-Stehen im Kalten Krieg der Supermächte, sondern zugleich als aktives Engagement „für das Recht der kleinen Nationen, ohne Einmischung fremder Länder ihre Zukunft zu gestalten".

Mit gewaltigen Geldsummen unterstützt seine Regierung die Befreiungsbewegungen in Südafrika, in Simbabwe, Angola, Mosambik, Namibia. Seit Jahrhunderten hat kein schwedischer Regierungschef so intensiv Außenpolitik betrieben wie Olof Palme – der in Afrika auch deshalb als glaubwürdig gilt, weil sein Land nie bedeutende Kolonien besessen hat.

Innenpolitisch wagt sein Kabinett ebenfalls bedeutende Neuerungen: Um mehr Frauen die Kombination von Lohnarbeit und Familie zu ermöglichen, setzt es 1974 eine bezahlte, in Europa einzigartige Elternzeit durch. 90 Prozent ihres bisherigen Gehaltes erhält eine schwedische Mutter – und der Vater, wenn er sich dafür ent-

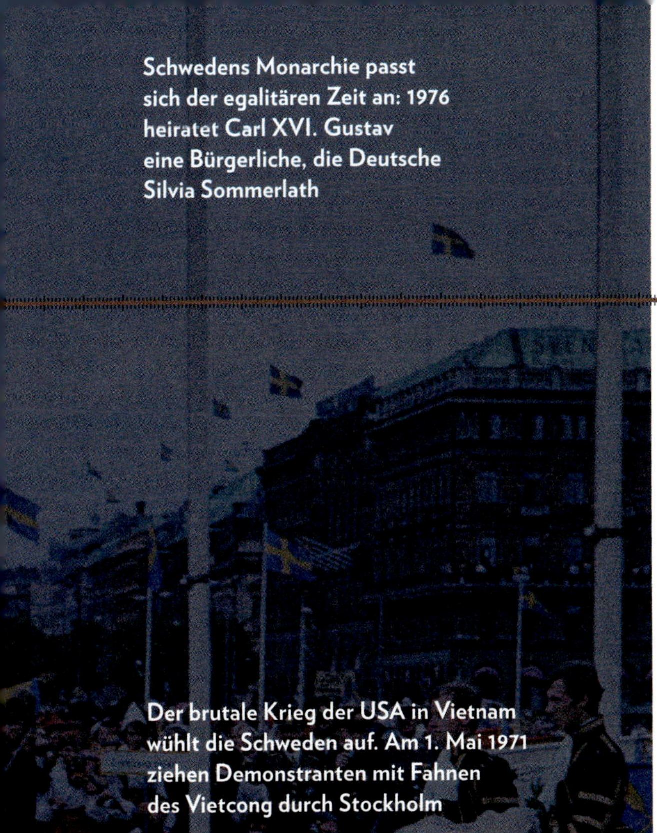

Schwedens Monarchie passt sich der egalitären Zeit an: 1976 heiratet Carl XVI. Gustav eine Bürgerliche, die Deutsche Silvia Sommerlath

1975

EINSEITIG ENGAGIERT

Um gegen die rechte Diktatur in Spanien zu kämpfen, sammelt Palme auf der Straße Geld. Linken Regimen wie dem in Kuba gegenüber ist er hingegen nachsichtig

Der brutale Krieg der USA in Vietnam wühlt die Schweden auf. Am 1. Mai 1971 ziehen Demonstranten mit Fahnen des Vietcong durch Stockholm

scheidet – nun für einen Zeitraum von insgesamt sechs, bald sogar zwölf Monaten, um ihr Kind zu Hause zu betreuen.

Olof Palmes Politik macht Schweden zu einem hoch angesehenen Staat. Das Land erscheint so hell, modern und freundlich wie die Möbel der im südschwedischen Älmhult beheimateten Firma Ikea, die in diesen Jahren auch außerhalb Skandinaviens immer beliebter werden. So unprätentiös, zuverlässig und ein kleines bisschen alternativ wie der Volvo, der gerade zu einer weltweit gefragten Marke wird.

Selbst die Monarchie gibt sich lockerer als anderswo: Am Tag vor der Hochzeit von Carl XVI. Gustav mit der Deutschen Silvia Sommerlath 1976 führt die Band Abba den Song „Dancing Queen" in barocken Kostümen auf.

Doch so schön das Bild ist – es hat bereits Risse. Immer mehr Bürger halten den Preis, den sie für den Wohlfahrtsstaat zahlen, für nicht mehr tragbar. Die hohen Steuern treiben viele Reiche zum Umzug nach Großbritannien. Astrid Lindgren, Schwedens berühmteste Schriftstellerin, klagt im März 1976 in einem Zeitungsartikel, dass sie nach einer neuen Regel einen Steuersatz von 102 Prozent auf ihr Einkommen zahlen müsse – sie also mehr Geld an den Staat überweisen muss, als sie einnimmt.

Zwar lässt Olof Palme die absurden Regeln bald wieder ändern. Doch Normalverdiener geben weiter 70 Prozent ihres Einkommens an die Behörden ab. Und so stimmen die Schweden bei den Reichstagswahlen im Herbst 1976 für einen Wechsel: Nach 44 Jahren fast ununterbrochener Regentschaft müssen die Sozialdemokraten einer bürgerlichen Koalition weichen.

Olof Palme bleit Parteichef und führt die Opposition an. Sechs Jahre später bringen die Wähler ihn und die Arbeiterpartei zurück an die Macht – enttäuscht von der bürgerlichen Regierung, die wegen einer Wirtschaftskrise das Arbeitslosengeld gekürzt und die Renten eingefroren hat. Allerding muss auch die Regierung des alt-neuen Premierministers Palme viele Sozialleistungen senken, geht dabei aber geschickter vor, etwa indem sie zugleich mehr Geld in den Kampf gegen Jugendarbeitslosigkeit steckt.

DOCH DIE JAHRE, IN DENEN DER STAAT immer mehr Geld an die Bürger ausschüttete, sind vorbei. Die Stimmung im Land ist gereizt – und richtet sich oft gegen den Premierminister.

Schon seit Längerem wächst der Hass auf Palme. Sowohl konservative Bürger als auch Rechtsradikale fühlen sich provoziert von seinen Erfolgen, seiner Intelligenz und brillanten Rhetorik. Auf Abendgesellschaften verbreiten hochgebildete Stockholmer Gerüchte: Palme sei drogenabhängig – oder ein russischer Agent.

Der Premierminister wird mutmaßlich von dem Versicherungsangestellten und rechten Palme-Hasser Stig Engström erschossen (rechts). Doch zu dieser Erkenntnis kommen die Behörden erst Jahrzehnte nach der Tat

1982

DAS COMEBACK

Nach sechs Jahren Opposition gelingt Palme 1982 die Rückkehr ins Amt. Doch die Zeiten der vollen Kassen sind vorbei – der Sozialdemokrat muss nun Einsparungen verkünden

Manche Bauern nennen ihre Schweine „Olof" und „Lisbet". Eine extremistische Splitterpartei verteilt auf den Straßen der Hauptstadt gehässige Flugblätter, behauptet, die Schweden würden „von einem Irren regiert, einem geistesgestörten Mörder".

Und es bleibt nicht bei Gewalt mit Worten.

Nach ihrem Kinobesuch am Abend des 28. Februar 1986 laufen die Palmes den mit leichtem Schnee bedeckten Sveavägen hinunter, eine mehrspurige Geschäftsstraße, die Richtung Altstadt führt. Obwohl seine Frau müde ist, hat Olof darauf bestanden, zu Fuß zu gehen.

Sie passieren einen Friedhof, wechseln dann von der rechten auf die linke Straßenseite. Lisbet bleibt kurz vor einem Modeladen stehen, dann geht das Ehepaar weiter.

In der Nähe parkt ein Musiklehrer, der für die Polizei bald zu einem wichtigen Zeugen werden wird. Er bemerkt vor einem Farbengeschäft einen Mann mit dunklem Mantel, der angespannt nach rechts und links schaut, als warte er auf jemanden. Als die Palmes den Laden erreichen, macht der Unbekannte ein paar Schritte auf sie zu und greift Olof Palme an die Schulter. Dann zieht er eine Pistole und schießt ihm zwei Mal in den Rücken.

Anschließend flieht der Attentäter in eine Seitenstraße und läuft über eine Treppe einen Hügel hoch. Oben schaut er noch einmal, ob ihm jemand folgt, dann verschwindet er im Winterdunkel – so wird es ein weiterer Zeuge schildern.

Unten auf dem Sveavägen steht Lisbet Palme unter Schock. Das Blut ihres Mannes ist auf ihr Haar und Gesicht gespritzt. Sie schreit, schlägt in ihrer Verwirrung auf eine junge Frau ein, die versucht, Olof Palme wiederzubeleben.

Nur neun Minuten nach dem Attentat trifft der Niedergeschossene in einem Hospital ein. Doch er ist nicht zu retten. Um sechs Minuten nach Mitternacht, am 1. März 1986, wird Olof Palme für tot erklärt.

In den Tagen nach dem Mord versammeln sich Tausende am Tatort, tief erschüttert über das Attentat mitten in der Hauptstadt ihres doch so friedlichen Landes. Ähnlich schlimm ist für viele Schweden, wie die Suche nach dem Mörder verläuft.

Von Anfang machen die Ermittler im Fall Palme Fehler, sperren etwa den Tatort nicht umfassend ab. Kurz nach dem Mord fahnden sie nach einem Mann, der dem Premierminister in den Tagen vor der Tat gefolgt sein soll – eine falsche Spur

Denn die Polizei macht von Anfang an Fehler. Sie sperrt in der Nacht einen viel zu kleinen Teil des Tatortes ab; die ersten Trauernden, die Blumen niederlegen, zertrampeln die Fußspuren des Täters im Schnee. Sie verhängt keine Straßensperre, beginnt erst eine Stunde nach der Tat, abfahrende Züge am Hauptbahnhof zu durchsuchen, und lässt Fähren nach Finnland unkontrolliert ablegen. Und die beiden Kugeln, die Palme trafen, finden nicht Ermittler, sondern ein indischer Journalist und eine Frau, die Rosen zur Mordstelle bringt.

Der Polizei gelingt es nicht, zentrale Fragen des Falles zu klären: Wer hätte wissen können, dass die

Palmes in das Kino am Sveavägen gehen? Sie hatten sich doch erst kurz davor dazu entschlossen. Wer wusste, dass sie ohne Leibwächter und zu Fuß nach Hause gehen würden? Und warum wartete der

DER MORD – EIN TRAUMA

Täter auf der linken Straßenseite, auf die das Ehepaar höchstens ein, zwei Minuten zuvor spontan gewechselt war?

1986

DAS ENDE

Nach den Schüssen auf Olof Palme ist dessen Land nicht mehr dasselbe: Der Mord erschüttert das Selbstbild der Schweden

Der Mann im dunklen Mantel, den mehrere Zeugen beobachtet hatten, bleibt ein Mysterium. War er einer dieser Sonderlinge, die Palme einfach hassten? Oder die ausführende Hand einer Verschwörung?

Der Stockholmer Polizeichef lässt einseitig ermitteln, verdächtigt ausländische Gruppen, etwa die kurdische PKK (die von der Regierung zur Terrororganisation erklärt worden war).

Doch 1989 verurteilt ein Gericht einen Einheimischen zu lebenslanger Haft – einen kriminellen Alkoholiker, den Lisbet Palme bei einer Video-Gegenüberstellung als Täter erkannt zu haben glaubt. Doch ein Berufungsgericht zweifelt ihre Aussage an und spricht den Mann frei.

30 Jahre vergehen, bis die Behörden einen neuen mutmaßlichen Mörder präsentieren. Im Sommer 2020 verkündet die Stockholmer Staatsanwaltschaft, dass wohl Stig Engström den einstigen Premierminister erschossen habe. Der 20 Jahre zuvor verstorbene Grafiker war der Polizei bereits kurz nach dem Mord aufgefallen: Engström arbeitete damals bei einer Versicherungsgesellschaft nahe dem Tatort, hatte sich Beamten und Journalisten als Zeuge aufgedrängt und behauptet, bei der Wiederbelebung Palmes geholfen zu haben (was niemand bestätigen konnte).

Die Polizei hatte ihn kurz verdächtigt und protokolliert, dass er das Versicherungsgebäude zwei Minuten vor dem Mord verlassen habe – genügend Zeit, um den Premierminister zu erschießen. Doch der Polizeichef ließ die Spur nicht weiterverfolgen. Die neuen Ermittlungen kamen durch die Recherchen eines Journalisten in Gang, der unter anderem herausfand, dass Engström als Mitglied eines Schützenvereins Zugang zu Waffen hatte und zu den rechten Palme-Hassern im Land gehörte.

Doch mögen sich diese neuen Erkenntnisse zu einem plausiblen Bild fügen – es besteht nur aus Indizien. Bis heute wurden weder die Tatwaffe noch DNA-Spuren gefunden. Und so bleibt der Mord an Olof Palme „eine offene Wunde, die nie geheilt werden konnte“, wie es einer seiner Nachfolger formulierte.

Eine Bluttat, die für Schweden zu einem nationalen Trauma wurde. Und einen tiefen Riss hinterlassen hat in dem so harmonischen und freundlichen Bild, das die Bürgerinnen und Bürger von ihrem Land einst hatten.

DAS DACH

Eingepfercht in Metallkäfigen, warten Häftlinge im Jahr 1989 auf den Abtransport zur Strafarbeit. Aus Kriminellen wie diesen rekrutierten frühe russische »Mafija«-Banden bereits zu Sowjetzeiten ihre Mitglieder

Im Jahr 1991 feiern die Menschen in Russland das Ende der Sowjetunion. Doch was sich als Zeitalter neuer Freiheit ankündigt, wird zu einem entfesselten Spiel um Reichtum und Macht, in dem brutale Banden Unternehmern und Politikern ein »Dach« aufzwingen: Schutz gegen Geld. Und so entsteht der wohl größte Verbrecherstaat der Geschichte

TEXT: **JÖRG SCHRADER** FOTOS: **HANS-JÜRGEN BURKHARD**

DER SCHARFSCHÜTZE IST IN DIE STOLJARNYJ-GASSE im Westen Moskaus gekommen. Er ist auf das Dach des Kindergartens geklettert; von dort aus hat er freien Blick auf den Parkplatz des Badehauses, etwa 180 Meter von seiner Position entfernt. Jetzt wartet er – auf Otari Kwantrischwili, einen der mächtigsten Gangster Russlands.

Für den 46-jährigen Kwantrischwili ist der wöchentliche Saunabesuch ein Ritual, auch an diesem Tag, dem 5. April 1994. Dort bespricht er mit Vertrauten seine Projekte – das Exportgeschäft, seine Kasinos und Nachtclubs. Meist geht es dabei um viele Millionen Rubel.

Es ist 17.45 Uhr, als Kwantrischwili, begleitet von mehreren Leibwächtern, das Badehaus verlässt. Die erste Kugel des Scharfschützen trifft sein Auto, die zweite seinen Kopf, die dritte und vierte schlagen in seine Brust ein. Kwantrischwili sinkt zu Boden und stirbt innerhalb von Minuten.

Der Mörder flieht. Polizisten finden später sein Gewehr mit Zielfernrohr auf dem Dach des Kindergartens.

Drei Tage nach dem Mord reihen sich Luxuslimousinen vor dem Wagankowskoje-Friedhof. Mehr als 1000 Trauergäste sind zu Kwantrischwilis Beerdigung gekommen. Unter ihnen sind hohe Mitglieder der russischen Unterwelt, aber auch Politiker, Künstler und Sportler.

Denn Otari Kwantrischwili war nicht nur ein Gangsterboss, sondern auch der Gründer einer Partei, ein Wohltäter, der große Summen für Kriegsveteranen und Waisenkinder spendete, der eine Stiftung für verarmte Athleten führte und regelmäßig im Fernsehen auftrat.

Beobachtet von Beamten der Moskauer Polizei, stehen die Trauernden an Kwantrischwilis schwerem, noch offenem Eichensarg, betrachten den mit Dutzenden roten und weißen Blüten bedeckten Leichnam. Der beliebte russische Sänger Alexander Rosenbaum spricht die Abschiedsworte: „Das Land hat einen Führer verloren."

Ein TV-Sender berichtet live von der Beerdigung des Gangsters. Die Kameras zoomen auf Kwantrischwilis Grabstein – groß, rotbraun, so wie der seines Bruders Amiran. Der ist einige Monate zuvor bei einer Schießerei umgekommen.

Denn in Russland herrscht Krieg. Tausende Banden zwischen Moskau und Wladiwostok kämpfen um die Vorherrschaft in der Unterwelt. Sie beschießen sich auf offener Straße, auch mitten am Tag; antworten mit Granatwerfern auf Kalaschnikow-Feuer.

Die Mordrate in Moskau nimmt zwischen 1987 und 1993 um 700 Prozent zu, der Kampf der Banden kostet Tausende Menschen das Leben. Zehntausende verschwinden spurlos. Der Staat ist unfähig, die Lage zu beruhigen, die Polizei unterfinanziert und nicht selten korrupt; oft warten die Beamten ab, bis die Gefechte vorbei sind. Russland, so scheint es, steht am Rande der Anarchie.

VIELE POLIZISTEN

Die Gangster profitieren von der größten politischen Umwälzung der Nachkriegsgeschichte. Denn mit der Freiheit ist das neue russische Verbrechen über das Land gekommen. Es hat auch einen neuen Namen: „Mafija".

Knapp drei Jahre vor Kwantrischwilis Tod, im August 1991, feiern Tausende auf Moskaus Straßen das nahe Ende der Sowjetunion. Sie recken ihre Fäuste in die Luft, als die Statue des KGB-Gründers Felix Dserschinskij demontiert wird. Und sie jubeln, als die rote Flagge der UdSSR auf dem Parlament der russischen Republik eingeholt und das weiß-blau-rote Banner Russlands gehisst wird.

Wenige Monate nach den Demonstrationen kommt Boris Jelzin, der neue, im Volk populäre Präsident der russischen Sowjetrepublik, mit den

Die russischen Gefängnisse, hier in Sibirien (Mitte) und in Sankt Petersburg, sind Anfang der 1990er Jahre überfüllt. Die Mordrate ist mit dem Ende der UdSSR rapide gestiegen. Denn die unzähligen Banden führen einen Krieg um die Vorherrschaft in der Unterwelt

Präsidenten der Ukraine und Weißrusslands zusammen. Gemeinsam beschließen die drei, den sowjetischen Zentralstaat, der ohnehin nur noch auf dem Papier besteht, endgültig aufzulösen.

Michail Gorbatschow, der noch amtierende, aber politisch geschwächte Präsident der Sowjetunion, hat in den Monaten zuvor vergebens darum gekämpft, die Macht der Kommunistischen Partei aufrechtzuerhalten; er wird zu dem Treffen nicht einmal eingeladen.

UNTER DEN SCHLAGWÖRTERN PERESTROJKA („Umbau") und Glasnost („Offenheit") hat Gorbatschow als Generalsekretär des Zentralkomitees der Kommunistischen Partei seit 1985 versucht, die wirtschaftlich marode Sowjetunion zu reformieren. Nach und nach lockerte er die staatliche Planwirtschaft, gab den großen staatseigenen Betrieben mehr Selbstständigkeit und erlaubte 1988 sogar

KÜNDIGEN. UND WERDEN SELBST ZU GANGSTERN

privates Unternehmertum in einigen Sektionen der Wirtschaft.

Doch was als Beginn einer neuen Freiheit gedacht war, geriet zum Startschuss für einen der gewaltigsten Siegeszüge in der Geschichte des Organisierten Verbrechens – und machte aus Russland innerhalb weniger Jahre den wohl größten Verbrecherstaat der Erde.

Zwar ist bereits in den Jahrzehnten davor eine einzigartige Verbrecher-Kaste erwachsen, die „Diebe im Gesetz", die zusammen mit korrupten Parteikadern eine Schattenwirtschaft aufgebaut haben. Doch mit der Perestrojka ergeben sich für Gangster völlig neue Möglichkeiten.

Mit den Reformen eröffnen im ganzen Land Restaurants, Geschäfte, Friseursalons, Supermärkte und Wochenmärkte. Geschätzte 200 000 private Unternehmen sind es bis 1990. Millionen Russen sehen eine neue Chance.

Doch so gut wie jeder Unternehmer bekommt bald nach der Eröffnung seines Betriebs Besuch. Die russischen

Der Sprung in den Kapitalismus macht einige Russen sehr schnell sehr wohlhabend. Auf Partys mit historischen Doppelgängern und lebenden Tanzbären zelebrieren sie ihren Luxus. Doch Neureiche werden nun immer häufiger Opfer von organisierten Erpressern

Gangster wollen teilhaben am neuen Markt; ihre Dienstleistung heißt *kryscha*, „das Dach". Und das bedeutet: Schutz gegen Geld.

EINER DER MÄCHTIGSTEN ANBIETER von „Schutz" ist Jurij Kusnezow* – ein späterer Konkurrent von Otari Kwantrischwili. Der ehemalige Kellner begann seine kriminelle Karriere bereits um 1982 mit Betrügereien und Diebstählen. 1984 musste er für sechs Monate in ein Straflager.

Als er wieder freikam, kehrte er in seinen Moskauer Stadtteil Solnzewo zurück und baute dort zusammen mit einem zweiten Mann ein Verbrechersyndikat auf, die Solnzewo-Bruderschaft, die schnell Hunderte Mitglieder zählte und zunächst vor allem mit Zuhälterei, Autodiebstählen und Glücksspiel Geld machte. Zu ihren Grundsätzen gehörte von Anfang an absolute Disziplin – wer sich einer Anweisung widersetzte, musste mit Ausschluss oder sogar dem Tod rechnen.

In der russischen Hauptstadt werden die neuen Unternehmer nun vor die Entscheidung gestellt: Entweder ihr bezahlt für euren Schutz, oder ihr werdet bestraft. Manchmal schütten die Beschützer Benzin in einem Laden aus und drohen dem Inhaber, sein Geschäft niederzubrennen; oder sagen ihm, sie kennen den Schulweg seiner Tochter.

Häufig mimen die Gangster bei ihren Besuchen altbekannte Rollen: hier der Aggressive, dort der Beschwichtigende. Sie erzählen Geschichten, die von Heckenscheren handeln und abgetrennten Fingern. Bald wagt kaum noch jemand, ihr Angebot abzulehnen. Und zahlt einer doch nicht, schlagen sie ihn zusammen, zerstören seinen Laden, erst mit Knüppeln, dann mit Brandbomben.

Vom Staat können die Geschäftsmänner nicht viel Hilfe erwarten. Denn private Unternehmen mögen am Ende der Gorbatschow-Ära legal sein – als besonders schützenswert gelten sie deswegen noch lange nicht. So kommt es immer wieder vor, dass Polizisten die Beschwerden der Ladenbesitzer ignorieren.

Zwar gründet das sowjetische Innenministerium 1989 eine Abteilung zur „Bekämpfung der Organisierten Kriminalität". Aber die dafür abgestellten Einheiten erhalten zu wenig finanzielle Unterstützung; zudem behindern Politiker, die am Geschäft der Gangs mitverdienen, die Ermittlungen. Immer

DIE KONTAKTE DER BOSSE REI

CHEN BIS ZUM PRÄSIDENTEN

mehr Beamte aus dem gesamten Polizeiapparat kündigen ihren Dienst; und nicht wenige von ihnen schließen sich danach den Banden an.

Kusnezow und die anderen Bandenchefs erobern nach und nach die russischen Großstädte. Moskau, Sankt Petersburg, Jekaterinburg: Kryscha gehört bald überall zum System.

Für eine Gebühr von meist zehn bis 20 Prozent des Gewinns schützen die Gangs nicht nur vor der Bedrohung durch andere Schlägertrupps. Ein starkes Dach kann zudem dazu beitragen, geschäftliche Konkurrenten einzuschüchtern. Darüber hinaus liefern die Mitglieder des Dachs wichtige Informationen – etwa, welcher Beamte bestochen werden muss, um Baugenehmigungen zu erhalten. Zudem können Unternehmer Kryscha-Schlägertrupps zu säumigen Kunden schicken, die ihre Schulden bezahlen sollen.

Denn es sind nicht nur kleine Ladeninhaber, die Geld an die Banden abtreten. Kaum ein Geschäftsmann, egal wie groß seine Firma ist, kann ohne die Protektion einer Gang auf dem Markt bestehen; und je wichtiger der Unternehmer, desto höher muss sein Dach, desto berüchtigter sein Beschützer sein. In einer Zeit der Ungewissheit sorgen die Gangster-Clans so für eine gewisse Verlässlichkeit. Und als die UdSSR Ende 1991 endgültig zusammenbricht, sind die Banden eine Konstante im Chaos.

Dabei ist die russische Mafija keine einheitliche Organisation; sie hat keinen obersten Paten, sondern besteht aus einer Vielfalt von Banden, die nur lose oder gar nicht miteinander verbunden sind – und deren Zahl bald in die Tausende geht.

Als die russische Regierung beginnt, die großen staatseigenen Betriebe zu privatisieren, kaufen die Gangster unzählige Privatisierungsgutscheine auf, die die Regierung an jeden Bürger ausgibt.

Eigentlich sollen die Gutscheine die Russen zu einem Volk von Teilhabern machen, sollen eine stabile Mittelschicht schaffen. Tatsächlich aber vergrößern sie nur den Graben zwischen Arm und Reich; so mancher Gutschein wechselt für eine Flasche Wodka den Besitzer.

Nach der Gutschein-Ausgabe folgt die zweite Phase der Privatisierung: Jetzt werden viele der großen Betriebe versteigert – und die russischen Bürger sind schockiert, für wie wenig Geld das ehemalige Staatseigentum nun den Besitzer wechselt. Denn oft sind die Versteigerungen abgekartet, stehen die Käufer von Anfang an fest.

So kosten die 324 versteigerten Unternehmen im Schnitt weniger als vier Millionen Dollar; die russische Fischereiflotte aus Murmansk etwa – 100 Schiffe, keines älter als zehn Jahre – wird für drei Millionen Dollar verramscht (geschätzter Wert: 20 Millionen Dollar).

Damit solche absurd niedrigen Summen zustande kommen, fälschen hohe Beamte Unterlagen, geben Zahlen an, die um Jahre veraltet sind – und bevorzugen dann meist jene Interessenten, die zu den in der Sowjetunion gewachsenen Machtzirkeln gehören.

Offizielle Restriktionen gibt es bei dem gigantischen Privatisierungsprozess kaum, der Bruch mit der Zentralwirtschaft soll absolut sein.

In der UdSSR produzierten die großen staatseigenen Unternehmen nach Plan, und das hieß: egal zu welchen Kosten. Dann wurden die Waren per Dekret zwischen den Regionen getauscht: Eisschränke aus Murmansk gegen Schuhe aus Tiflis, Kohle aus Sibirien gegen Getreide aus der Ukraine.

Doch im neuen Russland gelten auf einmal die Regeln des Kapitalismus. Der Staat zieht sich zurück, der Preis- und Konkurrenzkampf beginnt. Nun geht es um Gewinnmaximierung und die Akkumulation von privatem Vermögen. Innerhalb weniger Jahre vollzieht das Land den Wechsel zur Marktwirtschaft, macht im Zeitraffer eine Entwicklung durch, für die der Westen Generationen gebraucht hat. Und wer über die richtigen Verbindungen verfügt, kann jetzt sehr schnell sehr reich werden.

Die Geschäfte der Gangster laufen gut, und so drängen immer mehr Banden auf den Markt. Bald schon wollen zu viele Gangster zu wenige Geschäftsleute beschützen. Kämpfe brechen aus, wie um jenen Großhändler, der 1992 im Zentrum Moskaus einen Supermarkt aufmacht, mit importiertem Gemüse in den Regalen und Fleisch in modernen Kühltruhen.

Kurze Zeit nach der Eröffnung bezahlt der Händler eine Gang aus ehemaligen Polizisten, Karatekämpfern und Ringern, um Ruhe zu haben vor einer anderen Schlägertruppe. Als die beiden Gruppen im Supermarkt aufeinandertreffen, dreschen die Kampfsportler mit Knüppeln auf die Konkurrenten ein.

Die Kämpfe um den Schutz millionenschwerer Unternehmer kosten etliche Menschenleben. Im Sommer 1993 fahren drei Wagen vor einem großen Moskauer Autohaus vor. Ohne Warnung eröffnen die Insassen das Feuer. Drei Minuten später sind drei Menschen tot, sechs weitere verwundet.

Die Angreifer sind Mitglieder einer Moskauer Gang, die enge Verbindungen zu Kusnezows Solnzewo-Syndikat pflegt. Sie hatten dem Inhaber des Autohauses ihren Schutz angeboten, doch der hatte abgelehnt mit dem Hinweis, er habe bereits ein Dach. Als Kryscha dienen dem Unternehmer Angehörige jener Volksgruppe, die im Moskau der frühen 1990er Jahre gefürchtet ist wie kaum eine zweite: Tschetschenen.

Als die tschetschenischen Gangster während der Perestrojka aus ihrer Kaukasusrepublik in die russische Hauptstadt kamen, kannten die meisten Russen sie nur aus dem Geschichtsunterricht – als Bergvolk, berüchtigt wegen seiner Blutfehden und seines leidenschaftlichen Kampfeswillen.

Doch schnell machten sich die Neuankömmlinge einen Namen. Sie waren brutaler als die einheimischen Gangs: Geschäftsleute, die ihren Schutz zurückwiesen, erhielten oft nur eine Warnung; weigerten sie sich weiter, starben sie.

Nach dem Ende der UdSSR öffnet die tschetschenische Regierung die Gefängnisse. Neben politischen Gefangenen kommen so auch etwa 4000 Berufsverbrecher frei. Die neue Reisefreiheit erlaubt es ihnen, sich auf den Weg zu machen in die großen Städte, auch nach Moskau. Dort nehmen bald die Morde nach „Tschetschenen-Art“ zu. Immer häufiger findet die Polizei Leichen mit einem Einschussloch im Hinterkopf und Verstümmelungen am Körper.

Die tschetschenischen Gangs bedrängen ihre russischen Konkurrenten, kontrollieren nach kurzer Zeit den Moskauer Südhafen, einen wichtigen Umschlagplatz für Neu- und Gebrauchtwagen. Die tschetschenischen Bandenchefs verbreiten Furcht in der Unterwelt.

Doch große Syndikate wie die Solnzewo-Bruderschaft wollen sich den Eindringlingen nicht beugen. Und so kommt zu den Schießereien zwischen den russischen Banden nun auch noch der Abwehrkampf gegen die Tschetschenen.

Viele Banden decken sich mit Waffen aus den Arsenalen der Roten Armee ein, kaufen Kalaschnikows, Granatwerfer, Panzerfäuste. 1993 steigt die Anzahl der Morde im Land um 27 Prozent auf 29 200 Fälle, das sind doppelt so viele wie in den USA; die Verbrechen mit Feuerwaffen nehmen um 250 Prozent zu.

In den Kleinanzeigen der Tageszeitungen bieten Killer und Kidnapper kaum verschlüsselt ihre Dienste an: „Zwei junge Männer fangen auf ihren Wunsch und auf ihre Kosten jedes wilde Tier“, heißt es etwa in einer Sankt Petersburger Zeitung. Ein Mord kostet nicht mehr als ein paar Hundert Dollar.

Nur Spezialisten verlangen für ihr tödliches Handwerk mehr – Männer wie Alexander Solonik. Der ehemalige Unteroffizier, Mitte 30, ist bekannt dafür, mit beiden Händen gleich gut zu schießen. 15 Menschen soll Solonik umgebracht haben.

Profis wie er erhalten die wirklich wichtigen Jobs – Aufträge wie jenen, der Anfang 1994 erteilt wird und den wohl mehrere mächtige Bandenchefs finanzieren; denn unter ihnen wächst die Sorge über den rasanten Aufstieg von Otari Kwantrischwili. Er droht mächtiger zu werden als die anderen Bosse.

Als junger Mann war der gebürtige Georgier ein talentierter Ringer, sogar Kandidat für das sowjetische Olympia-Team. Seine Karriere endete abrupt, als er gemeinsam mit anderen Männern eine Frau vergewaltigte; Kwantrischwili kam ins Gefängnis, wurde aber nach vier Jahren wegen angeblicher Schizophrenie in eine psychiatrische Klinik eingewiesen und vorzeitig entlassen.

DIE LEISTUNG DER MAFIJA:

Wieder in Freiheit, trainierte er für den Sportverein Dynamo Moskau Boxer, Ringer und Gewichtheber. Kwantrischwili knüpfte Kontakte zu wichtigen Leuten der russischen Unterwelt – und baute sein eigenes Syndikat auf. Mit Währungsspekulationen, Glücksspiel und Zuhälterei machte seine Gang in den 1980er Jahren erste Gewinne.

Als er ausreichend Kapital angesammelt hatte, gründete Kwantrischwili eine Firma, mit der er Holz, Metall und Öl exportierte. Zudem baute er ein dichtes Netz an politischen Kontakten auf, das schließlich bis zu Russlands Präsidenten Boris Jelzin reichte.

Im Sommer 1993 unterzeichnet Jelzin ein Dekret, das es Kwantrischwilis Firma erlaubt, zwei

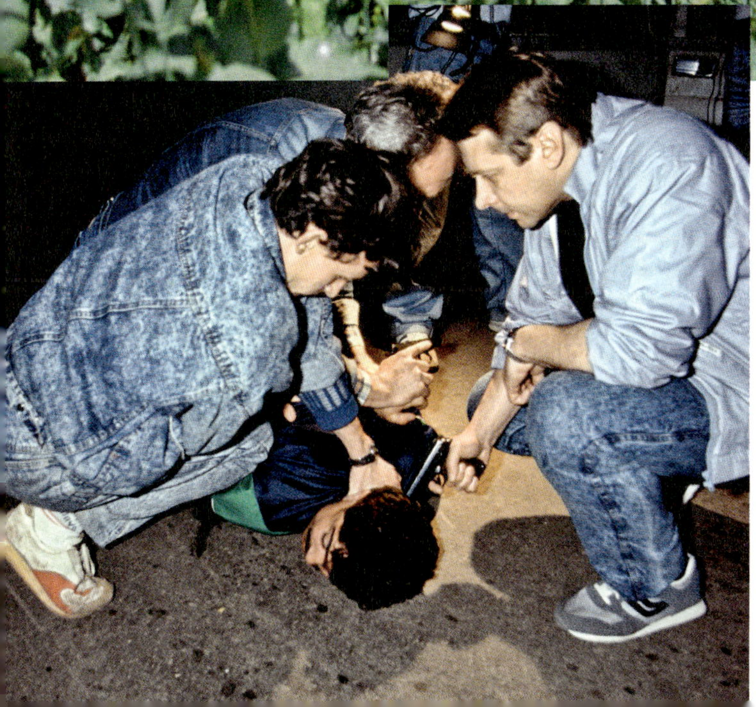

Auch wenn Zivilfahnder oder Mitglieder einer Elitetruppe (links) Verdächtige verhaften oder Sondereinheiten Drogenanbaugebiete zerstören (Mitte): Die Polizei ist zu schlecht finanziert und zu korrupt, um die Gangster zu zügeln, die schon bald weltweit agieren

Jahre lang Aluminium, Öl und Zement aus Staatsreserven zu exportieren, ohne dafür Steuern oder Zölle zu bezahlen. Offiziell sollen die Einnahmen in den Neubau eines gewaltigen öffentlichen Sportzentrums fließen. Doch tatsächlich verschafft das Arrangement Kwantrischwili eine langfristige Monopolstellung bei der Aus-fuhr wichtiger Rohstoffe.

Die anderen Mafija-Bosse sind jetzt gezwungen, viele ihrer Exportgeschäfte über Kwantrischwili abzuwickeln. Während sie Verluste erleiden, wird der Georgier immer mächtiger.

UND SO SIND DIE KUGELN, die Kwantrischwili im April 1994 vor dem Badehaus treffen, ein Zeichen dafür, dass die Unterwelt einen Mann nicht duldet, der derart viel politische und wirtschaftliche Macht ansammelt, dass er die Geschäfte der anderen Bosse zu gefährden droht.

Kwantrischwili ist nur einer von vielen hohen Gangstern, die ermordet werden. In Sotschi am Schwarzen Meer

EIN DRITTEL DES BRUTTOINLANDSPRODUKTES

etwa treffen sich Ende 1992 zwei rivalisierende Gangs, die sich über Monate hinweg erbittert bekämpft haben, auf einem Fußballfeld zur Entscheidungsschlacht.

Während die normalen Bandenmitglieder mit Knüppeln aufeinander einschlagen, ziehen sich die beiden Clan-Führer in eine Ecke des Feldes zurück, beschimpfen sich, bis einer von ihnen seine Waffe zieht und abdrückt. Den schwer verletzten Konkurrenten zerrt der Schütze in den Kofferraum seines Autos und fährt in die nahe gelegenen Berge. Dort schneidet er dem Opfer die Fingerkuppen ab, um dessen Identität zu verschleiern, und steckt das Auto in Brand.

Nur selten werden Mafija-Mitglieder wegen ihrer Verbrechen angeklagt; geschieht es doch, setzen die Gangster die zuständigen Richter und Staatsanwälte unter Druck, drohen ihnen mit Gewalt.

In der südrussischen Republik Dagestan stürmen Gangmitglieder während einer Verhandlung gegen tschetschenische

Gangster 1993 sogar den Gerichtssaal und eröffnen das Feuer. Mehrere Menschen werden verletzt. Nach dem Überfall beantragt der Staatsanwalt, das Strafmaß für die Angeklagten herabzusetzen.

Erst Mitte der 1990er Jahre ebbt der Krieg langsam ab. Jene Bosse, die ihn überlebt haben, wenden sich verstärkt neuen Geschäftspartnern zu. Sie treffen sich mit Vertretern der sizilianischen Mafia, der kolumbianischen Drogenhändler, der Cosa Nostra aus New York, der chinesischen Triaden und der japanischen Yakuza.

Mit ihnen verhandeln die russischen Gangsterbosse über neue Märkte und Routen für Waffen- und Drogenhandel sowie den Schmuggel begehrter Rohstoffe. So verschwindet 1996 ein ganzer Zug mit 5000 Tonnen Erdöl nach seiner Abfahrt in Wladiwostok spurlos.

Die Kolumbianer fliegen ihre Chemiker nach Russland; angeblich zeigen sie den Russen, wie sie aus dem Schlafmohn, der vor allem in Afghanistan wächst, qualitativ hochwertiges Heroin herstellen können. Die Zahl der Abhängigen in Russland steigt rapide. Zudem beteiligt sich die Mafija am Drogengeschäft in Europa, macht neben New York und London Berlin zu einem ihrer Stützpunkte im Westen.

Wohl auch als Gegenleistung für Drogen- und Waffenlieferungen bekommen die Russen Hilfe von Anwälten der italienischen Mafia, die sich auskennen im internationalen Unternehmensrecht. Denn die russischen Syndikate haben ihr Firmennetz längst ausgebaut; haben sich eingekauft in ausländische Unternehmen und Vertretungen ihrer eigenen Firmen in anderen Ländern eröffnet.

So kontrolliert das Solnzewo-Syndikat nun einen global agierenden Mischkonzern, der große Verkehrsbetriebe versichert und an städtischen Bauprogrammen mitverdient.

Die undurchsichtigen Firmengeflechte dienen den Syndikaten häufig zur Geldwäsche, so wie auch die privaten Banken, von denen es zu jener Zeit in Russland Tausende gibt und die häufig von den Mafija-Clans gegründet werden.

In der Sowjetunion galten Unternehmer als Verbrecher. Jetzt sind aus den Verbrechern Unternehmer geworden.

Vor allem die Solnzewo-Bruderschaft erweitert ihre weltweiten Kontakte konsequent. Von Israel aus, wohin er 1994 während der Bandenkriege emigriert ist, verhandelt Jurij Kusnezow mit den Spitzen der internationalen Verbrecherorganisationen. Wird man sich nicht einig, sterben Menschen.

Denn die Mafija-Bosse mögen zwar Firmen und Banken besitzen, sie mögen sich als seriöse Geschäftsmänner darstellen, doch nutzen sie noch immer jedes Mittel, um ihre Inter-

GEO EPOCHE KOLLEKTION
Das Beste aus GEO EPOCHE

GEO-LESERSERVICE

FRAGEN AN DIE REDAKTION
Telefon: 040 / 37 03 20 84, E-Mail: briefe@geo-epoche.de

ABONNEMENT- UND EINZELHEFTBESTELLUNG
Online-Kundenservice: www.geo.de/kundenservice
Telefon: 0049 / 40 / 55 55 89 90
Service-Zeiten: Mo–Fr 7.30 bis 20.00 Uhr, Sa 9.00 bis 14.00 Uhr
Postanschrift: GEO*EPOCHE* Kundenservice, 20080 Hamburg

Preis Jahresabo: 54,00 € (D), 62,00 € (A), 86.00 sfr (CH)
Studentenabo: 32,40 € (D), 37,20 € (A), 51.60 sfr (CH)
Preise für weitere Länder auf Anfrage erhältlich.

BESTELLADRESSE FÜR
GEO-BÜCHER, GEO-KALENDER, SCHUBER ETC.
Kundenservice und Bestellungen
Anschrift: GEO-Versand-Service, 74569 Blaufelden
Telefon: +49 / 40 / 42 23 64 27 **Telefax:** +49 / 40 / 42 23 66 63
E-Mail: guj@sigloch.de

FOTOVERMERK

Anordnung im Layout: l.= links, r.= rechts, o.= oben, m.= Mitte, u.= unten

TITEL: Hulton-Deutsch Collection/Corbis/Getty Images

EDITORIAL: Malte Joost für GEO*EPOCHE*: 3

INHALT: Samson J. Goetze für GEO*EPOCHE*: 4 l. o.; Tim Möller-Kaya für GEO*EPOCHE*: 4 l. m.; Leemage/imago images: 4 l. u.; Hermann Buresch/bpk-images: 4 r. o.; Bettmann/Getty Images: 4 r. u., Carlos Villalon/Redux/laif: 5 o., dpa Picture-Alliance: 5 m., Hans Jürgen Burkhardt: 5 u.

ENDE EINER FLUCHT: Samson J. Goetze für GEO*EPOCHE*: 6–19

MORD IN NIPPUR: Hermann Buresch/bpk-images: 20/21; Bible Land Pictures/akg-images: 22, United Archives/mauritius images: 23; Ministère de l'Instruction Publique et des Beaux-Arts, Paris 1902/Bayerische Staatsbibliothek: 24/25; Erich Lessing/akg-images: 26, Nimatallah/akg-images: 27 o., 27 u.

DAS RECHT UND DIE MACHT: fine art images/Interfoto: 28; akg-images: 31, 36; Tony Querrec/RMN-Grand Palais/bpk-images: 32; Bridgeman Images: 33; G. Dagli Orti/De Agostini Picture Library/akg-images: 34

DIE BOTEN DES TODES: Mit freundlicher Genehmigung der Ubisoft GmbH: 38–47

GEMÄUER DES GRAUENS: Tim Möller-Kaya für GEO*EPOCHE*: 48–59

DER PATE VON FLORENZ: Massimo Listri/Corbis/Getty Images: 60/61; Scala Picture Library: 62, 63 l., 64, 67 l., 67 r., 68., 71 r. u., 74, 75, 76 r.; Summerfield Press/Corbis/Getty Images; 63 r.; akg-images: 66; Erich Lessing/akg-images: 70/71, 71 o., 76 l.; Rabatti-Domingie/akg-images: 72

SATANSWEIB: akg-images: 78/79; Städel Museum/Artothek: 80; Privatsammlung: 83; The Metropolitan Museum of Art: 84/85; Granger Collection/Interfoto: 86; Bridgeman Images: 89

TOXISCH – DIE GIFTMÖRDERIN VON PARIS: Leemage/imago images: 92, 95; akg-images: 92/93; De Agostini Picture Library/akg-images: 94; Mary Evans Picture Library/Interfoto: 96, 100; KHARBINE TAPABOR/imago images: 98, 99

FINSTERE GESCHÄFTE: aus: »London, a Pilgrimage«, London 1872, Gustave Doré: 102–113

DIE EHRENWERTE GESELLSCHAFT: Alinari Archives/bpk-images: 114/115, 117 l., 117 r., 120 l., 120 r., 121 l.; White Images/Scala Picture Library: 114 o., 119 l., 119 r., 121 r., 123 l., 124 l.; Corbis/Getty Images: 116 r.; De Rose/Scala Picture Library: 123 r., 124 m.; 124 r. o., 124 r. u.

PONZI – KÖNIG DER SCHWINDLER: Bettmann Archive/Getty Images: 126; 126/127 (Hintergrund), 129; Lewis W. Hine/Heritage Auctions: 128; Tatjana Lorenz für GEOEPOCHE: 130 o.; Wikimedia Commons: 130 u.; Courtesy of the Boston Public Library: 131 u., 134; PhilaSeiten.de: 131 o.; Granger Historical Picture Archive/Alamy Stock Photo: 132; NY Daily News/Getty Images: 133; Old Paper Studios/Alamy Stock Photo: 135; UIG/imago images: 136

PABLO ESCOBAR: Carlos Villalon/Redux/laif: 139; El Espectador de Bogotá: 140, 141, 142, 143, 145, 147, 148, 149, 150; AP Photo/dpa Picture-Alliance: 144; El Tiempo/AP Photo/dpa Picture-Alliance: 146; German Arubia: 151

SCHÜSSE IN STOCKHOLM: TT News Agency/akg-images: 152/153, 155 r., 157 r.; Heritage Images/akg-images: 153 o.; Kenyon College/Library and Information Services: 154 o.; Heritage Image Partnership Ltd/Alamy Stock Photo: 154 u.; TT NEWS AGENCY/dpa Picture-Alliance: 155 l., 162/163; Wikimedia Commons: 156 l.; Gamma-Rapho/Getty Images: 156 r.; Alastair Philip Wiper-VIEW/Alamy Stock Photo: 156/157; Classic Picture Library/Alamy Stock Photo: 158 l.; Sjöberg Bildbyrå: 158 r.; Heritage Image Partnership Ltd/Alamy Stock Photo: 158/159; Keystone/ZUMA/imago images: 159 r.; dpa Picture-Alliance/ullstein bild: 160 l.; United Archives/imago images: 160/161; Bruno Barbey/Magnum Photos/Agentur Focus: 161 l.; Keystone Press/Alamy Stock Photo: 161 r.; Bertil Ericson/TT News Agency/imago images: 162 l.; Lasse Hedberg/dpa Picture-Alliance: 162 r.; TT NEWS AGENCY/dpa Picture-Alliance: 163 l.; Bridgeman Images: 163 r.

DAS DACH: Hans-Jürgen Burkhard: 164–171

VORSCHAU: akg-images: 175

RÜCKSEITE: Library of Congress

KARTEN: Stefanie Peters für GEO*EPOCHE*: 11, 47, 116 l.

essen durchzusetzen. Das ist ihr Vorteil gegenüber normalen Konkurrenten: Sie sind, wie es ein russischer Soziologe beschreibt, „Gewalt-Unternehmer".

Auch nach dem Ende der Bandenkriege beschäftigen die Bosse Killer wie Alexander Solonik. Der ehemalige Unteroffizier bekommt für sein mörderisches Geschäft so viel Geld, dass er sich eine Villa bei Athen leisten kann, die neben einem Pool auch ein Basketballfeld und einen kleinen Golfplatz bietet.

Im Januar 1997 lädt Solonik eine frühere Miss Russland dorthin ein. Er lässt Swetlana Kotowa, inzwischen ein Unterwäsche-Model, am Flugzeug mit Blumen begrüßen und zu seinem Anwesen bringen. Vier Tage lang ruft Swetlana Kotowa jeden Abend ihre Mutter an und sagt ihr, alles sei wie ein Wunder.

Am fünften Tag, Swetlana ist im Obergeschoss der Villa, klingelt es. Die Männer an der Tür kommen aus Russland. Sie gehören einem Mafija-Clan an, dessen Führer Solonik für einen bis heute unbekannten Auftraggeber töten sollte. Doch Solonik hat den Mord noch nicht ausgeführt.

Während die Besucher mit Solonik reden, wirft einer von ihnen plötzlich eine Schnur um seinen Hals und erwürgt ihn. Dann gehen sie in den ersten Stock.

Erst ein paar Monate später finden griechische Polizisten, verscharrt unter einem Olivenbaum, Swetlana Kotowas zerstückelten Leichnam.

SEITHER HABEN DIE MAFIJA-SYNDIKATE ihre weltweiten Verbindungen weiter ausgebaut und ihr Geld in legale Geschäfte aller Art investiert, etwa den Handel mit Kaviar oder Autos, und sind so als kriminelle Organisationen immer weniger greifbar geworden. Die Schutzgelderpressung, der Motor ihres Aufstieges, hat dagegen an Bedeutung verloren.

Die Mafija scheint nach und nach unsichtbar zu werden, sich zu einem konturlosen Teil des globalen Wirtschaftskreislaufes zu entwickeln.

Doch wenn sie bedroht wird, zeigt sie ihren Gegnern noch immer offen ihre Gnadenlosigkeit: 2004 erschießen gedungene Mörder in Moskau den prominenten amerikanischen Wirtschaftsjournalisten Paul Klebnikov, der trotz Drohungen regelmäßig über die Verbindungen von Wirtschaft, Politik und Verbrechen in Russland berichtet hatte.

Zeitweise erwirtschaftet die russische Mafija schätzungsweise ein Drittel des Bruttoinlandsproduktes.

Im September 2008, 14 Jahre nach dem Mord an Otari Kwantrischwili, wurde ein früherer Offizier der Streitkräfte für diese Tat von einem Moskauer Gericht zu 23 Jahren Haft verurteilt.

GEOEPOCHE KOLLEKTION
Das Beste aus GEO EPOCHE

IMPRESSUM

CHEFREDAKTEURE
Jens Schröder, Markus Wolff
REDAKTIONSLEITUNG
Joachim Telgenbüscher
MANAGING DESIGNERIN
Tatjana Lorenz
TEXTREDAKTION
Jörg-Uwe Albig, Jens-Rainer Berg, Kirsten Bertrand, Insa Bethke, Dr. Anja Fries, Dr. Mathias Mesenhöller, Samuel Rieth, Johannes Teschner
BILDREDAKTION
Julia Franz, Christian Gargerle, Roman Rahmacher, Jochen Raiß
LAYOUT
Michèle Hofmann, Frank Strauß
KARTOGRAPHIE
Stefanie Peters
QUALITY BOARD – VERIFIKATION, RECHERCHE, SCHLUSSREDAKTION:
Leitung: Tobias Hamelmann, Norbert Höfler, Melanie Moenig (Stellvertreterin); Elke von Berkholz, Lenka Brandt, Regina Franke, Hildegard Frilling, Dr. Götz Froeschke, Thomas Gebauer, Susanne Gilges, Cornelia Haller, Sandra Kathöfer, Judith Ketelsen, Petra Kirchner, Dirk Krömer, Michael Lehmann-Morgenthal, Dirk Liedtke, Kirsten Maack, Jörg Melander, Andreas Mönnich, Susan Molkenbuhr, Alice Passfeld, Christian Schwan, Andreas Sedlmair, Stefan Sedlmair, Bettina Süssemilch
GESCHÄFTSFÜHRENDE REDAKTEURE
Maike Köhler, Bernd Moeller
REDAKTIONSASSISTENZ
Ümmük Arslan

Verantwortlich für den redaktionellen Inhalt:
Jens Schröder, Markus Wolff

PUBLISHER: Frank Thomsen
(Stellvertreter: Toni Willkommen)
PUBLISHING MANAGER: Patricia Hildebrand
SALES DIRECTOR: Franziska Bauske / DPV Deutscher Pressevertrieb
DIRECTOR BRAND PRINT + DIRECT SALES:
Heiko Hager, Ad Alliance GmbH
Verantwortlich für den Inhalt der Anzeigen:
Fabian Rother – Head of Brand Print + Direct Sales, Ad Alliance GmbH, Am Baumwall 11, 20459 Hamburg.
Es gilt die jeweils aktuelle Preisliste unter www.ad-alliance.de
MARKETING MANAGER: Pascale Victoir
HERSTELLUNG: G+J Herstellung, Heiko Belitz (Ltg.), Oliver Fehling

Gruner + Jahr Deutschland GmbH
Sitz von Verlag und Redaktion:
Am Baumwall 11, 20459 Hamburg
Postanschrift der Redaktion:
Brieffach 24, 20444 Hamburg
Telefon 040 / 37 03-0
Internet: www.geo.de/epoche

Heftpreis: 13,50 Euro
ISBN: 978-3-652-01226-3; ISSN-Nr. 2366-2212

Bankverbindung: Deutsche Bank AG Hamburg,
IBAN: DE 30 2007 0000 0032 2800 00
BIC: DEUTDEHH
Litho: Peter Becker GmbH, Würzburg
Druck: Vogel Druck und Medienservice GmbH, Leibnizstraße 5, 97204 Höchberg

USA: GEO*EPOCHE* is published by Gruner + Jahr GmbH
K.O.P.: German Language Pub., 153 S Dean St, Englewood NJ 07631.
Periodicals Postage is paid at Paramus NJ 07652.
Postmaster: Send address changes to GEOEpoche, GLP, PO Box 9868, Englewood NJ 07631.
KANADA: Sunrise News, 47 Silver Shadow Path, Toronto, ON, M9C 4Y2, Telefon: +1 647-219-5205, E-Mail: sunriseorders@post.com

VORSCHAU

BERLIN – DIE GESCHICHTE EINER METROPOLE

Am Anfang ist es nur ein Tor. Noch kein vaterländisches Symbol, keine Kulisse für Feiern, Aufmärsche und Kundgebungen. Nicht mehr als eine Einfahrt an einer städtischen Zollgrenze, im August 1791 für den Verkehr freigegeben. Doch 1806 marschiert Napoleon Bonaparte in Berlin ein. Der Franzosenkaiser lässt die Quadriga – die Skulptur der Siegesgöttin Viktoria im Streitwagen, die das Portal bekrönt – abmontieren und nach Paris schicken. So wird das Brandenburger Tor zum Symbol der Niederlage, der Schande.

Acht Jahre später aber kehrt der vereinte Triumph über Napoleon die Bedeutung des Baus schlagartig um, macht ihn mit der zurückgewonnenen Quadriga zu dem, was er lange und auf unterschiedlichste Weise sein wird – Nationaldenkmal und Sinnbild. Und Wahrzeichen Berlins. Einer Stadt, die immer wieder Brennpunkt der Geschichte Deutschlands und der Welt gewesen ist.

Die nächste Ausgabe von GEO*EPOCHE* KOLLEKTION berichtet vom Aufstieg Berlins zu einer der größten Metropolen Europas, von Glanz und Lebenshunger, aber auch von Krieg und Gewalt. Das Heft schildert, wie hier im Revolutionsjahr 1848 Bürger gegen die Macht der Fürsten aufbegehren. Es taucht ein in den Alltag um 1900, als nur wenige Straßen elende Armut und protzige Paläste trennen; und auch in die wilden Nächte in den Tanzdielen und Bars der 1920er Jahre.

In dieser Stadt missbrauchen die Nationalsozialisten 1936 die Olympischen Spiele als Propagandaereignis, in ihren Trümmern geht das mörderische NS-Regime neun Jahre später zugrunde. Danach wird die Metropole an der Spree zur Frontstadt des Kalten Krieges, in der Spione um Geheimnisse wetteifern und Flüchtlinge für die Freiheit ihr Leben riskieren. Fast drei Jahrzehnte lang ist sie zerrissen durch ein nahezu unüberwindbares Bollwerk zwischen Ost und West aus Beton und Stacheldraht. Bis eine friedliche Revolution diese „Berliner Mauer" schließlich im November 1989 zu Fall bringt.

Die Geschichte einer einzigartigen Stadt: demnächst in GEO*EPOCHE* KOLLEKTION.

Diese Ausgabe von
GEO **EPOCHE** KOLLEKTION
erscheint am 18. Mai 2022